懷海德哲學

楊 士 毅 著

滄海叢刊

1987

東大圖書公司印行

ⓒ 懷 海 德 哲 學

作　者　楊士毅

發行人　劉仲文

出版者　東大圖書股份有限公司

總經銷　三民書局股份有限公司

印刷所　東大圖書股份有限公司

　　　　地址／臺北市重慶南路一段六十一號二樓

　　　　郵撥／〇一〇七一七五一〇號

初　版　中華民國七十六年五月

編　號　E14020

基本定價　伍元壹角壹分

行政院新聞局登記證局版臺業字第〇一九七號

《序》

　　自十九世紀迄今，人文學、人文科學、社會科學、自然科學、形式科學都有相當創新性的發展❶，因此，在創造當代新哲學時就必須考慮到如何吸收及批評上述各分殊學科所提供的新知識與新智慧。以自然科學爲例，它不僅僅具有知識所形成的力量，而且也蘊含了豐富的人生智慧；不只具有實用性、技術性的應用價值及工具價值，更具有爲追求眞理而求眞理的本有價值（intrinsic value）。但是，在當代哲學家中，能够對十九世紀及二十世紀的各種分殊學科所滙聚而成的時代潮流作相當平衡且深入的哲學反省者並不算多，碰巧本書所要討論的懷海德（A. N. Whitehead, 1861-1947）就是其中相當重要的一位。若以形上宇宙論或形上學的角度論之，則懷海德無疑是最重要的一位了。

　　很可惜的是，面對這麼重要的哲學家，國內一般人，甚至有些專門研究哲學者，却仍然對懷海德哲學相當陌生或不够深入。作者在寫作此書的過程中，有些人也曾問過：「懷海德究竟是什麼樣的人啊？能不能簡單描述一下他的思想？」由於大多數人，無論是專門研究哲學者或不是專門研究哲學者，往往都認得獲一九五○年諾貝爾文學獎的哲學家─羅素（B. Russell 1872-1970），而且大多看過他所寫的某些較通俗的作

---

❶此處人文學專指：藝術、文學的創作品及純粹的宗教信仰內容；至於藝術理論、文學理論、宗教理論、歷史學等則屬於人文科學。社會科學則指經濟學、政治學……等；自然科學則指物理學、生物學、心理學……等；形式科學則指語言、邏輯與數學。當然心理學和社會科學也具有密切關聯性。哲學則是統攝上列各部門並尋求其普遍的形式原理、普遍方法與內容。

品；因此，我經常毫不猶豫的如此回答：

「懷海德是羅素在英國劍橋大學的老師，他和羅素一樣具有三重身分，是數學家及當代最傑出的邏輯家及哲學家之一。只是懷氏的通俗著作非常少，甚至只有普萊氏（Lucian Price）所記錄的『懷海德對話錄』一書。他有一個綽號就叫白頭（White head）哲學家。其哲學觀點最基本的即是：實在就是歷程；歷程就是實在，但問題是：歷程如何進行？其結構爲何？透過懷氏哲學的歷程理論並加以轉化，我們可從一剎那歷程看全體宇宙的演化歷程與結構；從一剎那的分析去建構社會理論及民主政治的哲學基礎；甚至可論證各種神明的存在，繼而解釋爲何會形成『心電感應』……等『神秘』領域。當然也可透過剎那理論去解析日常語言的多重意義，例如『我喜歡你』就可分析澄清出好幾層意義。總之，從這個桌子的一剎那或你現在一剎那的活動歷程，就可『吹牛』出非常豐富的內容。當然，若要充分了解上述內容，那麼就仔細閱讀本書吧！」

懷海德的哲學確實相當淵博，而且充滿了豐富的知識與沈潛高明的智慧，它以哲學宇宙論融貫統攝了人文、社會、自然及形式科學的部分重要內容。但是由於其語言表達相當含混，而且用字迥異於傳統，所以，常使得一般讀者對他的智慧與知識相當難以精確把握到。美國哲學家槐因（W. V. Quine）在自傳中曾引了一首描述捷克首都布拉格的詩句來象徵懷海德其人及其哲學 ❷。詩云：

　　　　它的經度非常的不確定

---

❷W. V. Quine, *The Time of My Life, An Autobiography*, Cambridge, Mass. : The MIT Press, 1985, p. 96. 槐因的博士論文指導教授卽懷海德。此詩乃槐因在回憶年靑時遠赴布拉格參加「維也納學圈」所舉辦的第一次國際哲學會議時，心中所浮現的景象。

在本書中也襯托式地比較了東西哲學；在寫作過程中，政大沈清松教授的幫忙，更縮短了本書的寫作時間；作者博士論文的指導教授輔大校長羅光總主教，更在公務繁忙中仔細閱讀本書初稿，並在原稿中寫了十八個問題相質疑，使作者有機會在論文未印刷前，透過他人的觀點重新思索與補充，但更重要的是他給我自由，讓我自己決定要如何修改；另外必須感謝臺大鄔昆如教授，作者在十一年前唸物理系四年級時曾旁聽鄔教授所開的「西洋哲學史」課程，獲益甚多；當然也感謝輔大李震教授、文化大學高懷民教授及六年前美國賓州大學心理系李紹崑教授的鼓勵與批評。

其次，我必須謝謝三民書局劉振強先生熱心幫忙出版此書，在我唸建國中學的時候，卽常去三民書局站著閱讀各式各樣的人文社會書籍，尤其是「小小本」的三民文庫，而且有時一站就是一個鐘頭以上，這些事情的發生和我日後由物理步入哲學應該有些關聯！畢竟如懷氏歷程哲學所顯示的：任一剎那的形成總是攝受了過去的一切剎那，並且會選擇感興趣的及重要的剎那內容加以吸收感受，以成爲此一剎那的具體內容；一直到今天，我還是把它當作「我的」中文圖書館，甚至本書中有些中文資料就是站在書局裏抄錄下來的。因此，我很高興在我實現「夢想」的第一步，卽是從這家和自己私生活密切關聯的書局出發。

末了，也謝謝歷來教過我的任何師長、相互切磋的朋友同學及陸戰隊服役時的友人，尤其是中央大學物理系的師友——孟寰雄、胡三奇、孫明善等教授；吳明照、黃文嘉、郭烈銘、蔣維桓、宣大衡、黃仕光及外文系的吳衍琛等同學；和他們的「聊天」、「激勵」以及觀察了解他們完全不同於「專業哲學工作者」或「學術工作者」的具體行動，經常是啓發新觀念的重要泉源之一。也謝謝王順諒同學幫忙整理初稿；楊珍玲、林春枝作最後的謄稿工作；楊淵提供生物學資料；王豔秋同學及楊

士弘先後從美國寄來大批有關懷海德及其他相關的外文資料。

　　最後，也以此書紀念以九一高齡剛去逝的祖父，這本書就是伴隨著他晚年的祈神祝福聲中所寫成，甚至書中的宗教哲學更直接引述他所說的話及他的信仰內容。當然，我更願意將此書獻給我的父母親，他們自由、民主的教育方式更蘊育了本書的最重要精神——建構一個自由化、民主化、多元化的開放社會及動態開放且創新不已的宇宙觀，也只有在這個基礎下，才可能眞正地實質解決上述四大時代問題，也才能使人類世界邁向更自由、更和平的境地。

楊 士 毅　謹識於臺北市

民國七十五年九月四日母親六十二歲生日

《 凡　例 》

　　本書對有關懷氏哲學著作中原文之引述，概於引文後即註明出處，而不列於章節之後的註解中。其表達方式乃以英文著作之縮寫再附以頁數，如「歷程與實在」（*Process and Reality*）第一百頁，則以（*PR 100*）表之。此外，在引文中若加入括號（　），乃表示括號中的內容係筆者所加。至於和本書相關的懷氏著作之縮寫如下：

PM　　*Principia Mathematica*. Taipei：Rainbow‑Bridge Book Co., 1963.

IM　　*An Introduction to Mathematics*. New York: Oxford Univ. Press, 1978.

PNK　　*An Enquiry Concerning the Principles of Natural Knowledge*. lst. ed., Cambridge: Cambridge Univ. Press, 1919.

CN　　*The Concept of Nature*. 3rd. ed., Cambridge: Cambridge Univ. Press, 1978.

SMW　　*Science and the Modern World*. lst. ed., New York: The Free Press, 1967.

RM　　*Religion in the Making*. 3rd. ed., New York: The Macmillan Publishing Co., Inc., 1963.

SYM　　*Symbolism, Its Meaning and Effect*. New York: The Macmillan Publishing Co., Inc., 1958.

PR　　*Process and Reality*. Corrected ed., edited by David Ray

Griffin and Donald W. Sherburne. lst. ed., New York: The Free Press, 1979.

AE   *The Aims of Education and Other Essays.* New York: The Macmillan Publishing Co., Inc., 1953.

FR   *The Function of Reason.* Taipei: Rainbow-Bridge Book Co., 1967.

AI   *Adventures of Ideas.* lst. ed., New York: The Free Press, 1967.

MT   *Modes of Thought.* lst. ed., New York: The Free Press, 1968.

ESP   *Essays in Science and Philosophy.* Taipei: Rainbow-Bridge Book Co., 1970.

SCHILPP   *The Philosophy of Alfred North Whitehead.* ed. by Paul A. Schilpp. 2nd. ed., New York: Tudor Publishing Co. for The Library of Living Philosophers, 1952.

DIAL   *Dialogues of Alfred North Whitehead.* as recorded by Lucien Price, Boston: Little, Brown and Co., 1955.

懷海德哲學 目次

第二章　歷　　程

第三章　社　　會

第四章　上帝—偉大神聖的實際事物

結　論

參考書目

附錄—懷海德的人格修養

緒　論

一、懷海德學術思想發展概述

懷海德（Alfred North Whitehead, 1861-1947），英國籍哲學家。西元一八六一年生於英國的康特省（Kent）鄧納特島（Isle of Thanet）的藍斯格特城（Ramsgate）。他先在劍橋大學受教育，研究數學，畢業後任該校三一學院的研究員兼講師，教授數學。西元一八九〇年懷氏二十九歲的時候與夫人華特女士（Wade）結婚。夫人美而賢，對文學藝術有特殊的愛好，這對懷氏哲學影響甚大。一九一一年，他五十歲時在倫敦大學大學院擔任幾何學和力學講師。一九一四到一九二四年擔任倫敦大學帝國學院的應用數學教授，後任該大學理學院院長。一九二四年赴美，成為哈佛大學哲學系教授，那時已經六十三歲了，他在那裏一直教到一九三七年。退休後，仍繼續做學術演講與著述，一九四七年卒於美國劍橋，享年八十七歲。

懷海德的學術思想乃是有機式的連續發展，每一時期的著作都擴充了前一期的詮釋範圍，且保留、修正、豐富了前一期的內容。但為了方便研究，一般學者總是方便區分成三個階段❶：

---

❶關於懷氏詳細的生平、學術發展成就及影響，請參考: ①Victor Lowe, *The Development of Whitehead's Philosophy* (*SHILLP* 17-124)。②沈清松: 懷黑德的形上學㈡。台北: 哲學與文化月刊，第十一卷第一期，民國七十三年一月，頁四六〜四八。③筆者碩士論文: 懷海德「事件」概念探討。台北: 文化大學哲學研究所碩士論文，民國六十九年六月，附錄，頁一三九〜一五四。

第一期：劍橋大學時期——數學與邏輯階段。此期最主要的工作乃是尋求數學與邏輯的普遍性，其基本論點乃是嘗試證明：數學可化約成當代符號邏輯，並依照符號邏輯的演算規則去運作。換言之，數學的基礎在邏輯，而且數學本身即是一種嚴格的演繹邏輯結構。總之，邏輯乃是數學各部門一如傳統的算術、歐氏幾何、及其後發展的各種代數，也包含了一部份的非歐氏幾何一的基本形成原理。此期最主要的作品有「普遍代數論及其應用」(*Treatise on Universal Algebra with Application*, 1898)，「投影幾何原理」(*Axioms of Projective Geometry*, 1906)、「描述幾何」(*Descriptive Geometry*, 1907)、「數學導論」(*Introduction to Mathematics*, 1911) 及與羅素 (B. Russell, 1872-1970) 合著的「數學原理」(*Principia Mathematica*, 1910-1913) 三大冊。此書乃是自亞里斯多德的「工具論」出版以來最偉大的邏輯著作，也是發展當代符號邏輯最重要的里程碑。至於擬議中的第四冊「幾何原理」，原本計劃由懷氏獨自寫成，但是懷氏自從寫完「自然的概念」其興趣就逐漸轉移到建構形上宇宙論了，因此，並沒有寫成，不過我們大致可從第二期討論的「擴延抽象理論」❷及羅素所寫的「哲學中之科學方法」❸，以及第三期形上學著作中之「歷程與實在」(*Process and*

續接上頁

④蕭振邦：懷黑德認識論探究。台北：私立中國文化大學哲學研究所碩士論文，民國七十二年六月，頁一～六。不過上列諸文都未提到正文中所提幾何原理的問題。

❷請參考筆者碩士論文，第二章第一節之丙段落，頁四二～四七，此處雖未明顯表明擴延抽象法，但其內容所指涉即是此方法或此理論。

❸B. Russell, *Our Knowledge of the External World*, London: George Allen & Unwin Ltd., 1952, p. 8. 在本書的序言中，羅素說：「幾乎所有我在此書中所持的意見和「哲學問題」一書中所持的意見之不同，都是他（指懷氏）的功勞……，凡此處所談論的，實在是他將在「數學原理」第四卷中所欲提供的更詳細、更確切結果的粗淺概說。」

Reality, 1929) 的第四部份可看出懷氏心目中的構想內容, 其中又以「歷程與實在」所描述的最為重要且深入圓融。當然本書也討論到一小部份, 但是詳細的說明, 如直線如何定義等等, 則非本書所要討論的範圍。既然「幾何形成原理」需要懷氏獨創的形上學提供終極圓滿的理論根據, 自然就不可能再與羅素合作了。另外在此期也開始蘊釀數學與物理的共同普遍性之探討, 而著有「論物質世界的數學概念」(On Mathematical Concepts of the Material World, 1906), 因而有第二期學術思想之萌發。總之, 此期使得懷氏成為傑出的數學家及邏輯家。

第二期: 倫敦大學時期──自然科學的哲學階段。此期重要的著作有「自然知識原理的探討」(An Enquiry Concerning the Principles of Natural Knowledge, 1918)、「自然的概念」(The Concept of Nature, 1920)、「相對性原理」(The Principle of Relativity, 1922)、及「科學與近代世界」(Science and the Modern World, 1925) 的一部份。此期最主要的論點乃是更深入尋求數學、物理的普遍性, 他先消極地透過對「自然二分法」、「簡單定位」的批評, 而認為某些哲學家與科學家所主張的, 以自然科學理論所描述的抽象真實, 當做最具體的終極真實的論點是犯了「具體性誤置的謬誤」。同時也積極地提出以具體的「事件」為基本單位來詮釋、融貫數學與物理的經驗以形成其事件理論❹, 並作為其建構第三期系統形上學的前奏曲, 尤其是本書所要討論的「實際事物」理論的前奏曲❺。此期使他成為傑出的科學哲學家, 同時針對愛因斯坦 (Albert Einstein 1879-1955) 相對論的創造性詮釋而著有「相對

---

❹關於「自然二分法」、「簡單定位」、「具體性誤置的謬誤」及「事件」理論的提出, 在筆者碩士論文之前二章有詳細討論, 因此可說本論文乃是碩士論文的連續, 而且擴充甚多。

❺關於 actual entities 何以譯作實際事物在第一章第二節戊段落中有詳細的解釋。

性原理」，此書的問世也使得他在物理學重力場論方面自成一家之言，雖然近年來，其理論中之物理部份已被放棄了，但是其哲學部分連同上列其他著作卻奠下了第三期形上學中普遍相關性及普遍相對性理論的基礎。

第三期：哈佛大學時期──形上學階段。也是本書所要討論的重點。此期的主要工作乃是嘗試透過形上學中普遍性的描述，融貫、詮釋數學、邏輯、近代物理學、生物學、心理學、生理學、認識論、語言哲學、歷史哲學、美學、價值哲學及社會學，尤其是神秘的宗教領域。亦卽「努力嘗試建構一套融貫、合邏輯、必然的普遍觀念系統，藉著此系統以詮釋我們經驗到的所有元素」(*PR* 3)。此期的重要著作有：「科學與近代世界」之後半段，尤其是第十至十二章，「形成中之宗教」(*Religion in the Making*, 1926)、「象徵符號論之意義與效果」(*Symbolism, Its Meaning and Effect*, 1927)、「歷程與實在」、「觀念的探險」(*Adventures of Ideas*, 1933)、「思想的模式」(*Modes of Thought*, 1938)。這些著作都是相互補充的，其中又以「歷程與實在」一書最爲重要。此期使他成爲當代最具原創性、最現代化、且超越時代的傑出的綜合型哲學家或形上學家之一。就如波蘭哲學家波亨斯基 (I. M. Bohenski) 所說的：「他的確是一個原創性的思想家，具有非凡的心智力……在這個全盤托付給二十世紀物理學、數學、生物學、和哲學的時代裏，懷氏是居於領導地位的，是最現代化的哲學家。」❻

也如當代哲學史家李維 (Albert W. Levi) 所認爲的，在當代哲學中：「邏輯經驗論蘊含了一套自然哲學（知識論、方法論及語言哲學），但是它對人類價值的處理是異常脆弱的；存在主義對於人的問題有一套精心泣血構製的哲學，但是他沒有自然哲學；語言分析學派有一套關於

───────────────

❻波亨斯基著，郭博文譯：當代歐洲哲學。台北：協志出版社，民國五十八年三月初版，頁一七二。

人類語言表達的一套哲學（作者按：語言哲學並非只是如此而已），但是它卻沒有一套關於人或自然的實質理論。在現代世界中，能够抗拒對部份的誘惑，而嘗試企圖對整體獲得一極精微的透視─即使此種透視是極其短暫─的哲學家，除了懷海德外，恐怕也只有杜威和柏格森了。懷海德同杜威一樣，他的哲學是一種綜合哲學，他嘗試努力綜合了各種不同分殊學科的洞見，並連結了人類常識的證言和普通的官能感覺，且和最難理解的近代物理學的概念相調和，同時又建構一種適當的形上學，以便去克服十七世紀科學及十九世紀價值學說的二元論。」❼ 李維又接著說：「懷氏哲學或許是整個西洋傳統的高峯統會。」❽ 然而懷氏哲學又不止於此，他的形上學的某些觀點和東方哲學相類似，就如懷氏所表明的：「就討論終極實在的基本立場而言，機體哲學似乎跟中國、印度某些思想比跟某些西亞及歐洲思想更爲接近。一邊（指中、印）視歷程爲終極實在；另一邊則視事實爲終極實在。」(*PR* 7)

　　因此，數年前美國哲學家哈茨弘 (Charles Hartshorne)、柯柏 (John B. Cobb)、葛里芬 (David Ray Griffin) 等多人又在美國加州克雷里蒙 (Clarmont) 創辦歷程研究中心 (The Center for Process Studies)，此中心乃以研究發展「懷氏之歷程哲學以及和其相關的各種學問」爲主旨。並於一九七四年十一月四日至八日，由此中心和夏威夷大學哲學系與宗教系召開了「大乘佛學與懷海德哲學的討論會」；一九七六年四月七日到四月十日又在美國科羅拉多州丹佛市 (Denver, Colorado) 科羅拉多女子學院，召開了「中國哲學與懷海德」討論

---

❼Albert W. Levi, *Philosophy and the Modern World*, Midway Reprint, Chicago: The University of Chicago Press, 1977, p. 483. 李維氏對邏輯經驗論及語言分析學派的了解與批評是相當表面，且有所偏差。
❽Ibid., p. 483.

會❾。因此懷氏形上學也可成爲東西哲學溝通的重要橋樑之一。

二、研究動機與目的

很可惜的，身爲傑出的數學家、邏輯家、物理學者、哲學家的懷海德，因爲其哲學內容原創性之豐富，及其涵蓋面之廣度與深度，又超越了同時代的大多哲學家，就如諾斯羅普 (F. S. C. Northrop) 在一九四七年懷氏去逝時所說的：「自萊布尼茲和亞里斯多德以來，很少人能夠如此的具有原創性、精確性、又深奧性地接觸如此多的領域。」❿因而導致很少人能夠單獨地全面同情了解他整個的學術思想。尤其是他的形上學結合了深奧難懂的近代物理學、形式科學及其他自然科學、廣泛的社會、人文學科和個人的生活體驗。因此，雖然有許多人對他的形上學感興趣，也瞭解其劃時代的重要性，但往往在費心研究其著作之後，只瞭解形上學的某些側面，甚至只是極小的部份。一般言之，大多數懷氏形上學研究者對人文、社會、自然科學三方面不能兼顧，尤其是人文學者往往由於不够深入了解自然科學的知識而使得他們也許表面上瞭解懷氏形上學所描述的普遍性的意義，但卻無法意識到此普遍性所蘊含的更豐富、更深入的自然科學的意義。較佳者也往往只在科學的表面意義上打轉，然而就懷氏而言，人文學、社會科學、自然科學本是無法分割的整體，因此就無法相當強化地同情了解懷氏整個形上學的意義。就如謝幼偉先生所說的：「作者曾從懷氏遊，自愧所得不及吾師十之一。」⓫也如維克

---

❾這兩次會議的論文，以前在台大哲學系客座任教的美籍孫靜雅教授，曾影印了一些，讀者若感興趣不妨設法去搜集。

❿A. N. Whitehead, *Religion in the Making*, Ohio: The Macmillan Publishing Co., 1963, 封底（雙葉書局翻版）。不過，我們要注意：懷氏並未深奧地涉及經濟哲學，此乃一大缺憾。

⓫謝幼偉：懷黑德的哲學，台北，民國六十三年十月初版，頁二。

多洛（Victor Lowe）所說的：「一個思想越廣（越形上），我們就越需要長途跋涉才能了解。」（*SCHILPP* 104）其次，一般懷氏哲學研究者也較忽略懷氏對社會理論的探討，尤其是如何使其形上學的社會理論應用到人類社會的問題。最後，由於懷氏形上學涉及了神秘的宗教領域，對於這方面若沒有相當大的興趣及相應的心態，就會形成了羅素所說的：「他（指懷氏）的哲學晦澀難解，有許多地方，我是永遠不會理解的。」⓬

　　因此，寫作本書的原始動機即在嘗試彌補上述三方面的不足。誠然全面了解懷氏形上學是相當困難的，但畢竟還是有路可尋。最基本且重要的途徑即是從懷氏的「實際事物」理論的探討著手。蓋所謂「實際事物」，乃是構成全體宇宙（整合包含了人文社會宇宙、生物宇宙、物理宇宙所成的統一體）的基本單位。是最後的眞實，也是最具體的眞實事物。而且「任何意義下的存在，都是由實際事物抽離或抽象出來的」（*PR* 73），其重要性，稍微誇大言之，就如華列克（F. B. Wallack）所認爲的：「整個懷氏形上學，乃是在討論『實際事物』及其相互間的關係。」⓭換言之，了解什麼是「實際事物」乃是解開懷氏深奧且略帶神秘色彩的形上學之鑰匙。然而，懷氏描述此「實際事物」諸多的「主述式」命題所形成的理論⓮，由於其原創性之豐富，涵蓋知識之廣泛與深奧、精密，幾乎無法恰當地使用傳統哲學的專門術語來表達；甚至也導致和近代物理學一樣，幾乎很難使用「日常語言」來描述；因此懷氏使用了他自己創造的新語詞來作相應的表達，然而這些新的專門術語對初讀者似乎很含混不清且不一致。因此本書寫作的目的之一，即是嘗試對

⓬羅素著，林衡哲譯：羅素回憶集。台北：志文出版社，民國五十六年六月初版，頁七三。

⓭F. B. Wallack, *The Epochal Nature of Process In Whitehead's Metaphysics*, New York: State Univ. of New York Press, 1980, p. 7.

⓮就懷氏而言，命題即是理論（*PR* 22），第二章第二節丁有詳細討論。

此相當難理解的「實際事物」之理論，甚至整個懷氏哲學的重要內容，加以更清晰化、系統化、精確化、更細節化之澄清、詮釋、延伸、修正及補充，此即本書題目中「探討」一詞的意義之一，同時更儘量使用「日常語言」來表達，使其更容易令人了解且產生親切感。此外，也嘗試透過此理論的探討，並稍微扭轉懷氏討論問題的方向，藉以解決由十九世紀以來各種分殊學科之種種創新性的突破及東西文化交流日漸頻繁所引發的欲圓滿的建構當代形上學所須面對的四大時代問題：

㈠　形上學如何詮釋當代數學、邏輯、近代物理學、生物演化論、心理學之突破性發展所提供的新事實、新資料、新基本設定、新理論？

㈡　如何使形上學成為實務哲學及日趨自由化、多元化、民主化的開放社會的理論基礎？

㈢　如何透過形上學解決由於各時代、各地區不同神明理論的差異性所引起的宗教信仰的衝突或困惑、及自然科學衝激下所可能形成的信仰危機？

㈣　如何解決由上列分殊學科的衝激所帶來的有關傳統文化對人性與道德及人在宇宙中之地位的傳統看法所形成的各種困擾與問題？但其中人性與道德之細節討論已逐漸超出本書所欲討論的範圍，因此，我們只能方向式、重點式的討論。

三、研究方法、寫作方式與綱要

為了較圓滿達成前所述及的寫作動機與目的，筆者採取下列研究方法與寫作方式：❶⑤

---

❶⑤讀者可嘗試將筆者所提研究方法和朗格 (Lango) 所提出的七種理解懷氏形上學之七種方法加以比較。cf. John W. Lango: *Whitehead's Ontology*, New York: State University of New York Press. 1972, pp. 2-5.

（一）分析法❶：在本書中，筆者儘量使用直線型推理的方式，對懷氏形上學實際事物理論作內部關聯性的詳細推敲與分析，以明顯地展露出其形上學系統的融貫性及嚴謹的邏輯結構，並進而指出其極限。但因爲懷氏哲學本身卽是一個大系統，所以此法也可稱爲系統分析法或線型系統分析法。

（二）詮釋法：此處言詮釋有三層意義：①懷氏使用詮釋之意義—卽其形上學的普遍觀念，至少有一個經驗中的因素可被詮釋，且成爲此形上學的例證，而且也沒有一個經驗的因素不能被詮釋。但由於：甲、在有限紙筆中不可能詳細描述如何運用形上學詮釋所有的經驗。乙、日常生活的常識經驗又多粗糙且錯誤甚多。因此在本論文中，對於日常生活的常識經驗的詮釋屬於次要，甚至爲了論文的一氣呵成而將其置於註解中。換言之，本書主要乃是以較精密的當代專門分殊學科的創新性理論及資料爲例證去詮釋，甚至也提出懷氏哲學中所未討論的理論及資料（如海森堡測不準原理）及當時尚未發展出來的物理學中的基本粒子的理論與資料加以詮釋。

此種詮釋的作用有三：甲、透過例證倒回來了解理論所蘊含的豐富意義，就如同要確實了解物理公式可透過物理習題之演算倒回去深入了解。乙、此種詮釋也是對懷氏形上學理論的實證性、有效性、及成功與否的檢驗（test）。丙、透過此種詮釋可使一般人對於分殊學科的基本觀念有個基本了解，而無需透過專門知識，甚至是深奧的數學語言去了

---

❶關於分析方法，請比較①高宣揚著：羅素哲學概論。香港：天地圖書有限公司，一九八二年七月，頁二八～三八，特別是二九～三十。另外也請參閱②方東美：出生之德。台北：黎明文化事業公司，民國六十九年七月再版，頁一八七及二一〇。③殷海光：思想與方法。台北：大林出版社，民國七十年再版，頁二〇四～二〇五。殷氏對分析及分段（dissection）之相異曾加以區分，分析本身卽是一種新發現及澄清的工夫。

解。換言之，此種詮釋具有使專業的知識普及於非專業人員的功能。因此，關於此種例子的如何詮釋是異常重要的。因爲一個人若只了解理論的內在關聯性，而不懂得運用去詮釋一般日常生活經驗及分殊學科的專門知識，尤其是新知識，嚴格言之，只是一知半解或被動式理解，並不是眞正體會到此形上學理論的豐富意義。就如同英文單字，雖然你表面認得某個單字，但在作文時卻不知道如何使用，則嚴格言之，對此單字的意義只是一知半解，在文法上對此種半理解的字則稱爲被動的字彙 (passive vocabulary)。至於全然理解且能運用自如的字則稱爲主動的字彙 (active vocabulary)，也如同海森堡 (W. Heisenberg) 所認爲的「近代物理學是畢達哥拉斯式及柏拉圖式的」❼，然而我們要注意的是柏拉圖本身並沒有意識到、自覺到他的理論可以詮釋近代物理，因此柏拉圖本身並沒有意識到、自覺到他自己創建的理論中更豐富的意義。當然柏拉圖哲學也不包含近代物理。所以就此方面而言，海森堡超越了柏拉圖。因此，此種詮釋是相當重要的。

②嘗試避開專門術語而使用現代化的「日常語言」及筆者習慣使用的哲學術語去更新其表達方式並闡發其所蘊含但未明顯表達的可能意義，同時也延伸修正甚至扭轉問題討論的方向，以便解決問題或增加新意義。

③最後也像懷氏在詮釋他人學說時，爲的是和其自己的哲學相對比或成爲自己哲學的註解，就如同陸象山所說的：「六經皆我註脚」❽。換言之，本書和筆者碩士論文類似，都是筆者擬議中「科學哲學宗教與社

---

❼W. Heisenberg: *Physics and Philosophy*, New York: Harper & Row Publishers Inc., 1962, p. 71.

❽宋史，儒林列傳云：「……或勸九淵著書，曰『六經註我，我註六經。』又曰：『學苟知道，六經皆我註脚』。」宋史四，卷四百三十四，儒林列傳一百九十三，楊家駱主編。台北：鼎文書局，民國六十九年，頁三四六一，總號一二八八一。

會」之融貫性系統哲學的一部份。

　　㈢　襯托式的比較哲學方法⓳：在本論文中，比較的內容並不限於傳統西洋哲學，也包含了古典中國哲學。例如第二章中懷氏永恆對象與柏拉圖 (Plato 427–347 B. C.) 的理型 (idea)、形式 (form)、中世哲學的共相 (universality) 及洛克 (John Locke 1632–1704) 的觀念 (idea) 的比較，及在第四章中懷氏形上學與古典中國哲學的比較。然而詳細的比較需要更大的篇幅，不是本論文的目的，而且哲學最重要的是詳細、嚴謹的邏輯論證（含理論性的演繹和經驗性的歸納與實證）及描述，因此，此種近乎結論式的襯托式比較，嚴格言之，並不算是真正的哲學本身，只能算是幫助了解及溝通。因此，此種方法在本論文中是次要的。但有些比較為了論文的一氣呵成，也如同某些例子的詮釋，將其列於註解中。

　　㈣　想像的普遍化：此法乃懷氏建構形上學的方法⓴，亦即筆透者過懷氏著作之內容及文字，配合筆者的各種經驗知識，包括懷氏當時所未發展出來的知識，加以想像的普遍化以完成此論文。此法特別表現於第三章第二節，此法之運用也可說是「以其人之道，還治其人之身」。

　　㈤　起源法：此法有兩層意義：①欲了解理論，可從其理論的起源著手。②欲解決問題，則往往須從問題的如何產生去了解，才較能對症下藥、解決問題。此種起源法雖然臆測成份相當多，但卻是研究他人哲學藉以進一步創新以成就自己的哲學的較佳方法之一。因此在第一章

⓳參閱吳森：比較哲學與文化。台北：東大圖書公司，民國六十七年七月初版，頁十七～十九。此處吳氏偏重中西哲學之比較，但實際上並不一定中西對比。只要類似性較強的哲學家即可相比較，以幫助了解。

⓴請參閱第一章第二節中。

中，筆者同時針對時代問題與懷氏形上學的起源加以探討。然後在結論的第二部份，則嘗試對懷氏如何經由物理學與生物學的基本觀念去醞釀其形上學的可能途徑，加以綜述與討論。

㈥ 以問題爲中心的討論方法：本論文既然想解決前述之四大時代問題，因此爲易於表達，大致上乃以各大問題的解決爲樞紐來區分章節，因此，在第三章中乃以解決第二問題爲主要內容；第四章則以第三問題爲主；至於第一問題，則分散於各章；第四大問題則於結論中綜合答覆。

當然上述諸多方法，基本上是以㈠直線型系統分析法爲最主要，其他方法則隨機參差使用。誠然使用㈠之方法，面對融貫的、邏輯的懷氏形上學系統，有些地方往往會重複，甚至表面上令人覺得囉嗦、瑣碎，但卻不失爲清晰化、細節化與較客觀描述他人哲學及使讀者易於理解的好方法，同時此重複更反證本論文各章各節也和懷氏哲學系統一樣，是一融貫性的有機體。尤其是上述四大問題在理論上的較圓滿解決，一定要訴諸於第四章的上帝，甚至是創造性的終極範疇，然而就實際上的解決方式而言，則一定要訴諸於第三章所說的高級社會─充分自由化、民主化、多元化的開放社會。因此問題的各別解答雖然是章節分開，但是各個解答相互間又構成連續的有結構的脈絡 (structured context)。這一切更使得本論文形成了更融貫、更合邏輯的、同時完成且相互預設、不可分割的整體。所以讀者務必讀完全文後，才更能體會「文字」所蘊含的更精確、更豐富的意義。

綜合言之，透過上述方法與目的的導引，本論文的綱要如下：在第一章中，對時代問題的如何形成及懷氏解決方式加以描述及補充，從而指出實際事物理論的起源及其在形上學中的地位。第二章則主要對「實際事物」之爲歷程及歷程如何形成的普遍形式結構加以討論，同時也附

帶對邏輯命題的抽象性加以討論。第三章則討論由諸多實際事物所構成的「社會」之理論並修正懷氏討論問題的方向，以解答第二時代問題。第四章則對實際事物之最重要例子—上帝的理論—加以探討，以嘗試解答第三大問題。至於第一問題之答覆則偏佈於各章；第四大問題則於結論中答覆。

　　當然，本書對上列時代問題的答覆或解決，雖然不可能在短短篇幅中做非常細節化的處理，畢竟那需要更多的專文來討論，但筆者將會導出如何解決問題的較正確方向同時也解決諸問題的較重要部份。因此，也必然會引發更多的問題等待我們去探討。

　　最後，本書之強調探討精神，其意義並不止於前所述及的意義，更重要的是探討本身乃是一種眞實的態度，也是一種具體的行動，更是一種觀念及行動的探險，就如同筆者在碩士論文「懷海德『事件』概念探討」一文的結論中所寫的：「本論文只是一個探討，它的未完成性是必然的，然而也因其未完成性，使得此文具備了生生開放性。一方面可讓更多的人來探討；另一方面又隨時準備攝受更多的資料，雖然它所引發的種種難題可能比它已經設法解決的困難更多，但這是無論多完整的哲學作品所難免的。我們所能期望、所能夠做的，只是導出較正確的方向，適度地解決正確有意義的問題。同時也引發出正確而有意義且更終極的問題，如此才能眞正向那『不可說、不可說』或『玄之又玄』的隱秘領域踏出一小步。至此，我們也才可逐漸進入自由信仰的開放境界……，從而轉化成默默且相當高級的具體行動……。」㉑

㉑參閱筆者碩士論文，頁一三七。不過，本次文中所述略有修改。

第一章 時代問題的起源、解決方式與存有原理

前　言

　　本章的主旨，誠然是透過對懷氏生存時代的前後和懷氏哲學密切關連的十八世紀以來近代物理學、生物學演化論、心理學、實務哲學所突破傳統的部份作簡要的歷史回顧，以便了解時代問題的起源與懷氏形上學的建構方式及其基本內容，進而了解懷氏解決問題的基本方式；同時也導出實際事物理論之起源與懷氏形上學三大原理之一的存有原理。但更重要的是，理解這些分殊學科的基本內容對於理解「實際事物」的理論，甚至是整個懷氏形上學，是相當基本且重要的，否則便無法深入了解懷氏形上學究竟在詮釋什麼。至於當代形式科學的發展，基本上懷氏第一期的著作即是見證者，由於懷氏的觀點已於緒論中述及，故不再贅述。

第一節　時代問題的起源

甲、近代物理學的發展與影響

　　就物理學的發展而言，由於作為物理學的語言兼工具的數學的更加嚴謹與改進及科學實驗儀器的更加精密與改良，再加上物理學家的創造力，因而使得整個物理學有了創造性的修正或突破，形成了今日所謂的「近代物理學」（modern physics）。

　　西元一九○○年，蒲朗克（Max Planck, 1859-1947）提出量子

論（Quantum Theory），認爲任一量子所具有的能量不是任意的連續值，而是某最低能量的整數倍。具體言之，卽任一量子的能量應爲常數 h（卽蒲朗克常數）的整數倍。換言之，任一電子必須吸收或放出此一確定（固定值）的能量，才能產生電子在能階上的躍動，也才能產生能量的輻射而形成一個可被人類觀察到的電子事件。其次，一九〇九年密立根（Millikan）的油滴實驗，也證明了電荷的基本電量之存在——亦卽任何帶電體的帶電量並非任意的連續值，而是具有最小單位 $e^- = 4.774 \times 10^{-10}$ esu $= 1.591 \times 10^{-19}$ Column 的整數倍❶。它們兩者似乎都提供了不連續（discrete）及存在一個不可分割（indivisible）的基本單位之觀念或事實。

約在同一時代，愛因斯坦（Albert Einstein 1879-1955）於一九〇五年提出狹義相對論（the Special Theory of Relativity），一九一六年提出廣義相對論（the General Theory of Relativity）。他認爲：物理宇宙並不存在一個絕對靜止的參考座標系，也可說不存在一個絕對不動的中心點；一切都在相對的動態運動中。其次，宇宙也無靜止的、絕對的、且孤立的時間、空間。他主張時間和空間乃是相互依存（interdependent）且息息相關，甚至更進一步認爲物理宇宙卽是四度時空連續體（4—dimensional time-space continuum），且是有限而無界的（finite but boundless），而且空間、時間未必能被看作是一種可以離開物理實在的實際客體而可獨立存在的東西❷。換言之，若無

---

❶文中所述之數值係密立根當時實驗所得的數值，此數值被使用近二十年，但由於儀器的改進，在一九二八年，培克林（Backlin）更精確地提出現在物理界所使用的更精確的數值：卽 $e^- = 1.602 \times 10^{-19}$ Column. 參閱 R. H. Richtmyer, E. H. Kennard, and J. N. Cooper, *Introduction to Modern Physics.* 台北：豪華書局，民國五十九年，頁一五九。底下所述之蒲朗克常數亦有類似情況。

「物質」和運動（即事件）發生時，則時空是無意義，甚至是不存在的❸。反面言之，物質和運動也和時空關係分不開，甚至當一物體以接近光速進行時會產生較顯著的時間延長（time dilation）與空間或長度的收縮（space or length contraction）之物理效應；甚至當物體以光速運動時，質量即全然轉化成能量。能量顯然是物理宇宙的終極實在，而對能量傳遞的描述，即形成「能量守恒」（energy conservation）及「質能互換」兩種融貫性之理論。上述觀點顯然又修正了古典物理學所認為的時間乃均勻的流、空間乃一平面及以物質為終極實在的論點。

　　因此，大致上我們可了解：由於古典物理忽略了時間、速度之介入討論的重要性，因此使得古典物理的定律，如 F＝ma 都需要加上修正量，就如愛因斯坦所認為的：「在牛頓物理的萬有引力公式中時間因素竟遭完全摒棄，連影子也不見了。」❹

　　當然，上述量子論或相對論，基本上都以數學公式之運作來表達，亦即以數學為語言而表現出一種美而單純的「數學秩序」；同時根據此理論所提出的某些物理現象的預測，也已經經過複雜實驗的運作過程，證實其理論預測值比古典物理的理論預測更為精確。換言之，它們比古典物理更真實，甚至古典物理與近代物理的基本不同點即在於：古典物理把蒲朗克常數 h 看成是無限小，進而當成是零，同時把光速 C 看成是無限大。但依近代物理的實驗證明及些微臆測，則 $h = 6.6256 \times 10^{-34}$ J‑s、$C = 3 \times 10^8$ m/sec 都是一種宇宙常數。因此，從近代物理的角度來看，

---

❷曾蘭英編：紀念愛因斯坦譯文集。新竹，凡異出版社，民國七十三年，頁三七。

❸參見法蘭克（P. Frank）著，謝力中譯：科學的哲學。台北：世界書局，民國五十五年五月再版。頁一三六。

❹A. Einstein & L. Infeld, *The Evolution of Physics*, pp. 57‑8, 67. 引自方東美：生生之德。台北，黎明文化事業公司，民國六十九年七月再版，頁二二。

古典物理乃是一種較不真實的理想狀況，或有些人視爲近代物理的特殊例子，只是它存在著許多應用價值，而且某些方面也與常識經驗相吻合，當然也可說是因爲牛頓物理學忽略了時間與速度因素，因此導致了上述較不真實的狀況。所以當代哲學家若欲求真，就不能只停留在對古典物理學的哲學詮釋，尤其僅停留在對純粹的牛頓物理學的詮釋。例如停留在康德哲學；相反的，對近代物理學賦予哲學上的詮釋乃是建立當代哲學所需要面對的基本問題之一。

此外，實驗天文物理學，配合上述理論之發展，更證實了宇宙不只是太陽系，也不只是銀河系等，還有其他更廣濶，且複雜的星系，使我們更加發現宇宙之浩瀚，相對地更顯示出人類不過是宇宙中的小角色或微粒而已。因此，使得有些人感受到人不再是完全「控制、了解、認識自然」，甚至有些人更產生了對於人的卑微與渺小的哀嘆了。但另一方面也由於證實了卽使到了目前，宇宙依然在膨脹中❺，再加上前述相對論對整個物理宇宙的看法，似乎也傳遞了不斷演化、甚至是創新不已之動態宇宙的訊息及動態歷程之觀念。另外「氣體分子動力論」中之微觀系統與巨觀系統之理論與觀察也發現了動態平衡及穩定態的觀念。

然而，幾乎大多數的物理學家又都同意，或說是一種共同信念，卽自然本身是有秩序的動態和諧與平衡，否則我們無法發現任何自然律，而且又可透過數學語言達成簡單清晰，且具有整齊對稱之美的數學公式，愛因斯坦卽是一個例子。他說:「我信仰斯賓諾莎那個在存在事物的有秩序的和諧中顯示出來的上帝」❻，又說:「儘管在現象同它們的理論原理之間並沒有邏輯的橋樑，這就是萊布尼茲非常中肯地所表述

❺關於物理宇宙之諸模式的詳細討論，請參閱楊士毅: 懷海德「事件」概念探討，頁七八～八〇。

❻同❷，頁三一。

的『預定和諧』。渴望見到這種預定和諧，是無窮的毅力和耐心的源泉。」[7]

乙、近代生物學的發展與影響

就生物學全體論 (holism) 的發展言之，達爾文 (Charles Darwin, 1809-1882) 在西元一八五九年提出「物種源始」(the Origin of Species)。他認為生命機體存在著各種可遺傳的變異性 (variation)，但是我們要注意的是：這一代由於為了適應環境所形成的變異性，並不必然可遺傳到下一代，亦即只有當此生命機體的遺傳基因 (gene) 重新組合或改變，形成新的基因型 (genotype)，則此種變異性才可以傳遞到下一代。其次環境或自然界對很多的變異種 (mutant) 加以選擇，決定何種基因型最能適應環境，此處適應的意義即指基因型能夠成功地傳遞到下一代，上述的選擇即形成了「自然選擇」(natural selection) 或譯「天擇」，換言之，並非人為的選擇 (artificial selection)；其中最能適應者，即是最佳或最高級的生存者，由此則形成了「適者生存」(survival of the fittest)的意義。當然上述變異性也可能由於偶然事件的發生，繼而經由突變 (mutation) 形成新種。雖然新種不斷地產生，但是某些生命機體也可能因為無法適應環境的變動而不斷地遭大自然所淘汰而消失。上述觀點則衍生出一套盲目的、無目的的、非決定的、動態的、演化的、且越演化結構越複雜、越高級，甚而形成具有層級結構 (hierarchical structure) 的生物宇宙觀，同時上述的生存競爭又往往都是優勝劣敗、弱肉強食。此外，整個生物學的分類系統，也逐漸揚棄了傳統生物學的以外表型態、或現前的結構為分類依據的型態系統 (mophorlogical system)；並嘗試以物種之起源過程 (genetic process)

---

[7]同上，頁四〇。

之異同爲分類依據,所以形成了今日所謂的親緣系統(phylogenetic system)❽, 由於後者的系統比前者更能詮釋更廣泛的生命現象且證據也相當充分, 因此也就更接近自然分類 (natural classification); 而前者較傾向於人爲分類 (artificial classification), 因此後者的價值較高, 換言之, 演化論較以前的生物學更眞實。

透過上述演化觀及其分類, 達爾文又在西元一八八六年發表「人類的祖先」(the Descent of Man), 他認爲人類的起源是由低級動物逐漸演化而來, 而且臆測人類與猴子非常可能由共同的祖先演化而來, 目前則有的生物學家認爲人類是由拉瑪猿演化而來, 當然有些達爾文的跟隨者更過份簡單化的描述成:「猴子是人類的祖先」的大衆化的常識觀念。但無論如何描述, 總是蘊含了人類的起源是低級的而且也仍潛藏著動物的原始本能或獸性的成份。

---

❽例如蝴蝶的翅膀與鳥類的翅膀, 就外形、結構、作用而言, 雖然大致相同, 但由於其生成歷程或起源歷程相當不同, 因此, 就源始論的立場而言, 它們是異源的器官 (heterologous organs), 所以無法歸屬於同一族 (taxa), 例如蝴蝶是屬於昆蟲綱, 而不是屬於鳥綱。另外, 如猿的手臂與鯨魚的鰭, 雖其外表型態、當前結構相當不同, 但是由於其起源或生成歷程相同或極爲類似, 因此是同源的器官 (homologous organs), 所以都屬於哺乳綱, 至於它們同源, 但何以外表型態不同, 其理由可用「天擇」的理論來解釋, 亦卽爲適應個別的生存空間或外在環境而形成變異性, 但是變異的產生若要遺傳到下一代, 則一定要從「基因型」(genotype) 的改變才可遺傳。環境是對很多的變異種來選擇何者是最佳的生存者, 如此就形成了「適者生存」的意義。

關於本段落之生物學知識, 大致由專攻遺傳工程的楊淵先生所提供, 在此致謝。至於相關資料可參閱: ① Charles Darwin, The Descent of Man: *Conclusion*, Cited from *Evolution of Man*, American Foundation for Continuing Education, edited by Louise B. Young. New York: Oxford Univ. press, 1970, pp. 228-229. ② Eugene, P. Odum, *Ecology: The Link Between the Natural and the Social Sciences*, 2nd. ed., Georgia: Univ. of Georgia Press, 1975, pp. 4-6. ③ Ehrlich, R. Holm, Richard W., Parnell Dennis R., *The Process of Evolution*. 台北: 地球出版社, 一九七六, 頁一○四～一○五。

其次，就生物學的化約論（reductionism）之發展而言，亦即就局部系統之研究觀之，生理學、物理生理學（physical physiology）、心理生理學（psychological physiology），也更加精密化、定量化、同時更使得生命科學和物質科學（如物理學、化學）逐漸相連接，對於人體之生理現象有更細節化的了解。另一方面，在顯微鏡的觀察下，也發現了微小生物的布朗運動（Brown's movement）如原生質❾。

上述生物學理論對於生物與生物間的關係及人性與人的起源的看法及環境對生物的決定性影響很明顯地對東西方任何美化人性，或認為人性是高貴的、至善的理論為本所引發出來的道德、倫理、宗教、或宇宙觀都產生了相當大的衝激力與困擾。例如，它們大大地減弱了，甚至幾乎否定了下列觀點：基督宗教中「人是依照上帝的形象，被上帝所創造出來的受造物」❿或「人與人之相互友愛與尊重的民主觀念」（cf. AI 36-37）及東方哲學所強調的「人性本善」⓫，「人者、天地之心也」⓬，「人為大」⓭之說法。

但是從另一角度看，則人的起源雖然低級，而且未來也可能由於環境的遽變，使人類絕滅了，而另有代起者，且可能是人類的變種。但是

❾ 參見，楊士毅：懷海德「事件」概念探討，頁八〇～八一。
❿ The Bible, Containing the Old and New Testament, Genesis, 5: 1, New York: American Bible Society, 1952, p. 4.
⓫ 參閱孟子告子篇，四書集註，宋・朱熹撰。台北：漢京文化事業公司，民國七十二年初版，頁七八四。
⓬ 禮記，卷二二，第九章，引自方東美著，孫智燊譯：中國哲學之精神及其發展。台北：成均出版社，民國七十三年初版，頁一七七。關於「人之偉大」，參見頁一五八～一六一。
⓭ 老子道德經，第二十五章：「……故道大、天大、地大、王亦大，域中有四大，而王居其一焉。」老子王弼注，台北：河洛圖書出版社，民國六十三年初版，頁三四一三五。但方東美先生認為：王字在甲骨文、鐘鼎文中的形象，就是代表一項天立地的人，故又曰：「人亦大。」引自方東美：方東美先生演講集。台北：黎明文化事業公司，民國六十七年八月初版，頁二〇七。

從目前已知的生物知識觀之，則人類由於腦部較其他生物發達，而且是最能適應大多環境的一種生物，換言之，人類目前所居的層級是最高，因此也某種程度地證實了「在當今，人為萬物之靈」的看法。其次，雖然達爾文演化論基本上是主張生物宇宙乃在盲目、無目的、無計畫、無法則、非被決定的狀況下的隨機演化，但基本上還是以上述「適者生存」等觀點形成另一意義下的法則在運作，以形成演化中的宇宙，所以也間接傳遞了生物宇宙乃是不斷地創新的動態歷程的訊息，至於化約論的研究更引進了「科際整合」的觀念。當然兩方面的研究都間接傳遞了所有生物都在變動的訊息。

丙、近代心理學、實務哲學的發展與影響

　　就心理學或心理生理學的發展而言，如佛洛伊德（Sigmund Freud, 1856-1936）及其追隨者等心理分析家或譯精神分析家所提出的深度心理學（depth-psychology）之理論，認為在人類理性及意識底下之深處，尚有前意識、潛意識、無意識等非理性的深層。然而這些深層的活動却是人類行為之動力來源，而且對於人類的外在行為活動或心理活動的影響力相當大。人類的各種活動也經常必須透過此來解釋才會更合理、更圓融。換言之，理性的作用之一即是在清醒時嘗試合理化這些深層的活動，其次，理性只是浮在表面上的冰山而已，他們打破了「理性支配人類行為」的一貫信念，其中佛氏更嘗試將潛意識的原慾或譯性慾、性驅力、愛慾（libido）或性衝動（sexual impulse）當作是人類活動最原始的動力來源，甚且推至極端以性衝動為運作中心來解釋一切人類活動、生物活動，甚且到晚期，佛氏及某些跟隨者更把性慾或潛意識提昇到形上學的地位去解釋一切存在活動，而且透過此理論去治療某些精神病患也曾獲致某種程度效果，當然失敗之處亦有之。

此外，行爲心理學家如巴夫洛夫（Pavlov, 1849-1939）、桑戴克（Thorndike, 1874～1949）、華生（J.B. Watson, 1898-1958）及當代的斯金納（B.F. Skinner 1902～）則大致主張利用現代科學方法及設備來研究動物和人的行爲。由於動物較容易在實驗室中控制操作，嬰兒也較方便觀察；因此，又以研究動物及嬰兒行爲爲基礎來了解、解釋人類行爲，並比較人與動物之差異性及共通性；誠然人是動物演化的高峯，是萬物之靈，而且也具有理性，但不可否認的，人也具有動物本能，而且此種本能往往是非理性的，同時人類行爲不只受動物本能的影響，更受環境的重大影響或制約。

然而，傳統心理學並不重視、也未詳細討論這些「非理性」的層次，所成就的乃是「理性心理學」；傳統的哲學家如休謨（David Hume, 1711-1776）、康德（I. Kant, 1781-1854）及其他，也大致把研究重點擺在人類的理性思考歷程，甚至只以此爲中心來解釋人類的活動。就東方而言，除了佛教中的唯識宗以外，其他各派也未明顯地系統化、細節化地討論這些所謂「非理性」的內容。甚至古代的東方對「性」更是避免公開討論。總之，無論我們同意或不同意他們的觀點，這些新的心理學派總是在理論上對人性及人類行爲與心理歷程的研究產生了某些創造性的突破，且證實他們所描述的某些部份確實是部份的經驗事實，因此具有相當強度的科學實證性，更增加了人們對「人性」自身的了解。

很自然的，某些人會認爲上述理論和生物學的部份理論一樣，是詆毀了傳統中「人性的高貴或尊嚴」的觀點，尤其是對那些以人性爲至善至美所闡揚出來的各種人生哲學、倫理道德、社會制度，及宗敎信仰，總會形成類似前述生物學和物理學所產生的種種困擾。

當然也有格式塔（Gestalt）心理學派或譯完形心理學派如魏泰穆（Wertheimer, 1880-1943）強調對意識經驗或知覺研究的整體不可分

割性或機體性。

其次，也有些心理學家如佛洛姆（E. Fromm 1900～）等，則逐漸走向今日所謂的「超心理學」(transpersonal psychology, parapsychology) 之研究、亦卽嘗試運用深度心理學的心理分析方法及準科學方法，對超越理性所能理解的，（對當時或某些人而言）的神秘領域加以分析研究，例如心電感應（telepathy）、神秘的宗教領域，甚至於與另一神秘的靈異世界之溝通……等等。

再就處理社會較實際問題的實務哲學（practical philosophy）而言，孔德（Auguste Comte, 1798-1857）在一八一五年提出實證主義的哲學，認爲人類歷史的演化，乃是由「神學或宗教」進步到「形上學」，再由形上學進步到「實證哲學」。他認爲追求眞實或者處理社會實務，可以不需要「神學或宗教」或「形上學」做理論基礎；最重要的是「實證」性理論。此外，他又首度使用了社會物理學及社會學（sociology）一詞，因而被認爲是社會學之父。但此種社會學，依今日社會學的發展而言，仍不是非常的科學，而是傾向社會哲學，但並不等於實證性甚爲強化的當代科學的社會學。❶

其次，同時代前後的個體主義的古典民主理論家❶，或哲學上所謂的功利主義者（Utilitarian），如邊沁（Jeremy Bentham, 1748-1832）、彌爾（John Stuart Mill, 1806-1873）及其他修正的自由主義者，也和孔德一樣，認爲此種實務哲學並不需要形上學理論或宗敎作基礎。因此實務哲學乃和傳統形上學逐漸分離了（cf. *AI* 37-38）。

---

❶參見龍冠海：社會學。台北，三民書局，民國七十二年八月八版，頁四。
❶參見呂亞力、吳乃德編譯：民主理論選讀。高雄：德馨室出版社，民國六十八年元月初版，頁九。呂亞力：政治發展與民主，台北：五南圖書出版公司，民國六十八年十月初版，頁二三五。

　　然而上述之實務哲學，也大致具有共同的特色，其中之一即是他們都在嘗試爲日趨自由化、多元化、民主化的開放社會之結構、活動或現象提供理論上的基礎，甚至其追隨者也更進一步要求實際社會能够依照今日所謂的「民主憲政體制」而運作，以便解決社會實際問題。同時，上述的社會結構及活動，對於過去較爲專制、獨裁或封建制度下產生的實務哲學、倫理學、道德、形上學、宗教，也可能是一項考驗——有些部份可能是衝突，但也有些部份可能是相容的。但無論如何，是對古典的哲學、道德、宗教形成某種干擾，同時也是建立當代哲學所需討論解決的問題。關於這方面的討論卡爾·波柏（Karl R. Popper 1902～）的「開放社會及其敵人」是最重要的著作；羅素的「西洋哲學史」也相當强調這些問題。

　　最後就宗教及倫理道德的信仰而言，除了上述各種分殊學科所引發的種種對傳統理論及生活方式的困擾外，甚至由於文化交流的日漸頻繁與各種不同宗教之相互比較往往使人產生某種程度的疑惑；既然「上帝」似乎應該只有一個，那麼又爲什麼有那麼多種不同的有關神明的理論及不同的宗教儀式與活動。而且就「表面上」看來，似乎還相衝突。例如，怎麼有的主張一神論、有的主張多神論、無神論、泛神論等等。這一切也使得某些人對於傳統宗教理論及信仰產生了一些疑問與困擾。同樣的困擾也發生於倫理道德上，甚至同樣的所謂道德條目，如忠孝或各種愛情、親情？爲何東西方的表達方式也有顯著的差異性？那一種才是「正確」的呢？

丁、時代問題的提出與各種反應類型的批評

　　綜合上述，一方面可了解當代科技、分殊學科、心理學及社會學大

致上呈現下列四大特色，尤其是科技⑯： ①不斷突破、修正過去的創造性。②按照規則而客觀運作的運作性及實證性。③追求客觀的或稱互為主觀的眞實性。④考慮及重視時間因素的介入所形成的動態性與歷程性。

另一方面，也可將上列分殊學科所引發的困擾歸結成下列四個時代問題：

㈠面對當代形式科學、自然科學與心理學所提出的新事實、新資料、新理論，哲學家要如何處理？

㈡面對實務哲學之放棄形上學做基礎，以成為獨立部門及日趨自由化、多元化、民主化的開放社會的理論、社會結構與活動，哲學家又要如何處理？

㈢面對文化交流所形成由於不同神明理論的差異性所引起的宗教信仰的困惑或衝突及科學衝激下所可能形成的信仰危機,哲學家如何解決?

㈣上列分殊學科對傳統人性與道德及人在全體宇宙中之地位所產生的困擾與問題，哲學家又如何解決？

很顯然地，對上述時代問題的較圓融答覆或解決，乃是當代建構專業哲學或形上學或肯定形上學之存在意義、及證明形上學有所進步的必要條件。

其次，當代人面對上列分殊學科之發展及時代問題，很顯然地可能會產生下列六種不同類型的反應：

㈠對分殊學科之發展所提供的現代化專業知識及時代問題，漠不關心，而只是在古書堆中打轉。

㈡對當代分殊學科所提供的知識，有意識地大部份排斥，尤其是自

⑯參見沈清松：懷黑德的形上學㈠。台北：哲學與文化月刊，第十卷第十二期，民國七十二年十二月，頁三八～三九。不過沈君只提出了①創造性②運作性③客觀性，而且只限於科技之特性。讀者可加以比較之。

然科學，而另建純人文的哲學系統。

㈢企圖從古代的傳統去解決問題。其中又區分爲兩種：一種卽對當代分殊學科的知識仍然漠不關心；另一種卽嘗試透過當代分殊學科之部份知識重新詮釋傳統，但可能去解決上列問題，也可能對上述問題只關心一部份或只是賦予極弱化的關注。

㈣全盤吸收上述孤立的自然科學系統所提出的抽象理論，而且視爲終極具體的眞實，從而架構其哲學理論。

㈤吸收分殊學科之理論但認爲物質問題歸物質科學解決，精神問題歸精神科學解決；或科學與倫理是兩種不同的範疇，互不相干；或宗敎和科學由於處理不同的題材，因此兩者永不會相碰（AI 40）；或「柏拉圖」式的宗敎觀念、商業社會中個體競爭的觀念及物質科學的觀念（AI 40），三者互不相干。當然更可以細節的區分成下列四個孤立系統：①人類的精神生活問題歸宗敎或道德、藝術、或心理學處理。②社會實務問題歸實務哲學或社會科學處理，但不需要形上學、宗敎或哲學做基礎。③低層次的生命或生理問題歸生物學、生理學、心理生理學處理。④物質世界的問題歸物理學處理，然而此四大孤立系統彼此各分領域，互不相干，各自解決自己領域中的問題。

㈥積極地選擇性吸收同時也反省批評科技等分殊學科之知識內容與特性，以建構包含現代化科學知識的哲學，進而解決時代問題。但其中又區分成浮泛式的吸收反省及深入細節化的吸收反省。

對於㈠㈡㈢種，懷氏未曾討論，然筆者將另有專文討論，因此暫存而不論。但簡而言之，解決時代問題的機會並不很大，而且卽使解決了也是相當牽強。其理由乃是古典的傳統哲學家並沒有經驗到如此多的新資料、新問題。換言之，舊瓶裝新酒，成功的機會並不很大。

對於第四種，懷氏在第二期論述自然科學的哲學中曾加以批評，認

爲其犯了自然二分法及簡單定位法及具體性誤置的謬誤[17]，同時積極地提出具體的「事件」與抽象的「對象」之理論來架構自然科學的哲學，以嘗試避免他所批評別人的謬誤。同時也嘗試融貫數學、物理，甚至在「科學與近代世界」一書中也開始嘗試融貫生物學[18]，而逐漸踏上建構形上學之路。

對第五種看法，雖然表面上看來似乎很有道理，但實際上「一個人的心靈與肉體是不能分割的」(*AI* 40)，甚至一個人的生活行動之形成都是上述各種方式所區分的各個領域同時交互影響、相互整合而形成的。一個人是同時需要物質生活、生理生活、經濟生活、政治生活、精神生活、道德生活、藝術生活、宗教生活，而且彼此間也都是交互影響不可孤立的。雖然有些人或許宣稱：我不需要某種生活，但實際上人的內心深處却暗含對上述各種生活的需要而且各種活動都同時受各方面的影響，只是有些人不自覺，有些人自覺到了而已。更何況人是社會性的存在，自然一切活動更受上述各領域的交互影響。換言之，第五種想法乃是過份簡單化，且有些不願面對現實及有些逃避問題，此外，單就某一孤立系統解釋或解決實際問題而忽略其他系統的影響，一方面使得理論基礎不夠紮實、嚴密及圓融，但另一方面也可能在解決上述各種實際問題時形成某種程度的偏差，甚至可能帶給人類某些困擾。懷氏則更誇張地認爲此種想法乃「全然錯誤」(cf. *AI* 40)。

然而，懷氏並不僅止於上述消極地批評、破解上述第四、五種的說法，也不止於建構「事件」與「對象」理論，或整個自然科學的哲學，而且是更積極地運用其所謂的想像普遍化的方法，嘗試吸收當代分殊學科所呈現的四大特性及其所提供的實證資料及部份理論與設定。同時也

---

[17]同[9] 頁十一～十三，頁五六～六一。
[18]同上，頁十五～二六。四〇～四二，四七～五一。

積極地批評、修正其理論以建構現代化的形上學，此外，更提出「實際事物」理論及「永恒對象」理論來取代「事件」與「對象」理論在自然科學的哲學中所扮演的角色，來解決上列問題。換言之，懷氏屬於第六種類型，並且是深入細節型，因此在下一節中將對懷氏建構形上學的方法及其基本意義，加以描述，從而了解如何解決上列時代問題。同時也初步描述「實際事物」理論的起源及其基本意義，藉以導出存有原理。至於懷氏如何吸收、批評當代科技的四大特性以形成其形上學的細節討論，則於本論文的結論中進一步描述。蓋如此才會合於直線型的推理、描述方式，而使讀者更容易了解其深義。

第二節 形上學之意義及時代問題的解決方式

甲、形上學的建構方法—想像的普遍化

首先，我們需了解，懷氏形上學之建構過程依舊是從經驗出發，他並不忽略對一般的直接經驗，甚至經常有錯誤的日常生活的常識經驗的特殊觀察。他說：「爲了要發現某些我們可以對無窮盡的各種不同的經驗的構成因素加以分類的主要範疇，我們必須訴諸和每一種利那情境相關聯的證據，而不能有所遺漏：酣醉與清醒的經驗、睡著與醒著的經驗、昏沈沈與大清明的經驗、自覺與忘我的經驗、精神與肉體的經驗、宗教與懷疑的經驗、憂慮焦懼與無憂無慮的經驗、企盼與回顧的經驗、快樂與悲傷的經驗、縱情與克己的經驗、處身明亮與處身黑暗的經驗、正常與反常的經驗」（*AI* 226）。

其次，他也不忽略各分殊學科之較抽象精密觀察所獲得的資料或理論，然而所謂分殊學科乃是各自選取專門領域中的資料加以普遍化，以形成各自特殊範圍內有效的普遍性描述，而懷氏形上學則是對各種分殊

學科所提供的資料及具有普遍性的理論，再加上他本人廣泛的日常生活經驗加以普遍化，以尋求全體宇宙的具體普遍性。就如懷氏所說的:「形上學的建構乃起源於對人類興趣的各種特殊題材〔例如: 物理學、生理學、心理學、美學、倫理道德信念 (ethical beliefs)、社會學、及儲藏人類經驗的寶庫一語言文字〕中的可辨識的許多特殊因素的普遍化。」(PR 5) 但是此處的普遍化所使用的方法並不是培根歸納法。懷氏認為培根歸納法缺少自由想像，〔故無法超出起源資料，〕而只在原地打轉，無法創新。但懷氏的普遍化則不只歸納且包括了想像作用，因此他使用「想像的普遍化」(imaginative generalization) (PR 5) 來表達。然而懷氏認為此想像乃是一種統觀的觀照 (synoptic vision)，而且必須融貫的、且合邏輯。因此，又稱為「想像的合理化」(imaginative rationalization) (PR 5)。綜合言之，筆者稱其為「合理想像的普遍化」，而哲學即是對於由此種普遍化方法所發現的具體普遍性加以描述，然後再透過此具體普遍性回頭來詮釋實際世界中的一切經驗中的元素，此種詮釋有助於更精確、更細節化地了解實際世界，同時也易於觀察到以前所沒觀察到的新資料，以形成新知識及更高級的智慧。懷氏曾對上述過程有如下的比喻:「發現新事物的真正方法就像飛機的飛翔。它從地面上的特殊觀察出發，然後在想像普遍化的稀疏空氣中飛翔，而後再度登陸，以便重新觀察。由於此種合理的詮釋使得此重新觀察變得更加敏銳」(PR 5) 這是「歷程與實在」一書所述，另外我們也不可忽略在「科學與近代世界」所說的: 將上列成果或分殊學科和具體的直覺 (直接經驗) 相對比[19]。因此懷氏相當重視偉大詩人的證言，在其著作中經常引用詩句，尤其是浪漫詩例如雪萊 (P.B. Shelly 1792-1822)、尤其是華

---

[19]同上，頁十四～十五。

茨華斯（W. Wordsworth 1770-1850）的詩，來和理性哲學之內容相對比、相印證。就如同他所說的：「這些詩句表現了人類深刻的直覺，洞察到具體事物的普遍性質。」（SMW 87）

透過上述合理想像普遍化及直覺，懷氏首先發現「一切事物都在流動，是第一個模糊、含混的普遍性，而形上學最重要的工作之一，即是闡釋一切事物都在流動所包含的意義」（PR 208），據此，則形成了懷氏以歷程為實在的形上學。

乙、形上學的意義與範疇總綱

所謂形上學，就懷氏而言，又稱作宇宙論、系統的形上宇宙論（systematically metaphysical cosmology）（MT 231），也叫思辨哲學（speculative philosophy），甚至為標明其哲學具有生物學中有機體之性質，更使用機體哲學（the philosophy of organism）（PR 7），有時更簡稱為哲學。這些名詞都是同義異形語。在「歷程與實在」一書的開頭，懷氏即對形上學加以定義。他說：「思辨哲學乃是嘗試建構一套融貫、合邏輯、必然的普遍觀念系統，並藉著此系統去詮釋我們所經驗到的一切元素（elements）。」（PR 3）

所謂融貫，乃意指發展此形上學系統的許多普遍的基本觀念是相互預設其存在，相互密切關聯，從時間角度描述之，則是同時存在。因此，抽離了它們彼此間的相關性，甚至完全由整個宇宙系統抽離開，然後完全孤立地討論任何一個觀念，則無法圓滿地、細節地了解構思出任何一個基本觀念。換言之，討論到任何一個基本觀念勢必密切討論到其他每一個觀念，甚至整個形上學。當然，討論「實際事物」這個基本觀念亦復如此。此種融貫性就懷氏而言，乃是檢驗建構形上學理論是否成功或成功多少的第一個要素。很顯然的，依此條件，則笛卡爾並未成功

地建構其理論，蓋笛卡爾區分心、物二種實體，而且彼此並不相關、各自獨立，無法滿足融貫性的要求。

所謂「合邏輯，即指一般的意義，它包含了邏輯的一致性及缺少矛盾，以邏輯語詞來架構定義，用諸多特例來作爲普遍觀念的例證，以及導出各種推論的原理」(*PR* 3) 例如避免任何形式或非形式的謬誤，並合乎符號邏輯中各種細密的演繹原理或較強化的各種歸納法則。「而數學在自然科學的嚴謹領域中所扮演的角色即是邏輯完美性（或合邏輯）的重要性的一個例子。」(*PR* 6)「此外，我們也將觀察到邏輯自身的觀念也將在哲學觀念系統中找到它們的地位」(*PR* 3)。上述合邏輯即爲檢驗形上學理論是否成功或成功多少的第二個要素。

所謂詮釋，則指此普遍理論的應用性及充分性 (*PR* 3)。「應用性」乃意指此一普遍理論至少可詮釋一個經驗項（即經驗到的元素）；換句話說，至少存在一個人類經驗到的元素可做爲此普遍觀念系統或普遍理論的特殊例證：亦即如物理公式，至少可透過某一公式去解釋一道應用題或物理現象，這等於是公式的應用。因此懷氏稱爲「應用性」。所謂「充分性」則指沒有一個經驗中的元素不能透過此普遍理論去詮釋。換言之，人類經驗到的任何元素必然都是此普遍理論的特殊例證，也可說：人類經驗到的一切都具有相同的普遍形式結構；因爲此種普遍性的存在，因此此種哲學架構必須是必然的。

然而，我們要注意的是：懷氏使用「必然」一詞又另有深意，亦即「在此種以普遍性來說明必然性的理論中，必然性又意指：對全體宇宙而言，必然存在一個違反此理論合理性的本質，但此種本質却避免一切相關的實例超出此理論的範圍，另一方面又是提供此理論終極合理化的根據或基礎，思辨哲學即尋求此種本質」(cf. *PR* 4)，此種本質，就懷氏而言，即指本論文第四章所述具有終極非理性之性質的實際事物——

上帝。此外上述應用性及充分性也是檢驗形上學成功多少的要素之一。

至於「我們所經驗到的一切元素」一語，懷氏也另有深義，雖然懷氏在「歷程與實在」一書的開頭，曾舉例說：「我們所意識到的，（如所享有的、知覺到的、所意願或所思考的）一切。」（PR 3）但顯然此種描述太含混過分簡單，因此須再進一步討論。基本上所謂「經驗到的一切元素」，不只包含了清晰明判的感覺表象，也包含了形成表象的原始素材，如意識深層中的各種模糊的衝動及其衍生物，用懷氏術語則是指「盲目情緒下的活動」（cf. AI 225-226），更包含了「由實踐活動所發現的一切」（PR 13），因此，其「經驗」一詞所指涉的範圍是相當廣泛的，而不是限於傳統哲學中如洛克、休謨、康德的較狹窄範圍，甚至也包含了未來可能發現的經驗到的新元素。

為了更清晰化及分類系統化，筆者嘗試將經驗到的一切元素區分為四大類：

㈠一般人日常生活常識經驗到的資料：這些經驗發生錯誤的可能性相當大；因此「錯誤」本身也構成「一切元素」之一，因此，懷氏形上學也須詮釋「錯誤」如何產生。

㈡各種分殊學科（無論是古代的或現代的）所提供的各種實證性資料及理論[20]，例如物理經驗、生物經驗、心理學的經驗、社會實務的經驗、宗教、藝術……等經驗。

㈢語言：是日常生活最常接觸到的，而且各種分殊學科都是透過人類的語言文字加以保存、相互溝通，以促進社會進步，是相當重要的經驗中的元素，因此又包含了「語言」。

---

[20]關於資料、定律、基本設定、理論的區別，請參閱，楊士毅：懷海德「事件」概念探討，頁三○～三一，三五～三六。此處我簡化成資料與理論，是為表達的簡潔，但實際上此處理論乃包含了基本設定及定律，其中資料及定律的實證性較強。

㈣未來可能發現的各種新資料、新理論：蓋就懷氏而言，形上學若要建構成功的話，則不只要滿足前述之「合邏輯」、「融貫性」、「必然性」的要求，而且其詮釋範圍也必須超出其起源資料。此種超出有兩種意義：①例如由物理學的領域所起源的量子觀念，其詮釋範圍並不止於起源的物理領域，並且也可詮釋到生物領域，甚至一切領域（cf. *PR* 5）。②詮釋範圍可超出既定的事實，亦卽未來可發現的新事實、新資料、新理論也能透過此普遍的觀念體系加以詮釋。就②而言，懷氏顯然並未表達清楚而偏重①，但實際上這是建構任何科學理論或形上學理論的理想目標，因此，「我們所經驗到的一切因素」也必須包含未來各種可能發現的新資料、新理論。

此外，從上所述，我們也可發現檢驗形上學是否成功的要素或標準有三，卽(1)融貫性(2)合邏輯(3)詮釋我們經驗到的一切元素，而此詮釋又包含應用性與充分性兩種意義。其中(1)與(2)為此理論的理性面，(3)是此理論的經驗面。（*PR* 3）然而(3)中又必須包含詮釋未來的新資料、新理論，這是檢驗形上學是否建構成功的重要因素。因此在本論文中，我也嘗試對「與懷氏學術思想發展同時發現而在其著作中並沒有討論到的物理學中的海森堡測不準原理」及「近十數年才高度發展的基本粒子理論」加以檢驗。至於超越起源領域的第一種意義，筆者也將在本論文結論之第二部分綜合整理。

至於普遍觀念系統中的首要基本觀念（primary notions）所形成的基本架構，若用懷氏的專門術語則稱為「範疇總綱」（categoreal scheme）❷。換言之，懷氏使用「範疇」一詞乃蘊含了「首要的基本普遍觀念」的意義，此處普遍意指具體的普遍性。

❷範疇總綱乃是懷氏「歷程與實在」第二章的章名，同時在第一章第八頁也曾使用之，總之在本章中所提到的總綱（scheme）均指此，scheme 一詞卽指架構、

基本上，此範疇總綱可分爲四大部份：㈠終極範疇 (the category of the ultimate)，㈡存在範疇 (categories of existence)，㈢解釋範疇 (categories of explanation)，㈣規範範疇 (categoreal obligations) (PR 20)。其中就理論上而言，㈡㈢㈣範疇實已預設了㈠範疇之存在。所謂㈠終極範疇，即指「創造性」(creativity)、「一」(one)，「多」(many)，此處的「一」並不代表「整數的一」，而是指有秩序的統一體；「多」則指「分離的雜多事物」。其中，「一」與「多」又預設了「創造性」的存在。因此就理論上而言，「創造性」乃是最普遍的觀念或事實，是內存於一切實際事物中，所以懷氏認爲「創造性乃是諸多普遍性中的普遍性 (the universal of universals)，是終極事實的特徵」(PR 21)。透過此「創造性」範疇的運作，使得分離的雜多事物成爲有秩序的統一體，同時也使得此「統一體」又成爲新的「分離雜多的事物」之一，如此則形成了歷程的基本普遍形式，也就是下一章所要詮釋的重點。

至於存在諸範疇，懷氏共分成八個範疇，亦即指八類最基本首要的普遍存在：①也可說，所謂存在範疇即是嘗試對人類所經驗到的一切存在事物加以分類，只是此種分類是最普遍的分類，因此，任何你想到或感官直接經驗到的存在事物或以其他種種方式所涉及的存在事物，都必然是屬於其中一個範疇的例證。在傳統哲學中論述「存有」(being) 或譯存在、本體，其意義是相當含混與歧義的。所以爲澄清其意義及討論方便，我們必須對存有加以各種抽象與具體、靜態與動態的種種分類。

續接上頁

總綱，而範疇即指首要的、基本的普遍觀念。故譯爲範疇架構、範疇總綱均可。今從沈清松所譯。見沈君著：懷黑德的形上學㈤，台北：哲學與文化月刊，第十一卷第四期，民國七十三年四月，頁四九～五一，關於此總綱沈君曾加以整理及簡要地詮釋，不過由於其非直線型推展方式，故不熟悉懷氏哲學者逕讀其所述，較難理解。

懷氏將存在事物區分爲八個普遍的種類， 並以此來討論所有的實際存在事物及各種可能存在的事物， 此八類或八個範疇如下： ①實際事物 （actual entities） ②攝受 （prehensions） ③集結 （nexus） ④主觀方式 （subjective forms） ⑤永恒對象 （eternal objects） ⑥命題 （propositions） 也叫理論 （theories） ⑦ 多樣性或雜多體 （multiplicities） ⑧ 對比或對比物 （contrasts） （PR 22）。換言之， 我們經驗到的任何元素或無論何種意義下的存在， 例如具體的存在、抽象的存在、或可能的存在、形式的存在……； 都必然可歸類於這八種存在的一種，亦卽， 都必然成爲此最高普遍存在的一種特例 （cf. PR 20）。例如「這張桌子」乃是集結的特例。

其次， 所謂解釋範疇，懷氏共列了二十七個，主要是用來解釋說明上列八種普遍存在的意義， 甚至是相互間的普遍關係；只是此種解釋是最普遍性的解釋。因此， 任何分殊學科與日常生活的常識對任何存在的解釋或說明， 都必然是此解釋範疇的特例。（cf. PR 20）

最後規範範疇則是規範各種「存在」應該是如何，懷氏共列了八個範疇， 當然此規範也是最高普遍性的規範。也因此「每一個對存在規範的描述都是此規範範疇的特例」（PR 20）。

很顯然地， 懷氏卽是嘗試透過範疇總綱中對各種普遍觀念的描述去詮譯我們經驗中的一切元素， 也可說是透過各種「範疇」（首要的普遍觀念） 的運作去詮釋全體宇宙中的一切現象。因此， 所謂範疇總綱之於全體宇宙之作用， 就如同物理中的數學公式之於物理宇宙之作用， 所不同的是詮釋領域上， 前者包含了後者。就物理學而言， 它是嘗試透過物理公式之運作去詮釋一切物理宇宙中的一切現象或應用解決物理、甚至應用科學的問題。 因此， 範疇總綱卽我所謂的「哲學公式」。所以形上學的目的卽是尋求詮釋全體宇宙的哲學公式， 然後對此公式加以詮釋應

用，以解決全體宇宙中的各種問題。因此，就此意義觀之，懷氏形上學乃是數學型或物理型的哲學，所以懷氏說：「哲學乃結合了數學模型。」(*MT* 174)，所不同的是他所要尋求的並不是數學公式或物理公式，而是哲學公式。同時也可發現其形上學乃蘊含了下列三層次的意義與作用：①透過範疇總綱的運作，描述各分殊學科及日常生活經驗之「終極為什麼」(the ultimate why)，或說是提供經驗到的一切元素的形上學之理論基礎。②透過範疇總綱的具體普遍性，即哲學公式，去融貫統會各種分殊學科之孤立系統，以形成一種形上學的「科技、人文及社會」大整合❷。③透過範疇總綱之運作詮釋每種分殊學科的資料與理論，尤其詮釋近代的各種分殊學科是如何形成或如何可能❸。

丙、時代問題的解決方式

從上所述，我們可發現透過懷氏形上學去解決時代問題的基本方式如下：

---

❷此乃類似方東美的詮釋懷氏哲學的表達方式，參見方東美：華嚴宗哲學（上冊）。台北：黎明文化事業公司，民國七十年初版，頁三三九～三四〇。方氏謂：「懷氏便針對各種科學上面的孤立系統，想辦法要打破這些孤立主義，他在哲學的領域內，另外成立一個所謂有機體哲學 (organic philosophy)，就是要打破森羅萬象的許多差別境界的孤立系統，然後在它們之間建造一個理論橋樑，要把它們統貫起來，這樣一來，便能把物理學同數學統貫起來，數學、物理學還要同生物科學統貫起來，生物科學同心靈科學統貫起來，然後再同價值科學統貫起來，這樣子一來，才可以產生體大思精的有機體哲學，他認為從整個宇宙可以看出它的有機體的聯合 (organic unity)。」另外，請參閱，楊士毅：懷海德「事件」概念探討，頁三七～四〇，頁六八～六九。

❸此種表達方式，乃模仿康德在「純粹理性批判」一書的表達方式，不過康德乃限於歐氏幾何學、算術及牛頓物理學，而且也只是知識論的探討，懷氏形上學的功能並止於解決知識論的問題，而且也不限於上列康德那時候的知識，而是當代各種分殊學科。參閱：I. Kant: *Immanuel Kant's Critique of Pure Reason.* trans, by Kemp Smith, 台北：馬陵出版社，民國六十六年，頁五六～五七。

㈠如何透過形上學所描述的普遍性，或說範疇總綱的運作來詮釋當代形式科學、物理學、生物學、心理學所提出的新資料、新理論、及日常生活的常識經驗，而使上列經驗中的元素成為此範疇總綱所描述的具體普遍性的特例。

㈡如何透過形上學所描述的普遍性，或說是範疇總綱的運作，使得實用哲學所處理的資料、理論成為此範疇總綱所描述的普遍性的特例。亦即，透過此普遍性，使得實務哲學和形上學相關聯，同時也使得實務哲學也需要形上學做理論基礎，才更圓融。但顯然上述並未描述出緒論中或上一節所提的形上學如何提供日趨自由化、民主化、開放的社會的形上學理論基礎的解決方式，關於此，筆者將在第三章第三節中進一步討論補充。但基本上其方法乃是使民主社會的存在成為其存在範疇中集結範疇的特例，然後證明此特例却是人類歷史上所有不同時空下的不同社會中極高級的社會。從而證明人類社會若要走向向上提昇的演化，則必須努力建構更自由、更民主、更多元、更開放的高級社會。同時，這也是全體宇宙的結構與演化趨向。關於此問題懷氏並未刻意去答覆與解決。

㈢如何透過形上學所描述的普遍性，或說是範疇總綱的運作，使上帝成為其存在範疇中的一個特例，當然懷氏解決此問題的方式不止於此，它更嘗試使得各種神明理論成為其形上學中之上帝的特例及側面，彼此不相衝突、不相對立，甚且形成和諧對比的統一體。

㈣至於第四問題，目前根本看不出如何解決。關於此將在結論中討論。但基本上可了解人必然是存在範疇的特例，而道德倫理、人性的說明解釋或規範也必然是其解釋範疇與規範範疇的特例。關於這方面，懷氏也沒有刻意去答覆。

丁、非獨斷論的態度

　　誠然，懷氏所欲建構的形上學，其目標是非常的崇高偉大，但是懷氏由於深受十八世紀以來分殊學科所呈現的不斷突破、修正的創造性之影響，尤其是物理學。因此，他除了將創造性的觀念轉化成其形上學的終極範疇，並且視其爲最具體的普遍性且內存於一切實際事物外，更重要的是提醒他獨斷論的危險。就如他自已所說的：「在本世紀中，我目擊了科學與數學廢棄舊有的基本預設，而且建立了新的假設……」（DIAL 131）「一九〇〇年，牛頓物理學壽終正寢，這個事實對我的影響不可謂不深。我已經遭受一次愚弄，要是再來一次那眞是該死！人們認爲愛因斯坦開創了新紀元的大發現，我一則心懷敬佩，並感到興趣，一則也不免有點懷疑。我們沒有理由斷定愛因斯坦的相對論比牛頓的原理更爲終極（及更爲確切不移的眞理）。危險的就是獨斷的思想……。」（DIAL 345）因此，我們要特別注意懷氏在定義思辨哲學所使用的「嘗試努力」（endeavor）之深義。換言之，此語詞代表懷氏雖然提出了檢驗建構形上學是否成功的三大條件，然而並不代表他眞的已圓滿做到；相反的，懷氏却一直強調形上學，甚至是任何哲學系統或任何學問都是不完美的。他說：「形上學的範疇並不是對明顯事實所做的獨斷陳述，而是對終極普遍性所做的嘗試性的詳細陳述（the tentative formulations）。」（PR 8）又說：「如果我們將任何哲學範疇架構當作是一項複合的斷言，並且運用邏輯學家的非眞即假的標準來判斷此架構的眞假，則答案一定是該架構爲假，而且任何分殊學科亦復如是。」（PR 8）

　　甚至到了晚年，他更強調獨斷論的危險性，他說：「宇宙是浩瀚無垠的，沒有比自滿的獨斷論（或敎條主義）更爲荒謬的東西。這種獨斷主義在人類歷史的每一時期，都將現行的知識型態看成定論而敝帚自珍……，這種獨斷的常識便是哲學探險的死亡……。」（DIAL 7）

　　換言之，懷氏並不誇張其體系龐大的形上學的成果而充分表現了非

獨斷論的真實態度。筆者寫本論文的態度也是如此，亦即在本論文中，筆者也只是嘗試滿足檢驗建構形上學是否成功的條件，而且也如懷氏所強調的只是試探性的詳細描述。同樣的，所謂的解決上列四大時代問題，也只是試探性的解決（the tentative resolution），而且也不可能在此短短篇幅中做非常細節化的解決，畢竟那需要更多的專文處理。但是至少會導出解決問題的正確方向及重要部份，則本論文的目的也就勉強算是完成了。然而，欲了解如何解決上列問題，基本上還是要先理解「實際事物」的理論。因此，在下一段落，筆者首先透過本章的描述，對「實際事物」的具體性加以討論，從而導出懷氏形上學的三大原理之一的存有原理（the ontological principle）。

戊、實際事物之為最具體存在與存有原理

首先，我將對「actual entities」之譯為「實際事物」提出說明：就懷氏而言，由於「事物（things）、存有（being）、實有（entity）都是同義的」（PR 21），因此可譯為「實際實有」，也可稱為「實際存有」及「實際事物」，再加上它是存在八大範疇之一，因此也可譯為「實際存在」❷。但是更完整的譯名則是「實際存在事物」，但為了書寫方便及更接近日常語言，所以底下我都採用「實際事物」一詞較簡潔，其次從下一章中可了解一剎那發生的情境、事情、也是 actual entity，因此「事」字正好可表達此意義，當然此處「物」一詞並不限於物質界，而是指宇宙萬有，此乃中文「物」的意義，如「天地萬物」之物，並不限於物質界，上述即是筆者使用「實際事物」一詞的理由。

其次，從前文所述可知「實際事物」的觀念乃是合理想像的普遍化

---

❷此乃唐君毅之譯名，參見唐君毅：哲學概論下冊。台北：學生書局,民國六十三年五月三版（台初版），第十六章，頁九三六。

及直覺或直接經驗的產物。其在形上學中的地位，就相當於事件在第二期自然科學所扮演的角色。只是事件是偏重於數學及物理宇宙的最基本單位及最具體普遍的事物❷，而實際事物則是全體宇宙的基本單位及最具體普遍的事物，然而由於全體宇宙不只包含了物理宇宙，又包含了生物宇宙及人文社會宇宙；其中又以物理宇宙為基礎。但從機體哲學立場言之，三者立場互相密切關聯。因此，實際事物理論必然比事件理論更加複雜且豐富，但也必然有其相同之處及相異之處。

就其基本相異處而言，由於「形上學所處理的全體宇宙乃是綜合了能知與所知，而且此種形上學的綜合，價值乃是一大關鍵」(cf. *PNK* Vii, *CN* 5, 28)。但就懷氏之自然科學的哲學而言，對於價值之介入自然所形成的綜合統一體，則暫時存而不論。也可說，形上學所討論的已包含了人與自然合一的討論。不過此種價值的涉入並不限制在所謂人對自然之認識才有價值的介入，而是任何實際事物只要形成則勢必有價值的介入。關於此，在下一章會有細論。

就其基本相同處，則兩者都是具體性，也都是實現，而不是潛能❷。蓋實際事物與其他七類存在共同列於存在範疇，但只有實際事物名為實際，其他七類存在均不曰實際，其理由乃如懷氏所說的：「任何意義下的存在，都是由實際事物抽離出來的。」(*PR* 73)換言之，實際事物乃是最具體的存在事物，而且是現實，而不是抽象的潛能。至於其他七類存在則是具有不同強度的抽象的存在或抽象的潛能。但此處所謂抽象存在之「抽象」，並非表示此抽象事物是虛無，或不存在，它只是表示此種存在無法獨立存在，而須內存於具體的事物上❷，亦即「表示此種事

---

❷同❸。
❷同❾，頁一八～一九。
❷同上，頁一一。

物的存在只是自然中某個更具體元素的一個構成因素」(*CN* 171)，此處所謂「具體的事物」或「更具體元素」在懷氏「自然科學的哲學」中主要是指具體的事件，在形上學中，則是指最具體的「實際事物」。換言之，任何抽象的存在或說任何抽象的事物必然內存於某個實際事物中，如此即構成了懷氏形上學三大原理之一的存有原理的一種描述。

另外，也可說因為有實際事物的存在，所以才有其他意義下的抽象事物的存在。但既言因為A才有B，則A代表一種理由 (reason)。因此存有原理可表達成如懷氏所說的：「實際事物是唯一的理由」(*PR* 24) (The categories of explanation) (XViii) 或「沒有實際事物就沒有理由」(*PR* 19) 也可說，實際事物乃是一切抽象存在合理化的根據或基礎 (ground)，蓋 reason 一詞原本即含有 ground 之意。不過，我們要注意此處的「因為──所以」並不代表在實際世界中是先有實際事物，然後才有其他抽象存在。這只是理論上的先後區分。蓋其他抽象存在原本即內存於實際事物。換言之，是同時存在。而且若無其他抽象存在，也不可能有實際事物存在。所以它們乃是同時存在。因此就實際上而言，並無先後之分，而只是理論上的前後區分，或理論上的理由。如此，又證實了懷氏所說的普遍觀念的相互預設其存在，不可孤立；孤立則無意義，即所謂的融貫性。也可說分為八個存在，或是理論上之區分在實際宇宙並無先後，是同時相互預設存在，因此它們同併為最高類存在。

其次，由下節中可了解任何實有（事物）是內存於實際事物中，乃是透過感受之運作而內存，因此存有原則也可表達成：「任何實有（事物）至少必須被某一個實際事物所感受，（而內存於實際事物中）」(*PR* 41) 從上述也可證實懷氏第二期與第三期學術思想發展的延續性。

最後，既然實際事物是最具體普遍的存在，那麼最純粹抽象的普遍存在又是什麼？在自然科學的哲學中所指的是對象，但是就形上學而

言，所指的乃是存在八範疇中的永恒對象。換言之，永恒對象在形上學中所扮演的角色實際上卽取代了對象在自然科學的哲學中所扮演的角色，當然其理論內容也較複雜充實。

此外在形上學中，所謂抽象存在也不是只指純粹抽象的永恒對象，它也包含了某些普遍存在的類型。這些存在類型旣非全然具體，也非全然抽象；旣非全然實際，也非全然潛能；勉强言之，是有些抽象也有些具體，有些現實性也有些潛能性。其每種性質，正好介於實際事物與永恒對象中間。此卽存在在範疇中除了實際事物及永恒對象以外的六種普遍存在。因此懷氏說：「實際事物與永恒對象凸顯出某種極端的終極性（finality）。其他類型的存在則具有某種中介性質。」(PR 23)然而，「最具體眞實」、「最抽象」、「中介性質」又是蘊含了何種更具體而微的意義呢？關於此，乃涉及了懷氏哲學最重要的特色，卽視實際事物爲歷程的理論，同時歷程基本上也可說是價值的實現歷程，關於歷程如何形成或何謂價值或價值如何實現，這些方面的探討卽是下一章所要討論的重點。透過此探討卽可逐漸了解各種範疇之意義與如何運作了。

然而，由於懷氏理論中之普遍觀念乃是圓融統貫、相互預設，因此卽使只想涉及實際事物，也須同時討論到整個理論，卽牽一髮而動全身。例如，實際事物雖只是存在範疇中的一類存在，然而由於它和其他七類存在都是相互預設，例如實際事物的存在也已同時預設了「集結」、「永恒對象」等的存在。從時間的角度觀之，這八類存在乃是「同時」存在，因此討論「實際事物」理論，實際上也必然「同時」涉及其他七類存在的理論。但限於篇幅及寫作之動機與目的，因此在以下數章中，對於某些和「實際事物」理論相關的其他要項，如價值論、知識論及存在範疇其他類的討論，不可能再細節化去討論，而只能配合上下文之討論附帶地提出筆者個人詮釋的結果。

結 語——合理想像普遍化的討論

首先，我們須了解：由於上列範疇總綱的融貫性及畢竟只爲總綱，因此「歷程與實在」第二章中對此總綱所作的描述，對於一般未讀詮釋懷氏著作而逕讀此總綱的讀者，總無法感受到其隱含豐富的意義，甚至覺得其相當含混不清，且不易了解。所以懷氏乃在「歷程與實在」第二章之後及其他第三期的著作中進一步嘗試使此總綱更清晰化、明朗化、細節化、與具體化。同時對總綱加以運作及應用，以便描述如何詮釋我們經驗到的一切元素。上述過程一方面使得此總綱更具有實質內容，而不只是架構式的總綱；另一方面也使得我們更易於了解 (intelligible) (cf. *PR*xi，18)。

從上述可了解懷氏此種寫作方式並非直線型推進的表達方式，因此筆者在本節中並未直接描述其總綱的內容。蓋一方面違反本論文之寫作方式，另一方面也使讀者不易了解。例如，在上一節所述的存有原理，乃是解釋範疇中第十八範疇的主要內容，但若讀者直接讀其著作之描述，大致上也和筆者初讀懷氏著作一樣不易了解爲什麼懷氏認爲：Actual entities are the only reasons. (*PR* 24)。相反的，透過上節，則較容易了解了。同樣的，其他範疇的意義也將隨著本論文直線型之推進而使讀者逐漸個別地了解其蘊含的豐富意義，而無須依賴記憶方式先去背或熟讀那令人似懂非懂、含混的哲學公式一範疇總綱，然後才可以了解懷氏形上學及總綱的意義。

其次，所謂的「合理想像普遍化的建構歷程」非常類似於任何具有創新性的理論物理學家所使用的方法，這方法也可說是合理想像普遍化的方式的變形。就其相同點而言，可分四點來討論：

㈠就懷氏重視想像力及直覺之作用，以建構其範疇總綱而言，物理學中之基本概念、基本設定如「力」、「能量」等之形成也是如此。甚至愛因斯坦所提出的相對論的兩個基本設定（postulate）❷並不是完全運用培根歸納法所得，而是包含了愛氏的直覺與想像，就如他所說的：「那時的自然哲學家，大多數都有這樣的想法，認為物理學的基本概念和設定，在邏輯意義上，並不是人類思想的自由發明，而是可以用「抽象法」——即邏輯方法，從經驗中推導出來（按：此處主要是指培根歸納法，蓋多數物理學家認為牛頓物理學中的慣性定律中的公式，乃是直接由實驗歸納而來）。實際上，由於出現了廣義相對論，人們才清楚見識到此種見解的錯誤。」❷又說：「要通向這些物理學的基本設定或定律，並沒有邏輯的道路，只有通過那種以對經驗的共鳴的理解為依據的直覺，才能得到這些基本設定及定律。」❸同樣的，物理學家吳大猷教授也強調想像之重要，他說：「物理定律的形成本質上是歸納過程，但物理理論則不是如此，物理理論的創造乃依賴於想像、直覺及創造力。」❸

㈡就懷氏形上學而言，其基本範疇的設定愈精簡愈佳，以便強化運作的功能。就如懷氏所說的：「思想的運作有如戰場上的騎兵，其數量必須嚴格限制，用馬要精，且只在決定勝敗關鍵時用之。」（*IM* 41—

---

❷此兩個基本設定即：①在所有以等速度作相對運動的慣性系統中，任何物理定律皆有同一形式。②在任何慣性系統中，光速是獨立於光源的運動，對任何觀察者都是相同的。依照 R. H. Richtmyer 等的看法也認為第一個基本設定乃像所有物理理論中的假設一樣不可能是自明的，亦即它是一種假設，等待未來去檢驗。R. H. Richtmyer, E. H. Kennard, and J. N. Cooper, *Introduction to Modern Physics*, pp. 54-55. 另外請參閱李怡嚴：大學物理學（第三冊）。台北：東華書局，民國五十九年九月　台第二版，頁四五〇。

❷同❷，頁三〇三。

❸同上，頁四〇。

❸cf. Ta-You Wu, *The Physical and Philosophical Nature of the Foundation of Modern Physics*, Taipei: Linking Publishing Co., 1975 pp. 5-6.

42）❸同樣的，物理學或自然科學理論中的基本設定，定律也須愈精簡愈佳。

㈢就懷氏而言，想像與直覺的作用乃在於形成基本的普遍觀念，然而由範疇總綱發展出來整個具有實質內容的形上學整體系統。最主要是依賴嚴謹的邏輯推理規則的運作，如此才能使想像內容或整個系統合邏輯；物理學亦然。亦即如愛因斯坦所說的：「物理學家的最高使命是要得到那些普遍的基本設定與定律，由此則世界體系就能用單純的演繹法建立起來。」❸

㈣範疇總綱須要有經驗性，亦即詮釋一切經驗中的因素，尤其是未來新發現的資料，作為檢驗其理論成功多少的重要因素之一，物理學亦然。物理理論基本上都尋求實驗以便證實其所預測之現象為真實。

綜合上述，很顯然懷氏形上學的建構方法是非常類似於創新性物理學的建構方法。筆者甚至更願大膽的臆測，任何有原創性的、有系統的分殊學科或哲學，也大致是採用此種含有想像作用的方法，只是有些人自覺到，有些人未自覺到其使用此種方式。例如生物學之演化論，就其直接證據並沒發現是連續的，但達爾文使用創造想像力或合理想像的普遍化，將其直接熔合而形成演化論。其他例子甚多，但和懷氏基本上的不同點是：各種分殊學科的起源領域往往較限於各自領域中的事實資料，而懷氏的起源領域則包含了各種分殊學科的資料與理論。因此就需要更強化的創造想像力及邏輯思考力，才能更接近他對思辨哲學所下的定義。

---

❸中文引自沈清松：懷黑德的形上學㈠。台北：哲學與文化月刊，第十卷第十二期，民國七十二年十二月，頁三九。

❸同❷，頁四一。

第二章 歷　程

前　言

本章主要是對具體的「實際事物」之為「歷程」的意義加以闡釋。其目的乃是嘗試將「實際事物」詮釋成「任何具體存在的任一剎那的活動歷程及其作用」。當然更嘗試描述任何實際事物之為剎那活動歷程的普遍形式結構，然後再透過此去討論懷氏對價值、因果關係獨到的看法、個別差異性的如何形成及對宇宙中諸多實際事物的等級區分，復次再運用上述理論去應用詮釋人類「說寫語言」（verbal language）中的「主述式」的邏輯命題何以是高度抽象物。最後，則對「實際事物」與「事件」加以比較及對一般民間「因果報應理論」加以批評。

但由於懷氏著作中用語往往不一致，因此我們有必要先了解懷氏表達「實際事物」的各種同義異形字。在「科學與近代世界」中，有許多地方「事件」已可和「實際事物」交換使用而不限定在自然科學的哲學領域中。當然在此書中，也已開始出現「實際事物」與「實際剎那情境或事態」（actual occasions）；從這些名詞表達之轉變，也可證實懷氏著作內容或思想發展的連續性；甚至在「歷程與實在」中，除了上帝只是「實際事物」而不是「實際剎那情境」外（cf. PR 88），則「實際事物」與「實際剎那情境」可互換，在「觀念的探險」及「思想的模式」中，則使用「經驗活動的剎那情境」（occasions of experience）及「正在經驗活動的剎那情境」（occasions of experiencing）來表達。就如懷氏所說的：「事實上，實際事物可以對等地被稱為經驗活動的剎那情

境。」(*MT* 206, cf. 160)，至於何以 'occasions' 譯作「刹那情境」或
「刹那事態」，在第一節中會有解釋。但爲了表達方便，本論文主要是使
用「實際事物」一詞爲主。

第一節　刹那、攝受與感受

甲、實際事物之爲刹那歷程的基本意義

　　所謂「實際事物」，就如前章所述乃是最具體、最眞實的事物，但
也是「完整的眞實事物」(completely real things)(*AI* 204)，它是構
成實際世界的基本單位，就如懷氏所說的：「實際世界乃由諸多實際事
物所構成，這些實際事物是構成實際世界的最後的 (final) 眞實事物，
在實際事物的後面，我們無法發現任何比它們更眞實的事物。」(*PR* 18)，
從上述卽可看出「最後的眞實」，蘊含了「最具體、完整的眞實」的意
義，然而，上述這些語詞多少仍有些含混不清，使人不容易很清晰的把
握到懷氏使用「實際事物」一詞更精確的意義。因此底下我們提出懷氏
所舉的例子來討論。

　　在「歷程與實在」的前頭，他說：「上帝是實際事物，在遙遠虛空
中 (empty space) 最微不足道、最瑣碎的氣體噴送聲的存在也是實際
事物。」(*PR* 18)，其後也說：「虛空也是最低級的實際事物。」(*PR*
177)，這似乎表現了華列克所認爲的：「實際事物是泛指任何具體的存
在。」❶ 但是，筆者認爲如此表達仍嫌含混不清，而且也不足以表達懷氏
歷程哲學之爲歷程的特色。

　　因此，我們可再透過懷氏對實際事物四大等級的區分所提出的刹那

---

❶F. B. Wallack, *The Epochal Nature of Process in Whitehead's Meta-
physics*, New York: State Univ. of New York Press, 1980, p. 7.

(moment) 觀念來了解，例如「……第二級的實際事物是持續性無生命的物體(如電子或其他初級基本機體)的生命史中的利那；第三級的實際事物乃指諸多持續性的有生命的對象的生命史的利那……」(*PR* 177)，再加上懷氏討論到愛丁堡城堡上的石頭時，則顯然意指城堡石頭的利那即是實際**事物** (cf. *PR* 43)只是它和電子的一利那相比是體積相當大的實際事物❷，所以我們可以把「實際事物乃泛指任何具體的存在」修改成「實際事物乃泛指任何具體存在的任何利那」或「任何利那的任何具體存在」，那麼表達就更精確了。

　　然而，利那 (moment) 一詞乃是日常用語，意義仍相當含混不清。至少它可能指涉著瞬時 (instant)，也可能指涉著一段時間，即綿延 (duration)。此外其空間側面也可能是指涉著點 (point) 或體 (volume)。因此，我們必須作更精確的澄清。

　　就懷氏的歷程哲學而言，他認為「實際世界是歷程」(*PR* 22)，而且如前述，實際世界乃由諸多實際事物所構成，因此他又從邏輯推論而認為：「你不能推想一個無歷程之事物可以構成一個有歷程的整體」(*PR* 22)，因此，反面言之，則是構成實際世界的基本單位必然是歷程，所以我們可再把實際事物的意義修正為「任何具體存在的任一利那的歷程」，但既然是一段歷程，就勢必需要一段時間去進行才能形成，所以上述利那一詞，就時間側面而言，乃是一段時間、是綿延。

　　其次，從懷氏的「擴延抽象理論」中，可了解最具體的基本單位，其時間側面是具體的綿延，而不是抽象的瞬時；其空間側面乃是具體的體，而不是抽象的點❸。再加上時空之相互關聯、相互依存，因此上述定

----

❷Ibid., p. 16，關於此城堡石頭的例子華列克有進一步的討論。
❸請參閱楊士毅：懷海德「事件」概念探討，頁四二～四七。此處雖然未提及擴延抽象理論之名稱，但所述內容即是此理論之一部份。

義雖只云刹那、歷程，但實際上已蘊含了綿延性的刹那及體的空間，亦即「實際事物」之爲歷程，已同時蘊含了「時間側面之爲綿延」及「空間側面之爲體」兩種特性。

此外，我們也可從另外一個角度來了解「實際事物」的意義，懷氏說：「實際事物也可稱爲 actual occasion。」(*PR* 18) 誠然 occasion 並不必然指涉一刹那，也可能好幾個刹那，但由上述對實際事物之爲刹那歷程，因此懷氏使用 occasion 一詞也是蘊含了時間上的刹那之意義，所以 occasion 之意義乃指某時刻、某刹那在某地點或說某個場合所發生的一切所形成的情境、狀況或事態。因此，actual occasions 可譯爲「實際刹那情境」或「實際刹那事態」也可簡譯爲「實際情境」❹。其次從下節的討論中可了解任何實際刹那情境或事態乃是攝受其他實際事物所形成，所以也可說是在各種條件下因緣和合所浮現的具體狀況或情境，因此，也可譯爲「實際緣現」❺。不過，爲了日常語言化且更容易表現出歷程性與時間性，筆者將採用「實際刹那事態」。但底下爲了簡潔及方便，往往縮寫成「實際刹那」一詞。自然，所有的名稱中以 occasions 原字較能表達其所蘊含的意義及特色。總之，「實際刹那」的意義卽指「任一具體存在在任一刹那中各種條件綜合所發生所形成的狀況、情境、事態」。

但是，我們要注意：實際事物中的一個最重要的特例—上帝，並不能被稱爲「實際刹那」(*PR* 88)，其理由在第四章會有交待。因此，「實

---

❹唐君毅先生譯爲「實際情境」，但是如此並未顯出「刹那歷程」的特色，參見唐君毅：哲學概論（下册），台北，學生書局，民國六十三年五月三版，頁九三六。

❺此乃謝幼偉先生的中譯，可惜謝先生並未明白解釋如此中譯的理由，而且「緣現」一詞對一般人而言，也較生疏，故筆者不擬採用。參見謝幼偉：懷黑德的哲學，頁一三。

際利那」 必然是實際事物， 但任何實際事物並不必然是實際利那。 此外，綜觀懷氏「歷程與實在」整部著作， 除了討論時空或特別強調時間性， 及討論上帝時， 才較常使用實際利那， 其他大致上還是以實際事物為主， 因此本論文也是如此表達。

然而， 透過人類所直接經驗到的及精密科學儀器所觀察到的， 則可發現「任何具體存在的任一利那」無非都在進行著某種經驗活動歷程，或經驗行動歷程。 就如懷氏所說的：「時間不斷向前推進， 展現了經驗活動歷程的特徵。此特徵本質上乃是『行動』歷程」（PNK 14）因此懷氏認為「諸多實際事物」乃是「諸多點滴的經驗活動歷程」（drops of experience）（PR 18）「每一個實際事物可被構思成由許多資料所產生的經驗行動」（an act of experience）（PR 40-41）❻又謂：「在一個理性的宇宙論的架構中， 最後的真實物乃是等同於經驗活動歷程或行動歷程（acts of experience）。」（PR 143） 所謂「經驗活動歷程」乃是最廣義的， 無論是理性思考的活動歷程及非理性意識深層的活動歷程甚至物理活動， 都是其特例。因此實際事物一詞已蘊含了「任一具體存在的任一利那的經驗活動歷程或行動歷程」的意義。

其次， 透過直接經驗及科學儀器的觀察， 我們可知「不同具體存在在不同利那的經驗活動所形成的歷程」 是不同的 「實際事物」。但即使「同一特殊存在在不同利那的經驗活動（行動）所形成的歷程」， 也是不

---

❻由於懷氏哲學認為「實在即歷程」，而歷程必蘊含了活動， 反之亦然。 所以有關懷氏使用的許多用語都包含了歷程的意義。因此懷氏許多用語在中譯時加入「歷程」或活動二字較為恰當。例如， experience 譯為經驗歷程或經驗活動歷程較能表達其義， 其他依此類推。其次， 就懷氏而言， 活動和行動並未加嚴格劃分。雖然在中文上， 行動似乎給人一種較高級、較有計劃的活動的意義。不過在本論文中兩者併用， 讀者只要能了解其意義即可， 無須在此用字上太吹毛求疵， 畢竟文字若能達到意義的溝通， 則文字表達的目的已完成。當然是越清晰化， 越接近約定俗成的定義越佳。

同的「實際事物」，因此「實際事物是有個別差異性的個體」(individual)（PR 20, cf. PR 27），再加上「利那」的性質，因此對於日常生活經驗到的實際事物的例子，則不能只說「這張椅子」是實際事物甲，那張椅子是實際事物乙，而須以精確的日常語言表達成：這張具體的椅子甲的這一利那的活動歷程是實際事物甲，另一張具體的椅子乙的這一利那的活動歷程是實際事物乙，甚至同一張具體的椅子的此一利那或下一利那的活動歷程也不是相同的實際事物，而是不同的實際事物。同理，把「這張椅子」換成「張三這個人」或「全體宇宙」等均可。但是這些個別的「實際事物」，由於其中存在著普遍性，因此就形式上而言，「異中有同，同中有異」。誠然，機體論的目的乃如懷氏所說的「嘗試去描述各種不同的實際事物的產生歷程」(PR 60)，然而面對宇宙如此眾多的實際事物，在有限的一生及紙筆下是不可能充分描述殆盡的，因此也只能先偏重普遍性的描述，然後（或同時）透過此種普遍性的描述，來解釋個別性的如何及為何產生，然後再做大致上的分類或區分數個等級來討論。或許這是人類在有限的生命及紙筆中對宇宙具體真實的研究僅能做到的某一限度吧！因此懷氏著作也只能做到此限度，本論文也只是朝此目標前進。

實際事物的普遍性之一為「歷程」，而且因為此歷程自身即已構成「實際事物」(PR 219)，所以當我們問「什麼是實際事物」時，就等於問「實際事物是如何形成 (becoming)」(PR 23)。換句話說，「實際事物之存在即是由它的形成歷程所構成」(PR 23)，此即懷氏形上學三大原理之一的歷程原理 (the principle of process)(PR 23)。換言之，「實際事物」已蘊含了「如何形成任一具體存在的任一利那的經驗活動歷程或行動歷程」之意義。因此，歷程形上學最基本的工作之一即是描述此種利那歷程如何形成的普遍形式結構。

　　基本上懷氏認爲，任何刹那歷程的形成或實際事物的形成都是「汲取（appropriate）宇宙中各種不同的元素（elements）而形成。每個汲取特殊元素的歷程叫做攝受歷程（prehension）」（PR 219）（底下簡稱攝受），當然汲取不同的元素則形成不同的攝受（歷程），此種攝受使得此實際事物與宇宙中其他各種元素相關聯，而且此種關聯乃是具體事實（PR 22），也是「形成實際事物的最具體因素」（PR 23）。因此，「實際事物」也可說是一種攝受歷程。所以爲了細節理解何謂「實際事物」或「刹那歷程」，首先須細節理解何謂攝受，因此下個段落即對攝受加以細節化分析。

乙、物理攝受、概念攝受與永恒對象

　　任何攝受基本上乃由三種因素構成（PR 23, 解釋範疇十一）：㈠此正在攝受的主體（底下簡稱爲此攝受主體），亦即某個確定的「此實際事物」（底下簡稱爲此實際事物）。而在此實際事物中的具體因素即此攝受（簡稱此攝受）。因此可將此正在攝受的主體，更明確及清晰化表達成：作爲攝受主體的此實際事物。換言之，「正在攝受的主體」與「此實際事物」及「作爲攝受主體的此實際事物」均有相同指涉。在本論文中，隨上下文之文意通暢及便於了解而使用各種不同的表達，但大多使用「此實際事物」。㈡被攝受的資料，關於此，在下個段落將會細論。㈢主觀方式（subjective form），即此攝受主體如何去攝受㈡之資料。換言之，主觀方式乃是指攝受主體攝受資料的態度、方法、或限制如何攝受的那種特殊的格調或情調（affective tone）❼，就如懷氏在「觀念的探險」

---

❼此處 affective tone 是指格調、情調，但如此表達對於物理世界並不是很適用，除非萬物皆有情，因此讀者閱讀此字仍要提醒自己，此字並不限於人或動物，而是萬物。換言之還是 subjective form 一詞最適於萬有。

一書中所說的:「此情調決定了『那個攝受』在『那個經驗剎那的效應』(effectiveness), 經驗歷程之如何構成自身乃取決於它自己諸多 subjective form 所構成的複合物。」(*AI* 176-177) 此處用複合物表達, 是因爲每個攝受均有自己的主觀方式, 而實際事物是由許多攝受所構成。就語法而言, 它通常以副詞、動詞出現❽。例如, 盲目情緒地攝受或有目的地攝受、盲目或有意識地評價㈡之資料。此處意識一詞就懷氏而言, 乃意指理論和事實的對比, 亦即「可能是」(might be) 與「事實是」的對比 (*PR* 161)。更具體的例子又如憤怒地攝受此資料 (*PR* 23, 24), 或我打你的「打」, 就是一種主觀方式, 亦即我是用打的方式去攝受你、或與你發生關係。換言之, 所謂的惡的活動即由於攝受主體的主觀方式含有惡的因素。不過筆者認爲:上述的主觀方式只是懷氏使用 subjective form 一詞的涵義之一, 另一種意義則意指「主體的形式」。

　　至於「被攝受的資料」之資料即是指「汲取宇宙中各種不同元素」中的元素, 但因爲懷氏又曰:「實有的觀念意指任何能對生成過程有所貢獻的元素。」(*PR* 28), 因此, 此處的資料、元素乃和實有 (即事物或存有) 具有相同的指涉。所謂的實有, 懷氏在早期的著作——「自然的觀念」中曾加以舉例:「如形式、性格、思想、觀念……等都是實有」(*CN* 5), 其次又在「科學與近代世界」中更進步指出:「實有意指任何可以被想像到的事物, 你不可能思想到一個完全的空無 (nothing), 一個事物只要是思想的對象, 即可稱之爲實有, 在此意義下, 作用也是實有」(*SMW* 178-179); 在系統形上學的成熟著作——「歷程與實在」中更擴充到非思考性的元素, 如意識深層的元素, 總之如前述:「實有的

---

❽cf. W. A. Christian, *An Interpretation of Whitehead's Metaphysics*, p. 133. 不過他只是指出可以是副詞。

理念意指任何能對生成過程有所貢獻的元素。」(*PR* 28)，而且也認為：「任何事物（無論實際的或非實際的）對於每個生成過程都是潛能，此即形上學三大原理之一的相關性原理。」(*PR* 22，解釋範疇四)，換言之，也包含了實際事物，甚至更進一步將如此廣泛的實有區分為六大類：①實際事物②攝受③集結④主觀方式⑤永恆對象⑥命題，此即存在範疇的前六種，若再加上對比物，則此七種又稱為「適當實有」(proper entities) (*PR* 30)，亦即除了「多樣性」外，其他存在均為「適當實有」，由於其中的實際事物與永恆對象乃如前章所述具有凸顯出某種極端的終極性 (*PR* 22)，因此為方便起見，我們首先討論對此兩者的攝受，至於對其他實有的攝受則留待下節討論。當然也可說：「被汲取的宇宙中的終極元素即指已構成的實際事物及永恆對象」(*PR* 219)。

基本上，當作為「攝受主體的此實際事物」所攝受的資料涉及了其他實際事物，則此種攝受稱為物理攝受 (physical prehension) (*PR* 23)。但因為和此實際事物同時發生的其他實際事物，就此實際事物而言，都是正在生成過程中的彼實際事物，而不是已構成的實際事物，因此，此實際事物與其同時發生的實際事物並沒有物理攝受的相關性，因此，此實際事物所物理攝受的資料，必然是過去的實際事物，據此可詮釋物理學中由於光速的存在，對此觀察者而言，所觀察到的只是過去的事件。至於此種同時發生的剎那情境和此實際事物究有何種非攝受性的關聯，在第四章將加以討論。

其次，當此作為攝受主體的此實際事物所攝受的資料涉及了永恆對象，則稱為概念攝受 (conceptual prehension) (*PR* 23)。

所謂的永恆對象，就如前章所述，是純粹抽象的普遍存在，其在形上學中所扮演的角色與「對象」在自然科學的哲學中所扮演的角色相類似，其相同處除了前章所述的①抽象性②潛能性外，而且也同樣地具

有③無流逝性④無體積、無大小⑤無固定時空⑥具有同一性、普遍性⑦與實際事物的關係，就如同對象與事件的關係是既超越而又內存且會改變的❾，至於其更詳細的形上學意義如下：

首先，可透過襯托式比較哲學方法對「永恆對象」有個迅速且基本的了解。就某些方面而言，懷氏所說的「永恆對象」有些類似柏拉圖所說的形式（form）或理型（idea），也近似於中世哲學所說的共相（universal）（cf. *PR* 29），或洛克所謂的觀念（idea）（*PR* 52）。

然而，「永恆對象」卻不同於洛克之「觀念」的只限於高等機體才可擁有的「思想對象」；而是除了包含「思想對象」，也包含了各種非理性思考的對象，如意識深層所意識到的對象。此外也不限於高等機體才可享有，而是所有實際事物，無論是多低級或多高級，都必然享有此種永恆對象。故永恆對象所指涉的範圍比洛克的「觀念」廣泛多了。因此更相似於柏拉圖的理型或形式。但是理型或形式乃是最高級且最真實的存在；但是，就懷氏而言，永恆對象只是一種純粹抽象的存在，而且只是普遍存在的八大類之一，因此，並不是最真實的存在及最高級的存在。同時懷氏也認為：最具體真實的存在，其共名叫實際事物，而最高級的真實存在，乃是指實際事物最重要的特例——上帝（cf. *PR* 343）。

其次，永恆對象也不像形式、理型可以獨立自存，而是必須依照存有原理，必然內存於某些實際事物中。就此點言之，它又類似中世紀有關共相之爭的三大派中的「緩性唯實論」所主張的：共相與事物是共存的，不先不後，「共相在事物中」。❿不過懷氏的永恆對象也和傳統的共相理論有所不同，首先，永恆對象所指涉的範疇超出共相的範疇；其

---

❾楊士毅：懷海德「事件」概念探討，頁十八～二六。

❿參閱鄔昆如：西洋哲學史。臺北：正中書局，民國六十年十二月初版，頁二八五～二八六。

二, 傳統的共相論認爲具體的殊相可單獨透過共相加以詮釋、討論, 無須涉及到其他殊相。但就懷氏言, 要描述任一具體特殊的實際事物, 不可能只是透過永恆對象卽可充分詮釋或描述, 勢必須牽連到其他實際事物及其相互間關係的描述 (cf. PR 48, 89, 149); 換言之, 將具體的特殊的實際事物還原或化約成永恆對象時, 必然遺漏實際事物與其他實際事物的物理攝受的關係。此種關係, 就如前述, 是構成實際事物最具體的元素, 也是具體的事實。其三, 由抽象的普遍性來詮釋具體事物, 卽犯了懷氏所謂的「具體性誤置的謬誤」; 相對的, 懷氏乃是由「具體的普遍性」來解釋、描述抽象物及具體物。

總之, 懷氏的「永恆對象」雖然有些類似於中世紀的共相、柏拉圖的理型或形式、及洛克的觀念, 但實際上不同之處甚多, 而且具有原創性。很顯然上兩種的描述方式對於不理解懷氏早期事件、對象理論或柏拉圖、洛克及中世紀的讀者無異隔靴搔癢, 因此底下筆者卽對「永恆對象」作更正面的描述。

基本上, 「永恆對象」是純粹的潛能, 也是純粹形式, 言其純粹, 乃是因爲其不含一點現實性、具體性及質料。同時, 也因爲此種「永恆對象」對於任何的「實際事物」都無所偏愛 (preference), 因此它提供公平的機會讓「任何」實際事物去汲取、去攝受, 以便此「實際事物」具有確定形式或特徵, 因此永恆對象也可說是「用來對任何實際事物及任何事實作特殊限定的純粹形式」(PR 22), 而且也必然內存於實際事物中。

然而, 「永恆對象」更具體的指涉範圍究竟有多廣呢？首先, 懷氏負面的指出：「任何的實有 (卽事物), 只要和『現實世界中的實際事物』(按: 此處卽指除了上帝以外的實際事物) 的概念認知, 沒有一種必然的關聯, 則此種實有卽爲永恆對象」(PR 44)。從上段描述可發現

「永恆對象」的領域中首先必須排除的是「創造性」⓫。其理由如下：蓋創造性乃是普遍的普遍（的事實及觀念）(*PR* 21, 211)，必然內存於每一個「實際事物」中，亦即和任何的「實際事物」都有必然的關聯。因此，創造性不是永恆對象。

其次，懷氏認為「永恆對象」同時具有兩種本質：一種是個體本質：(individual essence)；另一種是關係本質 (relational essence) (cf. *SMW* 197)。此兩種本質實際上是不可分的，因此，底下分別孤立討論只是為了方便了解而已。

所謂個體本質，意指任何「永恆對象」都是單一的 (singular)，亦即它是什麼，就是什麼(It is what it is) (cf. *SMW* 159)。其意義如下：它意指此一「永恆對象」與另一個「永恆對象」是必然不同一的，亦即是有個別性的。而且某個確定的「永恆對象」若結入各種不同的實際剎那情境中，雖然其和不同的實際事物有不同的關係，但是此永恆對象自身仍然是維持著同一性，亦即仍是相同的「永恆對象」⓬。因此任何「永恆對象」都是可無限地重複使用，此即形成了「永恆對象」之名為永恆或具有永恆性的理由之一。同時也由於其可無限使用，所以此同一的「永恆對象」的數量 (number) 是無限多。此外，即使是個別的「永恆對象」，其在數量上也是無限多的。如此兩者和合即構成了「永恆對象」的無限性。

所謂關係本質，意指個別的「永恆對象」與每一個別的「永恆對象」之間具有接續性的關聯性，同時此種關聯性本身也是一種「永恆對

⓫此觀念係得自沈清松先生的啟發，在此致謝。

⓬引自懷氏寄給哈茨弘 (C. Hartshorne) 的信，此信刊於 G. L. Kline (ed.), *Alfred North Whitehead: Essays on His Philosophy*, N. J. Englewood Cliffs: Prentice-Hall, Inc., 1963, p. 199.

象」(*SMW* 166)。就如懷氏所說的:「每一永恆對象的關係本質包含其(潛在地)與全體其他永恆對象的內在關聯。」[13] 我們目前所發現的各種抽象的邏輯系統、社會系統、數學系統、幾何系統、即是此種關係本質的特例或部份實現。因此在未來也可能會再發現未曾實現的關係本質,而形成另一種新的邏輯系統、幾何系統、或其他社會系統。因此哲學或學問的目的之一, 也無非是在尋求更多新異性的「永恆對象」(無論是個別的本質或關係本質)。

綜合上述, 我們可用人類表達的文法之詞性分類, 更容易清楚地表達「永恆對象」──亦即所謂「永恆對象」乃指目前人類所發現、所使用的任何抽象的「名詞及形容詞」及其間之相互關係。還包括了未來可能發現的各種抽象的「名詞」及「形容詞」, 然而須排除「創造性」一詞。總之, 用英文的文法表示即: 名詞及形容詞＋ness, 中文則可加上「抽象的」表示。例如, 抽象的紅色, 抽象的憤怒……等。此外, 爲了配合論文發展及日常語言化, 我們可將「永恆對象」分成三大類[14]: ①感覺資料及價值形式(value form)即類似懷氏所說的主體類(subjective species)(*PR* 291-292)。如個別抽象的觀念或形式(包含了價值形式)──抽象的紅色、討厭、喜歡、尊重(respectfulness)、憤怒(angriness)、情緒(emotioness), 或我們所說的眞(truthness)、善 (goodness)、或抽象的美及抽象的和平、和諧及其他相互間之各種可能關係。②數學形式(Math form), 即懷氏所說的客體類(objective species)(*PR* 292)。例如: 甲、個別的數學數字(number), 即量(quantity) 之抽

---

[13] Ibid, p 199.

[14] 此處筆者區分此三大類, 乃是爲了更接近日常語言, 以令人更容易了解及產生親切感, 其靈感則得自於克里斯欽對主觀方式的討論。cf., W. A. Christian, *An Interpretation of Whitehead's Metaphysics*, pp. 135-137, esp-p. 136.

象化。乙、個別的、抽象的幾何圖形，及其相互關係所形成的已知的抽象的數學、幾何系統，及未來可能形成的各種抽象圖形與系統。③個別實際物的赤裸裸的觀念 (the bare notion of individual actuality)，此往往是①與②之綜合所形成。上述各種不同的「永恆對象」，懷氏認爲其間具有高低級之分，如感覺資料卽是低級的「永恆對象」，而高級複合的「永恆對象」所形成的複合的、對比的統一體，懷氏稱爲模型 (pattern) (*PR* 114, 115)⑮，也可說較高級的「永恆對象」是由低級的諸多「永恆對象」中抽離出來的產物。從這裏也可看出對比物的意義之一，卽是不同的永恆對象相互整合所形成的和諧狀態，此種整合乃是透過異中取同的共同性，連結了此狀態中的諸多永恆對象的差異性，而形成和諧的統一體。(cf. *PR* 228-229)。

然而我們要注意的是：對此種永恆對象之攝受的主觀方式並不必然涉及到意識作用 (*PR* 23)，亦卽它也可能以一種無意識的、盲目的情緒的方式進行此種攝受的運作。因此，任何高低級的實際事物不只必然具有物理攝受而且也必然具有概念攝受。

丙、主觀目的、感受

懷氏認爲任何「實際事物」在汲取宇宙各種元素的攝受歷程中，都由於受主觀目的 (subjective aim) 的指引 (cf. *PR* 224)，同時和生物一樣具有慾望 (appetition)，想要透過「選擇吸收或排斥各種資料」，以求主觀目的的實現，以便滿足其慾望。此處主觀目的的內容卽是達成平衡與和諧(cf. *PR* 278)⑯。所謂平衡，卽是將同與異的部份加以調整，

---

⑮Pattern 一詞可譯作「模型」、「模式」、「典型」、「典範」，乃以上下文之順暢達意而使用不同譯名，不過主要是以「模型」爲主。

⑯關於平衡與和諧之區分，懷氏並未討論，但筆者在「懷海德『事件』概念探

以形成「和諧對比」而避免形成不相容性的相互壓抑（PR 278）。但更細節化之描述，則筆者認為須蘊含下列數種意義：

㈠私自且普遍的理想（private and general ideal），此即作為攝受主體的此實際事物所感受的資料，及被排斥的資料都在主體的統一體中獲得了各自適當的地位、作用，也可說是價值定位；而且每個實有資料的作用或對主體的積極、消極的貢獻都不是其他實有所能取代。同時，各種資料在此統一體中，都相互作用而形成和諧的統一體（PR 26, 27）。此種目的必然包含了內部物理性平衡的實現。上述也可說是規範範疇中的第一、二、三及七範疇及懷氏對平衡意義的綜合詮釋⑰。

㈡公有且普遍的理想（public and general ideal），此主體也具有客體面，亦即提供自己給其他實際事物所共享，或說被未來的其他實際事物所攝受，進而促進整體宇宙的和諧與平衡——同時也為其自身——即此統一體—在新的整體宇宙中找到適當的地位與作用（cf. PR 211）。因此形成了宇宙諸多社會的層級結構（the hierarchy of societies）（PR 96）⑱。

㈢私自且個別特殊的理想（private and particular ideal），亦即實現自己特殊的理想與目的，而每個人未必相同，例如有的人為當音樂家，也有的人為了當哲學家，當然其所汲取的資料即有所不同。亦即此種意義下的主觀目的若不同，則往往影響其汲取的資料，而形成不同的

續接上頁
討」一文中，則加以區分；請參閱該文頁一一二～一一三。而底下主觀目的的詮釋只是部份內容，另外一部份則將在第四章上帝先在性的理論中討論。

⑰規範範疇之第一範疇乃指主體統一性範疇，第二範疇即客體同一性的範疇，第三範疇乃指客體歧異性範疇，第七範疇是主體和諧範疇。此外，懷氏此種統一性與和諧性的觀點——即第七範疇，相當類似於萊布尼茲（G. W. Leibnitz, 1646-1716）的預定和諧（cf. PR 26-27）。

⑱關於社會的層級結構，筆者將在第三章第二節詳細討論。

活動歷程。

㈣公有且個別特殊的理想（public and particular ideal），亦卽實現了㈢，而成為被他人他物所感受的資料，也可說是將自己所特殊體會所得到的提供給他人他物分享。

㈠㈡的普遍理想對任何實際事物都相同，且其區分為二，乃是理論上的區分，實際上是不可分割且只要形成實際事物，必然達成此二者。但大多實際事物都沒意識到或自覺到㈠㈡的實現，㈢㈣的理想往往隨實際事物的不同而相異，而且往往只有較高級的實際事物較為明顯，但是都以㈠㈡為背景而形成。也就是說在實現㈢㈣兩種理想時，同時也盲目的或有意識的自然達成㈠㈡的理想。換句話說，㈢㈣的理想的實現，都已預設了㈠㈡理想實現的存在。只是一般實際事物都沒有意識到或自覺到此點。反過來說，㈠㈡的和諧是從整體宇宙言之，大多數的實際事物往往只從部份宇宙來看世界，因此往往無法意識到㈠㈡理想的實現，但是就懷氏而言，他使用主觀目的一詞，乃偏重於㈠，其次則㈡，㈢㈣較為忽略。

總之，實際事物為了實現上述各種主觀目的以滿足其慾望，乃一方面積極地選擇與吸收宇宙中的某些元素，使這些元素成為此實際事物的內部真實結構（internal real constitution）。藉以對此實際事物有積極的貢獻，此種攝受歷程稱為積極攝受（positive prehension），又稱為感受（feeling）（*PR* 23, 24, 41）⓳。另一方面在進行此感受歷程的同時，也相對地排斥了宇宙中某些確定的元素，使這些元素對此實際事物的內部真實結構沒有積極的貢獻，此種攝受歷程稱為消極攝受（negative prehension）（*PR* 23, 24, 41）。

⓳懷氏用 feel 一詞，相當耐人尋味，對東方人相當不習慣，但實際上在英文語法中若欲表達「鐵很硬」，則可寫成 Iron feels hard.

當作為攝受主體的此實際事物所感受的資料是其他實際事物，則形成了物理感受（physical　feeling）（PR 219）。當作為資料的其他實際事物被此作為攝受主體的此實際事物所感受，則對此主體而言，此被感受的其他實際事物則稱為「已被對象化」（objectified）（PR 41）。當所感受的資料是永恆對象，則形成了概念感受（conceptual feeling）（PR 23）。同時永恆對象即成為此作為攝受主體的實際事物的確定形式（PR 23, 219）。而永恆對象的內存於實際事物中的動作、過程、行動，懷氏稱為「契入」（ingression）（PR 23, 25）。反面言之，即此實際事物實現（realized）了此永恆對象（cf. PR 23, 149），或稱為展現、例證（exemplified,illustrated）此永恆對象（PR 252）❷。但就實際世界中任何一個實際剎那所實現的永恆對象，並不是完整的永恆對象，也不是所有無限多的永恆對象；其次，宇宙中所有的實際剎那所實現的所有永恆對象，也不全等於所有無限多的永恆對象。換言之，實際世界中的實際剎那都只實現部份的永恆對象，所以，從此角度言之，永恆對象可以分成兩大類：一類即已實現過的永恆對象；另一類即未曾實現過的永恆對象。當某個實際剎那實現了此種未曾實現過的永恆對象，則表示此實際剎那引進了新異性（novelty），則此實際剎那乃是新異的實際剎那，或說具有創新性、原創性的實際剎那。

上述此種概念攝受的運作，使得某個實際事物具有某種確定形式，而此確定形式也可說是此實際事物的主體形式（subjective　form），因此我們可了解懷氏在使用 subjective form 一詞時，可能指涉著「主觀方式」，也可能指涉著「主體形式」，也可能同時指涉兩種意義，因主觀方式與主體形式之內容也會有交集出現。但基本上大都是以主觀方式的

---

❷cf. A. H. Johnson, *Whitehead's Theory of Reality*, Boston: The Beacon Press, 1952, p. 23.

意義出現。

但就主觀方式而言，則永恆對象中之客體類（objective species），即數學形式及一部份的感官資料（sensa）都不會成為此主觀方式的特徵或品質中的元素（PR 291），亦即只有主體類（subjective species）才可形成，也就是主要乃是價值形式，及一部份的無法化約成數學形式的感官資料或如情緒（emotion）才可形成主觀方式。但是就主體形式而言，則任何種類的永恆對象都可透過「契入」而形成。然而無論何種意義的 subjective form 都是由所感受的永恆對象所決定。

在我們了解懷氏所謂攝受與感受，永恆對象、主觀目的、主觀方式、主體形式之基本意義後，才可進一步討論歷程如何流動，此即下節所要描述的主題。

第二節 歷程之遷移

甲、同時性、量子性、時段性整體

既然實際事物是剎那活動歷程，而且不同的「實際事物」或「實際剎那」必然具有不同內容的歷程遷移；然而其間又有其共通性，即普遍的形式結構。此外，既然是流動的，則需要一段時間，因此，理論上歷程的遷移似乎必有「先後階段」之分。因此，底下筆者即對剎那歷程的普遍形式結構加以階段性的區分。

基本上既然實際事物自身除了可作為攝受主體，以便攝受其他實際事物以形成它自己的內部真實結構；同時也可被其他實際事物所攝受而成為「被」攝受的客體或對象。因此任何歷程的遷移最基本的共通性即是要描述這兩大側面或兩大階段。前者稱為「具體化的聚合成長歷程」

(concrescence)㉑，又叫微觀歷程（microscopic process）；後者稱爲「轉移歷程」(transition)，又叫巨觀歷程（macroscopic process）；前者乃由「多」成爲「一」，後者乃由此「一」又成爲新的「多」中之一㉒。然而此兩種歷程基本上都是透過終極範疇——創造力——之運作所產生㉓。

其次，所謂「具體化的聚合成長歷程」，筆者透過懷氏及詮釋懷氏者的各種不同的區分方法，將其綜合整理，進而區分成下列三個階段㉔：第一階段——雜多的單純物理感受（multiplicity of simple physical

---

㉑concrescence 之意義爲①日益共同成長發展而聚合在一起之意 （growing together）(AI 236) ②也表示「具體」(concrete)之義，即完整的物理眞實物的的觀念③許多事物藉此獲得了完整的複合統一體，但卻未暗示包含創新性。因此可完整譯爲「具體化的共同成長的聚合歷程」。不過在本論文中均以「具體化的聚合成長歷程」或簡稱「聚合歷程」表之。至於沈淸松先生譯爲「共同成長歷程」亦可。見沈著：懷黑德的形上學㈣。臺北：哲學與文化月刊第十一卷第四期，民國七十三年四月，頁五十。張旺山譯爲「合生」，見懷海德著，張旺山譯：哲學方法（下）。臺北：哲學與文化月刊第十卷第十一期，民國七十二年十一月，頁五四，張君另外在譯註中對 concrescence 一字的如何由拉丁文轉化及字根有詳細的分析（同上，頁四九及五五）。朱建民先生譯爲「共生歷程」(朱君編譯：現代形上學的祭酒——懷德海。臺北：允晨文化公司，民國七十一年十一月，頁一二〇。)

㉒關於這方面簡單扼要的描述及批評可參閱楊士毅：懷海德「事件」概念探討，頁九三～九八。但顯然和本節將要非常細節化的描述相比較，是相當粗糙，不過初讀懷氏著作者閱讀上文可獲得提綱挈領的了解。

㉓關於「創造性」，除懷氏「歷程與實在」一書之頁二一，並請參考沈淸松：懷黑德的形上學（六）。臺北：哲學與文化月刊第十一卷第五期，民國七十三年五月，頁五二～五三。及楊士毅：懷海德「事件」概念探討，頁一〇三～一〇七。

㉔懷氏自己的表達方式並不一致，或說用不同的方式在表達。例如在 PR 164，他區分成三個側面，即①順應感受②概念感受③對比感受 （包含命題感受），而②與③合起來稱爲補充側面。另外在 PR 212，則分成①反應側面②補充階段③滿足感。其次又謂：單純物理感受乃是順應感受 (cf. PR238)，因此筆者乃大略區分成①單純物理感受②概念感受③對比感受及滿足。關於懷氏不同形式的表達請參考本節之己。但基本上筆者將「滿足」之階段與「對比感受」併在一起討論。另外薛爾本 (D. W. Sherburne) 則區分成三個側面①順應感受②概念感受③單純對比感受④複合對比感受⑤滿足 (D. W. Sherburne (ed.), feelings)、第二階段——概念感受（conceptual feelings）、第三階段——轉化歷程（transmutation）、對比感受（comparative feelings）、滿足（satisfication）。上述三階段加上轉移歷程（transition），即是完整的歷程遷移的普遍形式結構。

　　但是在未細述上列階段如何形成之前，就理論上而言，歷程的遷移似乎必有時間上先後階段之分。但實際上，上述諸階段乃是同時發生、同時存在、同時完成的，是不可分割的整體（cf. PR 227）。所以當我們提到某個階段時，實已同時預設了整個歷程—即其他階段的同時存在。反面言之，由於上列階段的同時性，因此一提到整個歷程，也必已預設了上列諸階段的同時存在（cf. PR 283）。用日常語言表達，則如懷氏所說的：「假如你廢除（abolish）了整體，那麼你就廢除了它的部份；而且假如你廢除了任何部份，那麼那個整體也就被取消了。」（PR 288）。因此，若單單孤立的提及某階段的歷程是什麼實際事物，就懷氏而言，那只是抽象思維中的抽象事物，而不是具體實際存在的東西。因此懷氏認為那是空無（nothing），換言之，上列前後階段的區分乃是為理論上討論方便及文字表達上必有先後所做的不得已的方便區分。就實際上而言，此諸階段本身是無前後之分，而是同時發生、同時存在、同時完成的。此種同時性乃是了解懷氏歷程哲學，尤其是歷程遷移的重要關鍵之一。

　　從上所述，我們可以了解下列數點：

　　㈠實際事物之為構成實際世界的基本單位，其意義是指其具有不可分割的整體之意。而且將上列階段綜合且視為整體，才是一個「完整的真實事物」—即實際事物（AI 204），並不是指其在體積上乃是全世界的

續接上頁
A Key to Whitehead's Process and Reality, Chicago and London: The University of Chicago Press, 1981. pp. 39–69.

各種存在事物之最小者，也不是指在時間上是最短的。相反的，其時間綿延有多長及其空間體積有多大，乃是隨著不同的實際事物而有不同的長短大小，至於確實數字是多少並無多大的形上學意義。因此懷氏也未曾詳加討論，甚至在舉例說明時，也只說也許是幾秒鐘（PR 68）。當然我們也很容易了解，既然是指剎那，當然是不會很長，但從另一角度言之，我們也可將剎那一詞的意義加以轉化，只要我們將某一事態、事件的發生時間視爲一個不可分割的整體來研究，則剎那並不必然限定於短暫的時間。

㈡從時間側面言之，一如前述，實際事物是一綿延，且歷程在實際上既然是不可分割的整體，則綿延在時間上也是不可分割的；一分割就什麼也不存在，時間也無意義。懷氏把此種時間意義下的理論稱爲時段性的時間理論（the epochal theory of time）（cf. PR 68, 283, SMW 125-126）。當然就空間而言，它是一個不可分割的體，或叫不可分割的區域（region）（cf. PR 283）。因此，綜而言之，「實際事物」乃是一時段性的整體（the epochal whole）㉕。

㈢從實際事物的同時性及時段性整體之不可分割的性質，我們可了解必須在某確定量的綿延及某確定量的空間體積下才有「實際事物」存在，否則是虛無。就此意義而言，類似於量子力學中所說的量子中不連續的意義，而且也是不可分割的基本單位。就此意義而言，實際事物（除了上帝以外）乃是原子性（atomic），藉此可詮釋量子力學所主張的能量之放射或吸收只能以不連續的某一固定量的能量（卽能量量子）進行，亦卽當量子數不等於無限大時，電子的能階振動只有在吸收或放射某一固定的能量時，才能產生振動，也才有被人類觀察到的物理事件或

㉕此名詞是借用雷克勒克（I. Leclerc）詮釋懷氏形上學之術語。cf. I. Leclerc, *Whitehead's Metaphysics: An Introductory Exposition*, Bloomington & London: Indiana University Press, 1975, p. 79.

物理現象發生。若不是此能量，則無任何事件發生。換言之，並非任意值的能量都可發生事件。因此，事件的發生所需的能量之數值並不是連續的，當然事件的發生也需要一段不可分割的時間。很顯然，上述「量子」理論只是實際事物之爲原子性的一個例證。因此懷氏認爲實際事物具有量子性質，甚至將上列階段所形成的整體不可分割的歷程視爲一量子（cf. PR 283-284）。當然上述「實際事物」之原子性也可詮釋密立根油滴實驗所證明的只有整體的基本電荷，而不會有二分之一或可無限連續分割的電荷的存在。

㈣上述階段之區分之使用「階段」一詞，誠然是因爲一段時間、一段歷程、理論上似乎含有「前後」階段之性質，但實際上又如前述是「同時存在」、「同時發生」、「同時完成」、「不可分割的整體」。因此上述之階段又名爲此實際事物之「諸側面」（phase or aspects）。所以懷氏在描述歷程遷移時，有時使用側面，有時使用階段（PR 212）㉗，自然有其不得已的苦衷。這種表面上、理論上之「矛盾」或「詭論」之形成，乃是因爲人類語言表達的抽象性及必有先後性及理性的抽象思考、抽象分析，並無法完全相應地分析及表達出具體眞實事物之動態性、整體性及同時性所致㉘。關於語言方面將在本章第三節丙段落加以討論，至於理性的限制則在第四章討論，但爲了文字表達的方便及刻意凸顯出歷程的特色，筆者還是方便使用「階段」一詞來表達。只是讀者務須時時提醒自己諸階段的同時性，總之，階段的區分是理論上的區分，而不是實際的區分。

㉖W. Heisenberg, *Physics and Philosophy*, p. 32.

㉗任何實際事物的形式結構的分析，就其諸多感受所形成的歷程可分或三大階段：(1)反應側面（phase）(2)補充階段（stage）(3)滿足感。（PR 212），但在 PR 213 又寫成此第二「側面」，其他例子甚多，不再贅述。請參考註二四。

㉘關於語言的抽象性在本章第三節之丙段落將會討論，至於理性思考的限制性在第四章第二節中再進一步討論。

此外，爲了更令人感受到歷程分析的親切感、實用感、及了解其日常生活之意義，筆者必須提醒讀者：實際事物既然蘊含了任一具體存在的任一利那的經驗活動歷程的意義，因此，本節乙、丙、丁、戊、己乃是分析宇宙中任何萬事萬物之任一利那之生成的普遍形式結構，所以隨時隨地都是此普遍形式結構的特例，讀者可隨時自行舉例加以印證。但因爲利那是何其短暫，因此當人們說話形成語言文字去舉例時，往往已是此利那歷程之結果。這是舉例時要特別注意的。現在，我們就開始細節地描述歷程遷移的諸階段。

乙、第一階段——雜多的單純物理感受

歷程的第一個階段乃是由「雜多的單純物理感受」（the multiplicity of simple physical feelings）所構成。但既然名爲物理感受，自然作爲攝受主體的此實際事物所感受到的資料乃是涉及其他諸多實際事物。但爲了文字表達容易及易於了解起見，懷氏曾先以「單一的單純物理感受」（A simple physical feeling）爲例說明之。（PR 236-238）㉙此種感受，簡言之，其起始資料（initial data）乃是單一的實際事物（A simple actual entity）（以A表之），而作爲攝受主體的此實際事物乃以B代之，雖然A也是由許多感受所形成，但是B只能物理感受到A的某一感受，此時這種B的物理感受稱爲「單一的單純物理感受」。而被B物理感受到的此A的某一感受稱爲B的「客觀內容」（objective content），

㉙此種方便表達與研究方法，乃是數學及物理常用的，例如數學家及物理學家經常以較簡單的且爲假想的二度平面爲例，來說明實際世界中三度空間的複雜現象，但往往了解二度平面的現象便很容易了解眞實的三度空間的現象。不過爲了更眞實更具體，我在文中的描述乃是以複數爲討論對象，因此文字表達就較繁瑣而困難多了。此外關於單一的單純物理感受之詮釋及圖解可參看 D. W. Sherburne, (ed.) *A Key to Whitehead's Process and Reality*, pp. 10-12.

也叫「客觀資料」(objective datum), 也叫 B 的實際世界 (actual world) 就如懷氏所說的:「實際世界即是每一個創造歷程的『客觀內容』」(PR 101), 這種 B 的物理感受即稱為「單一的單純物理感受」。

但是實際上, 任何實際事物都不是如此簡單, 而是複雜多了。蓋任何實際事物之生成, 其在第一階段中的「起始資料」並非只是單一的實際事物, 而是許多的實際事物; 更精確地說, 應該是所有其他的實際事物, 而且對此實際事物而言, 又是以雜多的狀態存在。所謂雜多, 乃是各個實有 B 各自分離, 各自擁有不同的特徵, 且尚未交織成和諧相容的穩定模式的狀態。其次, 如頁四一所述: 此實際事物並不能感受到與此實際事物同時發生的實際事物。所以, 此處所有其他的實際事物都是指先於此實際事物的所有過去的實際事物, 因此懷氏又稱為「先前的宇宙」(antecedent universe) (PR 152)。此外, 由於這些過去的實際事物對此實際事物而言, 乃是既定的資料, 因此也可稱為「與料」(the given)。當然, 又因為都已成為過去, 因此他們對此實際事物而言, 都是以一種分離雜多的真實潛能 (real potential) 的狀態存在著❸而等待或盼望此實際事物去感受。至於作為攝受主體的此實際事物, 則以盲目的情緒為主觀方式❸, 且盲目地在「主觀目的」的指引下, 透過盲目的消極攝受的

---

❸*PR* 212:「第一側面乃是純粹接受以客觀資料的形貌顯現出來的實際世界。以便形成感性綜合。」其次在 *PR* 101: 實際世界即是每一個創造歷程的「客觀內容」。很顯然, 此處 「實際世界」、「客觀資料」、「客觀內容」 均是指涉著同一事物。

❸關於「真實潛能」在本篇戊中會討論。另外請參考楊士毅: 懷海德「事件」概念探討, 頁九五～九六。

❸懷氏謂:「物理經驗活動歷程的基本方式是情緒的——盲目的情緒。」(*PR* 162) 此點乃是理解懷氏攝受活動很重要的一點。蓋懷氏盲目情緒的活動, 即如同心理分析意識深層的活動, 而其乃與意識活動相對。因此懷氏使用的意識與心理分析使用的意識不同——他偏重自覺; 而盲目的情緒活動乃指無意識的或不自覺的活動。當然盲目情緒與意識到也是程度的問題。

運作，將起始資料中某些微不足道的過去的實際事物，及過去實際事物
之某些感受，加以盲目的排斥掉了。不過上帝是例外，上帝沒有消極
攝受的運作❸。然而無論排斥了多少，其所盲目積極攝受（即感受）
到的資料，總是部份實際事物的許多感受。因此，就實際上而言，此
實際事物的「客觀內容」總是不只如前所述的一個實際事物的一個感受，
而往往是諸多實際事物的許多感受。然後此實際事物即將此「客觀內容
轉化（transform）爲此攝受主體的許多感受」（cf. PR 165）❸。如此即
將過去的「客觀資料」轉化爲構成此實際事物自身的基礎資料，或說作
爲下一階段之歷程進行的基礎資料。

　　上述的主體的許多感受，即稱爲許多的單純物理感受。但是在此第
一階段，雖然是受主觀目的的指引，並且嘗試去實現此主觀目的，但由
於此主觀目的仍未完全實現，因此在此階段的許多單純物理感受（無論
是其感受的資料或諸多主觀方式）並不一定是相容的、和諧的。而且也
往往可能是不相容、不和諧的，當然也顯現不出任何共同的特徵或確定
的形式。因此就形成了雜多狀態，只是在此意義下，此雜多狀態也可視
爲一種統一體（unity）（cf. PR　29）。所以懷氏乃謂：「許多單純物理
感受所形成的雜多統一體（或簡言之，即雜多的單純物理感受），乃構
成了此正在具體化的聚合成長歷程中的此實際事物之第一側面（phase）
（或第一階段），而此正在具體化的聚合成長歷程中的此實際事物，乃
是所有這些感受的共同主體」（PR　236）。

　　從上面所述可發現它已蘊含了一個問題——那就是，此實際事物又
如何把「客觀內容」轉化成「主體感受」呢？此乃涉及了懷氏的「順

---

❸關於此在第四章有詳細說明。
❸PR 165:「順應階段只是將客觀內容轉化成諸多主體感受」。

應理論」及「概念感受」之理論。底下我們只討論前者，至於後者則留到下一段落，即丙——第二階段時再討論。

此種「順應」理論，簡言之，即是順應它自己的直接過去（cf. PR 238），可分兩方面討論：一方面是「關於資料的順應」，亦即「順應過去的資料」；另一方面是「關於主觀方式的順應」，亦即「順應過去的主觀方式」(cf. PR 291)㉟。

就前者而言，「順應過去的資料」即是「順應起始資料」——即順應過去的諸多實際事物。因爲此種起始資料乃是既定的資料，並不是此實際事物需要或不需要的問題，也不是此實際事物所能自由改變、自由選擇的。換言之，任何實際事物，當面對這些起始資料時，乃是被決定的，根本無法自由選擇的。因此任何實際事物在此階段的內部資料必然只能包含於起始資料，亦即可以說在此階段其內部都是被過去所決定的。因此懷氏稱爲「內部決定」(PR 27)㊱，所以「順應過去的資 料」之「順應」蘊含了「被決定」的意義。然而任何實際事物（除上帝外）在此階段都是盲目的「消極攝受」之運作，藉此盲目的排除一些資料，以形成「客觀內容」，繼而形成「主體感受」。因此，一般實際事物在此階段乃如前述，是純粹接受「客觀內容」或叫「客觀資料」以便形成感性

㉟關於「順應」之意義，請參閱 AI 236, 239, PR 291。另外比較克里斯欽及沈清松先生的說法。克里斯欽偏重主觀方式的順應，認爲其蘊含了①連續性 (continuity)，而連續性又蘊含了主觀方式的同一性 (identity)。cf. W. A. Christian, *An Interpretation of Whitehead's Metaphysics*, pp. 133-138。沈清松先生則分成空間環境及時間來討論，但主觀方式在此文中並沒有深入討論。沈清松：懷黑德論意識與身體。臺北：哲學與文化月刊，第十一卷第二期，頁一八～一九。筆者則區分資料及主觀方式的順應。

㊱例如剛剛有汽車聲，並不是我自由意志選擇下去聽此車聲，而是被決定，不得不聽到以做爲感受的內在資料。

綜合（*PR* 212）❸，並不是全盤接受已決定的起始資料，因此具有盲目情緒的創造性選擇❸。就資料的順應性而言，乃是指在重複、再現過去資料的一部份，亦即在盲目順應過去資料中，同時也具有了盲目情緒的創進（creative advance），但是並沒有創新（creative advance into novelty）。換言之，「對過去資料之順應」不只代表著前述消極之內部決定，也包含了積極的創進。因此，此種「順應」乃是一種創進性的順應，亦即「順應」不只蘊含了「被決定」，也涵蘊了「積極創進」的意義。此外，又由於「構成主體感受的客觀資料」—即是全等於「構成此實際事物自身之基本資料」，而「客觀資料」又包含於「起始資料」或叫「既定資料」中，因此「構成此實際事物自身之基本資料」乃和「既定資料」具有「共同的資料元素（element）」此處「共同」即代表成就此實際事物的基本資料和過去的既定資料；可能是「有相同有不同」，也可能是「全部相同」，但絕不會是全部不同。通常，一般實際事物都是「有相同有不同」，只有上帝是「完全相同」（因無消極攝受）。所以「順應」一詞在此又含蘊了過去與現在具有「共同的資料元素」之意。綜合言之，資料的順應性之「順應」蘊含了①被決定性②創進性③具有共同的資料元素三種意義。

　　其次，就「主觀方式的順應」而言，其「順應」也蘊含了被決定與創進之意義及具有共同元素的意義，其描述大致上和資料的順應一樣，只是須將上文描述的「資料」改成「主觀方式」即可。但主觀方式種類繁多，在此階段中對任何實際事物都是最基本且必然順應的諸多主觀形

❸*PR* 212:　第一側面乃是純粹接受以客觀資料的形貌顯現出來的實際世界，以便形成感性綜合。

❸薛爾本亦提及此創造性選擇的觀念，但他忽略了此乃盲目情緒性的。cf. D. W. Sherburne (ed.) *A Key to Whitehead's Process and Reality*, p. 213.

式，乃是指關於情緒的主觀方式（the emotion of subjective form）（cf. PR 315），例如憤怒（AI 183），但也包含了如紅色等感覺資料的順應（cf. PR 292），亦卽數學形式之順應，換言之懷氏使用 emotion 一詞並不限定在人及動物之情緒，也包含了數學形式，此乃無生命界較適用，蓋 emotion 本身也是一種能量，抽象的紅是一種特定頻率的能量，所以懷氏使用「情緒」來表達並不限定在生命界，也適用於無生命界，至於其他種類的主觀方式，則沒有必然順應的要求，但就越高級的實際事物，其主觀方式的順應不是只限於價值形式中的情緒的順應，也可能形成價值形式中的其他，如正義、勇敢、傷心、痛苦、快樂等的順應，但基本上必以情緒（含數學形式）爲最基本。這些在此階段都是盲目的順應。由於上述順應性之存在，才能形成實際事物物理感受到過去諸多實際事物的諸多感受，而將「客觀內容」轉化成爲諸多主體感受，亦卽諸多單純物理感受。也可說是形成了盲目的雜多性的相互感通。例如在物理學中由於頻率相同、相類似產生了「共振」或「感應」，卽是數學形式的主觀方式的順應所致。就人而言，則指態度、情緒、心態相應時，則形成相互感通、同情（共同的情感）（sympathy），例如日常生活中常說，我能體諒你的痛苦，我分享你的快樂……等，總之，是我感受到你的感受。當然其強度也隨著主體與客體主觀方式的順應強度的不同而不同，只是我們要注意，在第一階段都是盲目的感受，例如：我之會盲目感受到張三的憤怒，乃因爲我是近似於張三的憤怒時的主觀方式，亦卽具有共同的或相當類似的主觀方式。若完全不相同，則根本無法感受到對方的感受，但反面言之，也不可能完全相同，因此「共鳴」、「同情」……等等都是強度上的差別。不過我必須再度提醒讀者，上述例子旣已用文字表達，事實上已達到歷程第三階段而形成命題了，換言之，上述例子只是幫助了解而已，關於此請參閱註三十九的舉例說

明。

　　綜合上述「順應」一詞，無論是資料或主觀方式，都蘊含了①被決定②創進③共同的因素三種意義。此種順應性之要求，實乃構成第一階段完成的必要條件，而這種條件也是任何稱為實際事物（無論低高級）所必然具備的。亦即任何實際事物既可稱為實際事物，則必然具有此種順應性，因此這也是任何實際事物的普遍特性之一，也可稱為實際事物的形上特性之一。

　　從上述我們可以看出此階段蘊含了下列幾點哲學意義：

　　㈠由於諸多主體感受是以雜多的統一體的形式出現，而且是在盲目情緒下進行此歷程，因此，這些感受對此實際事物而言，仍是相當無秩序且含混不清。就如懷氏所說的：「諸多感受是盲目的，且其相互間的密切關聯是含混不清的。」（PR 163），所以底下的階段乃是使此雜多感受一方面具有確定的形式或模型，一方面也更加秩序化及清晰化。

　　㈡若我們視起始資料為因，則單純物理感受為果。然而由於第二階段的生成是以第一階段所提供的基礎資料為基礎，且第三階段又由第一階段與第二階段加以整合或再整合，因此也可視單純物理感受為因。所以第一階段的單純物理感受也可稱為「原因感受」或「因果感受」（causal feelings）（PR 236）。其名為因果是因為此階段是具有因果決定的性質。此種物理感受乃是存在於具體的實際事物與實際事物之間的相互因果關係，因此是在時間之流中（in time）（cf. PR 248），或說在經驗之流中（the stream of experience）。所以從時間角度言之，也可說此種感受乃是將過去轉化進入現在。

　　㈢很顯然此階段或側面，也可說是一種盲目的順應或順乎自然的歷程。而此種盲目的順應自然也是盲目創進性的表現。若將此觀念應用入人生哲學則是在迷迷糊糊的無自覺、無意識的狀態下順乎自然而行。但

在此迷糊中也存在著無自覺、無意識的創進，而且也盲目的以此種行為或創進為果，同時又盲目的以自己為因，盲目地去影響他人他物。

丙、第二階段——概念感受

就在雜多的單純物理感受形成的同時，每個個別的單純物理感受也分別衍生出個別的概念重現（conceptual reproduction）㊴。此種概念重現一方面是採取距離、離開了最具體的實際事物相續的經驗之流，亦即離開了時間之流（is out of time）（PR 248）。但也因為「離開時間之流」，所以概念所重現的事物乃是對此諸多個別的單純物理感受個別的概念化、形式化之永恆產物。此種形式化的產物即是指某些確定的永恆對象，其次，也因為脫離了實際世界的束縛，所以此攝受主體也暫時享有了自由。

其次，在這「重現」的同時，由於受「主觀目的」的指引，因此攝受主體對這些永恆對象盲目地產生強度不同的重要感或興趣利益感，因此對這些永恆對象產生不同強度的主觀方式—基本上即是不同強度的喜愛（adversion），或者不同強度的厭惡（aversion），繼而產生不同強度

㊴例如在第一階段中的物理性的「胃痛」，在第二階段中形成抽象形式化的胃痛。此處的胃或痛，都是永恆對象。不過此處概念重現並不等於高級動物，如人類的抽象思考，也不代表有意識作用，蓋懷氏之意乃是指無生命的實際事物也有此概念重現；其次，在此階段即用文字上的命題如「胃痛」來作例子是不恰當的。因為更嚴格言之，應當勉強說是「某些地方有某種物理感受，亦即某種訊號傳遞。」，而且相當雜多含混不清，經過「概念重現」即形成了概念化、形式化。到第三階段才可能形成「胃痛」之類的命題，因此第一階段中使用「胃痛」是方便說明。甚至更嚴格言之，「某些地方有某種物理感受」也是為說明方便，事實上是無法用語言舉例說明，因為一用語言或以任何主述式命題方式出現便已進入第三階段了——亦即已是過程的結尾了。但讀者只要了解其意所指即可。此外，若用日常語言舉例說明日常無生命的概念感受，更容易墜入擬人化的描述而失真，但以物理學而言，則電子等只是方程式之數學形式之解，則較容易了解它感受到的形式。

的喜愛的接納或厭惡的排斥,而形成一種盲目的、以重要感或興趣利益感
爲中心的價值選擇。因此「概念感受的主觀方式主要是評價」(PR 248)。
所以懷氏將上述歷程稱爲概念評價 (conceptual valuation) (PR 22),
此即概念感受的第一類。但由於它是盲目的、無意識的, 所以也可稱爲
盲目情緒的概念評價。上述歷程, 簡言之, 即是對第一階段的諸多單純
物理感受盲目地加以概念重現及評價 (PR 26, 規範範疇四)。又由於喜
歡與厭惡有強度之別, 因此形成了不同的評價、不同的歷程。

　　爲了討論方便, 我們將此分成下列二種情況——一種是極端厭惡的
主觀方式, 另一種爲喜歡全部的或喜歡部份的概念重現中的永恆對象。
當此攝受主體的主觀方式乃是極端強烈的厭惡, 則可能完全排斥拒絕,
或幾乎全部排斥拒絕這些永恆對象時, 則此歷程無法繼續進行, 如此也
就無法形成具體完整的實際事物, 或此種實際事物之爲歷程根本微不足
道, 此種評價的主觀方式叫「低評價」(value downward) (PR 247)。

　　若主觀方式是喜歡而接受此永恆對象 (無論是部份喜歡或全盤喜
歡), 即稱爲「高評價」(value up) (PR 247), 則歷程繼續進行, 如
此則可能形成新實際事物。而且此種喜歡的主觀方式強化到某個程度
時, 則可能產生概念感受的第二類——即概念迴轉 (conceptual rever-
sion) (PR 26, 規範範疇五)。所謂概念迴轉即是攝受主體使概念評價中
的永恆對象越強化, 此處愈強化意指此永恆對象愈純化、愈複雜化、也
愈高級。就如前述, 愈高級的永恆對象必然也包含了低級的永恆對象,
所以此更純化、更複雜、更高級的永恆對象也必然包含了重現或評價中
的永恆對象, 但同時又感受了一些已評價過的永恆對象以外的其他永恆
對象, 亦即指未曾實現過的永恆對象。如此, 就形成了懷氏所說的「此
迴轉中的永恆對象必然與前一階段 (即指評價的階段) 的永恆對象有部
份相同, 也有部份相異」(PR 26)。而所謂感受未曾實現過的永恆對象,

亦卽相異部份的永恆對象的引進，就懷氏而言，卽是引進了新異性，然而此種新異性和重現中的永恆對象必然非常相親近，因此懷氏稱爲親近的新異性（proximate novelties）（PR 249）。換言之，新異性之引入此實際事物之生成歷程中乃由於概念迴轉之運作所致。

　　從上述討論，我們可了解下列三點：

　　㈠概念感受可產生兩種可能情況：①概念評價，②概念迴轉（PR 249），而實際上②卽由①而來，或說是對①之喜歡的再評價。但顯然地，若依存有原理，則所有概念感受必然是由物理感受所導出（PR 26, 247）。但上述概念迴轉顯然不是由物理感受所導出，而是由概念感受中的概念評價所導出。如此似乎形成理論上的不融貫，但實際上則如前述所謂單純物理感受乃是此實際事物物理感受到其他實際事物的某些感受。但顯然其他實際事物的某些感受包含了物理感受及概念感受兩種。當此實際事物物理感受了其他實際事物的物理感受時，則形成了純粹的物理感受（pure physical feeling）（PR 308, 245, 246）；當此實際事物物理感受了另一個實際事物的概念感受時，則形成了混合的物理感受（hybrid physical feeling）（PR 308）。因此，單純的物理感受可以分成上述兩種感受（PR 203, 236, 245-246）。其中由混合物理感受所衍生出來的概念感受則可以形成概念迴轉，如此則所有的概念感受都是由物理感受所產生，所以符合了存有原則。至於在概念迴轉中所引進的新異性，其終極的源頭爲何？筆者將在第四章討論上帝理論時再細述。

　　㈡此第二階段由於抽離了時間之流（out of time）（PR 248），或經驗之流，或叫因果相續之流，因此上述的喜歡、厭惡、接受、排斥或更强化而引進新異性，都是此實際事物本身全然自由的選擇。所以就自由與決定的角度言之，歷程的第二階段—概念感受乃是全然的自由，但卻是盲目情緒的自由。

㈢從第一階段的討論，我們了解單純物理感受所感受到的資料全等於客觀內容，只是前者是內存於作為攝受主體的此實際事物，後者是內存於作為被攝受客體的過去實際事物。因此前述之概念感受中的永恆對象可說是對客觀內容中所感受到的永恆對象之加以重現或評價。當然也有可能透過概念迴轉，引入其他的永恆對象。

更細節化言之，則可分為三方面來討論：

①就全盤接受概念重現所形成的永恆對象而言，則此永恆對象乃是全等於客觀內容中所感受到的永恆對象。因此此實際事物與過去的實際事物具有相同的永恆對象。

②就部份接受及部份排斥概念重現所形成的永恆對象而言，則此所接受的部份永恆對象必然包含於客觀內容中所概念感受到的永恆對象。換言之，此所接受的部份永恆對象卽成了此實際事物與過去的實際事物都概念感受到的共同的永恆對象。

③無論①②，若繼續形成概念迴轉，則雖然引入了其他的永恆對象，但也都必然包含了前述的共同的永恆對象。

總之，無論何種情況，此實際事物所概念感受到的諸多永恆對象必然和過去的實際事物所感受到的諸多永恆對象具有共同的永恆對象，既然永恆對象是形式，因此較粗略的表達卽如懷氏所說的：「概念感受到的永恆對象乃是在第一階段中被物理感受到的實際事物或集結的確定形式的決定因素」（PR 26）然而透過對此共同永恆對象的感受，卽使得此實際事物與過去的實際事物相互關聯。而且由於永恆對象是形式，因此是形式的關聯。此種形式的關聯又是實際事物之所以成為實際事物的必要條件之一。再加上第一階段所提及的資料與主觀方式的順應性之具有共同的資料元素及共同的主觀方式之必然存在所形成的關聯性。此兩種透過攝受活動所形成過去與現在的相互關聯性，由於必然存在，因此此種

關聯乃是內在的關聯，同時也使得過去實際事物與現在實際事物是連續的。所以「實際事物是一個接一個連續的生成歷程」(becoming of continuity)（PR 37）但由於實際事物又具有原子性，是時段性整體，因此「不是生成歷程的連續」(continuity of becoming)（PR 37），亦即生成歷程是不連續的（discrete），而必須將歷程發生的各階段視爲同時發生、同時完成的不可分割的整體。因此，所謂的「順應性」也蘊含了「連續性」的意義。

丁、第三階段——轉化歷程、對比感受與滿足

當歷程進入第三階段時，它仍然如同前兩種階段一樣，是受了主觀目的的指引，只是在此階段，此攝受主體更進一步嘗試將第一階段雜多的單純物理感受及第二階段中各種可能發生的概念感受加以整合、比較或對比，而形成懷氏所謂的對比感受 (comparative feelings)，或說是將第一階段所感受到的諸雜多的實際事物或是集結及第二階段所感受到的各種可能的永恆對象，加以整合以形成各種可能的對比物 (contrast)。然後此攝受主體卽以此種「對比物」爲資料，加以感受而形成對比感受。由於主觀方式強度之不同，所形成的對比物也有所不同，因此形成各種不同強度的對比感受。當然在形成對比感受的歷程中依然有許多細節化的階段需要描述。但基本上我們須先了解上述整合的歷程，懷氏稱之爲轉化歷程 (transmutation)。所謂的轉化，最基本的意義卽是將第二階段中的永恆對象轉化成某集結的特徵或模型，而形成了對比物，此卽對比物的意義之一。因此此種整合之所以能够形成整合可說是透過轉化範疇的運作（PR 27，規範範疇六）。

爲了更細節地討論，懷氏基本上將各種不同的對比感受分爲二大類

❹：①最基本的一類是「物理目的」（physical purposes）（PR 275），說實在的，此名詞並不是表達很恰當，因此，有些懷氏專家將其改成「對物理目的感受」（physical purpose feeling）。就懷氏而言，此種對比感受乃是所有的實際事物都包含的（PR 276）。②另一類爲各種強度不同的「命題感受」（propositional feelings），這種感受的形成有其條件之限制，並不是所有實際事物的形成都包含的。但爲了使讀者更容易了解此兩種對比感受，筆者嘗試將較爲基本的對比感受——即「物理目的」——置於「命題感受」之後討論。

首先，筆者先描述命題感受的如何形成。基本上，其形成乃是由於自發的創造力及轉化範疇的運作，使得高級的感受主體透過消極攝受的運作，將第一階段雜多的單純物理感受中某些毫不相干或非密切相關、或不重要的物理感受及各種細節去除掉，同時也從上述雜多的單純物理感受選擇某些類似（analogous）的物理感受。此處「類似」乃指其所感受的各種不同的實際事物展現了某些共同的永恆對象，由於展現這些共同的永恆對象，因此將這些類似的單純物理感受加以創造性的整合，以轉化成「單一的複合物理感受」（one complex physical feeling），同時其所感受到的資料，也是由單純物理感受所感受到的諸多客觀內容中

---

❹在 PR 266中，對比感受可區分爲㈠智性感受及㈡物理性目的兩種。而智性感受又分爲意識知覺及（意識）的直覺判斷。然而「意識知覺」是最基本的判斷方式（PR 162），因此智性感受重點大致擺在有意識的判斷。但若如此區分，則命題感受的無意識命題感受則無法被歸類。更何況懷氏又曾說：「對比感受包含了命題感受。」（PR 164）因此筆者乃將其分成①物理性目的②命題感受。命題感受再分成①純粹命題感受②智性感受。前者不含意識作用，後者則有意識作用。而薛爾本（D. W. Sherburne）則將對比感受分爲①單純對比感受②複雜對比感受。前者乃指物理性目的及命題感受（事實上乃只限於筆者區分中的純粹命題感受），後者乃指智性感受。cf. D. W. Sherburne, *A Key to Whitehead's Process and Reality*, pp. 54-67.

的實際事物加以轉化整合所形成的「集結統一體」(nexus as one)，上述轉化歷程卽稱爲轉化感受 (transmuted feeling) (*PR* 251-252)。因此由其所衍生出的概念感受也只是單一的複合概念感受 (one complex conceptual feeling)。當然，此種概念感受所感受到的資料，乃是由許多類似的永恆對象整合而成的「單一的複合永恆對象」(one complex eternal object)。此種永恆對象或概念感受乃是公平的指涉著整個集結 (cf. *PR* 251-252)。當然對上述概念側面的形成，也可用另一種方式來表達：蓋兩者都是同時發生的，亦卽透過消極攝受的運作，從第二階段許多的概念感受及許多永恆對象選擇某些類似的概念感受及永恆對象，轉化成單一的複合概念感受及單一的複合永恆對象。

然後，此感受主體（亦卽此實際事物）又透過轉化範疇的運作，將這個單一的複合概念感受中的資料—卽「單一的複合永恆對象」加以轉化進入集結，或實際事物相接續的時間之流中，其「可能」形成下列兩種情況：①轉化成前述之單一的複合物理感受所感受到的集結統一體的特徵、②形成「部份」的集結統一體的特徵。如此則使此集結特徵化 (characterized) (*PR* 27)，或說此集結享有了此特徵，此外，也可以說是使此集結秩序化了，此過程乃是轉化範疇運作的最重要功能。

上列整個歷程，綜而言之，則是如懷氏所說的：「（在轉化歷程中），不密切相關的雜多的細節被排斥掉了，且重點則擺在實際世界中有系統秩序的元素中。」(*PR* 254)，及「高級機體的標記，卽是藉著消極攝受排斥掉環境中非密切相關的偶有性，且同時引出對於各種不同的系統秩序的極大專注，爲了這個目的，轉化範疇乃是主導原理。」(*PR* 317)，此處系統中的秩序卽指此複合永恆對象所形成的集結的特徵。此集結既然享有秩序，懷氏稱爲社會 (the societies)，關於此方面，在下一章中將會更詳盡的分析。此外懷氏把上述透過轉化歷程所形成的集結統一

體稱爲「邏輯主詞」(logical subject) 就如懷氏所說的:「命題的邏輯主詞乃是由一組確定的實際事物所構成的集合。」(PR 186) 而將其特徵或複合的永恆對象看成「邏輯述詞」(logical predicate) (PR 186),或叫述詞模型 (predicative pattern) (PR 257)。至於「享有此特徵」之「享有」卽是邏輯繫詞。如此則形成了懷氏所謂的「形上命題」(metaphysical proposition) 或理論 (theory) (cf. PR 22)。

其次,若是①的狀況,則形成全稱命題; 若是②的狀況,則形成特稱命題。若上述可能的關係是肯定的,亦卽明確地成爲此集結的特徵,則形成肯定命題; 若是上述可能的關係是否定,則形成否定命題。人類若將上述形上學命題或理論用人類語言表達出來,則形成語言上、邏輯上的「主述式的邏輯命題」或「說寫陳述」(verbal statement)。

從上述形成各種形上學命題的過程中可了解下列兩點:

㈠命題中的永恆對象並不是如一般的永恆對象可以指涉任何的實際刹那,而是只能限制在邏輯主詞中確定的實際刹那 (PR 257-258)。換言之, 此種永恆對象 (亦卽賓詞模型), 已不具有絕對的超越性—亦卽它不像永恆對象具有絕對的普遍性,可以指涉任何實際事物,而是只指涉著指示的邏輯主詞 (indicated logical subjects) (PR 258)。但是由於它仍具有某種抽象強度的實有或事物,因此它也和永恆對象一樣分享著不確定的本質。

㈡從整個命題觀之, 由於它已透過選擇或異中取同的歷程, 並排斥了一些客觀內容,因此並不是最完整的具體的眞實事物,而是高度抽象的實有, 因此有點類似永恆對象。然而它又包含了集結或許多實際事物, 所以具有某些程度的具體性和現實性,因此也有點類似實際事物。從上述兩點我們可了解,命題乃是實際事物與永恆對象的中介產物; 此外, 它又是集結或許多實際事物與永恆對象相互整合而成的和諧的對比

物，而此即是對比物的另一個意義。

其次，命題既然是抽象的實有，是不純粹的潛能，則依照存有原則，它勢必被某個實際事物所感受到，亦即如懷氏所說的：「每一個命題必然是被某一個單一的實際事物所享有，或好幾個命題被許多實際事物的結構所擁有，這也是存有原理的另一種表達。」（PR 147）然而要感受此命題，則有下列條件之限制：

①實現或感受此命題的此實際事物（也可稱感受者（feeler）或正在攝受的主體）的實際世界必須包含命題中的邏輯主詞。換句話說，命題的存在實際上已預設了某一個集結（即此實際世界），而且此集結必須包含此命題的邏輯主詞；因此懷氏說：「任何命題的所在地（locus）乃由某些實際剎那情境所構成，而那些實際剎那情境的實際世界已包含了此命題的邏輯主詞」（PR 186）。

②此實際事物須物理感受到至少一個命題中的永恆對象，以形成「物理認知」（physical recognition）（PR 260）。

③此實際事物也必須具有由②的物理認知所衍生出的概念評價式的認知或概念迴轉式的認知。這兩種認知懷氏稱之為「述詞感受」（pre-dicative feelings），但概念迴轉式的認知不必然需要（PR 260）。

很顯然，上述三條件並不是任何作為攝受主體的此實際事物都可滿足，因此，並不是所有的實際事物都可形成命題感受。但既然命題是對比物的一種，因此「命題感受」乃是對比感受的一種。

當歷程進行到命題感受，則此攝受主體已滿足，主觀目的之㈠也已實現。因此就懷氏而言，此時即形成了此實際事物的主體，但是各種命題感受的不同，除了由於命題本身有高低級之分別而形成不同等級的命題感受；即使對於同一命題，由於不同攝受主體各有不同的歷史（經驗）（PR 261）也產生不同的命題感受。但最基本的不同，乃由於其主

觀方式的不同，而產生不同的命題感受。面對各種不同的命題感受，懷氏乃以主觀方式是否涉及了意識作用作為最基本的區分標準。所謂有意識的感受乃是涉及命題（或叫理論）與純事實的對比（PR 188），亦即對「可能是」與「事實是」加以對比（PR 267）。據此懷氏把命題感受區分成：㈠純粹的命題感受（pure propositional feeling）（PR 261-268）—此種感受其主觀方式並無意識作用。㈡智性感受（intellectual feelings）或我所謂的不純粹的命題感受（impure propositional feeling）——此種感受其主觀方式包含意識作用。

　　純粹的命題感受又可分成①想像的感受（imaginative feelings）②知覺感受（perceptive feelings）（PR 261）。知覺感受又可分成真實感受（authentic feelings）及不真實的感受（unauthentic feelings）（PR 268）；也可分成直接（知覺）感受（direct〔perceptive〕feelings）及間接（知覺）感受（indirect〔preceptive〕feelings）及③無意識的信仰（belief）。

　　智性感受又可分成：　①有意識的知覺（conscious perceptions），此乃由知覺感受與原始的物理感受（按：即第一階段的雜多物理感受）相互整合而成（PR 268），是判斷的最原始基本形式（PR 162）、②（有意識的）直覺判斷（〔conscious〕intuitive judgement）（PR 266），③有意識的信仰（〔conscious〕belief）❹。有意識的判斷又分成：甲、直觀判斷（intuitive judgement）、乙、推論判斷（inferential judgement）或叫導出判斷（derivative judgement）、丙、或然判斷（probable judgement）（PR 192）。而就其命題的真假及判斷的正確與否，又可把上述有意識的判斷分成：甲、肯定判斷（affirmative judgement），乙、否定判斷（negative judgement），丙、不定（懸疑）判斷（suspended

----

❹無意識的信仰及有意識的信仰是筆者加以延伸，懷氏並未如此區分。

judgement)（*PR* 270）。

上述各種不同的命題感受之形式，懷氏都個別有細節化的描述（*PR* 266-275）㊷。關於這方面的詮釋和批評，由於不是本論文所要探討的重要目的，因此不再贅述。然而基本上，我們需要了解下列四點：

㈠智性感受乃是經由純粹命題感受及各種其他分量感受（component feelings）之相互整合及再整合而形成對比及對比的對比……，亦即它比純粹命題感受更複雜、更強化，其所形成的實際事物的主體也更高級。

㈡無論何種判斷，其最基本的意義乃是有意識地對命題與事實加以極度強化的對比。當此種意識作用強化到某個程度，或說是強度最強時則感受者即對此命題加以有意識地肯定或否定此命題的眞與假㊸，亦即如懷氏所說的：「形成肯定——否定的對比（affirmation-negation contrast）。」（*PR* 267），由此而形成肯定判斷與否定判斷。當然若意識作用不夠強化時，也可能形成懸疑判斷，這些判斷均構成了人類社會的進步，尤其是科學知識進步的重要原因之一。其中，「懸疑判斷是科學進步的基本武器。」（*PR* 187）因爲它提出了問題；而否定判斷的形成又代表著人類知識突破舊領域。因此懷氏又認爲：「否定判斷乃是心智作用的高峯」（*PR* 5）及「錯誤是我們爲求得進步所付出的代價」（*PR* 187）。當然透過上述極度強化的意識作用所形成的各種判斷，也可進一步產生有意識的信仰。很顯然上述各種感受並不是所有實際事物都享有的，而是只有少數高級的實際事物才會享有。

㊷懷海德關於這方面的論述主要見於 *PR* Part II, Chapter IX: The Propositions; Part III, Chapter V: The Higher Phases of Experience。另外，中文方面也可參考蕭振邦：懷黑德認識探究。臺北：私立中國文化大學碩士論文，民國七十一年六月，頁九二～一〇一及一〇六。

㊸在懷氏形上學中，自然對命題眞假的理論及人類形成錯誤的根源，都有詳細的描述，而其眞假理論基本上乃是傾向符合說，當然也有其原創性，不過這不是本論文討論的目的，因此文中並未討論，但卻是值得進一步探討的問題。

㈢就歷程的遷移而言，所謂的智性感受必然是在純粹命題感受生成後才形成。而且大多時候是純粹命題感受即感到滿足。例如一般人去聆聽莎士比亞歌劇即聆聽到一些命題，然而在劇場中的每一利那，大部份聽衆在聽到或看到劇情的利那，往往只是形成純粹命題感受而不是智性感受，尤其更不是形成有意識的判斷。而且往往是在表演結束後再加以反省討論，才有機會產生意識判斷。當然也可能有極少數人在表演當時即已產生意識判斷。

㈣上述各種不同強度的命題感受也就形成各種強度不同的決定（decision）與滿足，進而可形成各種不同強度的實際事物。

至於更基本的對比感受——即物理目的，它也和命題感受一樣，乃是將第一階段的物理感受及第二階段的概念感受加以整合而成。亦即其感受的資料就形式上而言，是和命題感受一樣的——都是對比物。亦即如懷氏所說的：「就物理目的而言，它的資料乃是經由物理感受所感受到的『集結』及經由概念感受所感受到的『永恆對象』所形成的類的對比物（generic contrast），而此永恆對象即是此集結的模型」（*PR* 276）。

然而物理目的和命題感受不同的是：其在進行所謂轉化歷程之時，並沒有消極攝受的運作，因此沒有排斥任何的細節，所以也無法形成命題感受中的類比物理感受，當然也無法形成較整體性的集結統一體及公平分配的概念感受及永恆對象。因此其所形成的只是爲了達成主觀目的中的物理性平衡，而把第一階段中的客觀內容全盤重現，而形成相當瑣碎及細節化的或精緻的個別模型，且空間化強度甚弱的個別的許多集結（cf. *PR* 259）。因此，懷氏所說的「物理性目的是由諸多個別的實際物達成諸多個別的實際物」（*PR* 254）——此處實際物即指集結。就其全盤重現而言，此種感受是無失無得，因此也可說是一種空白的評價（blank evaluation）（*PR* 280）。透過此理論可詮釋物理學中能量傳遞的守恆現

象 (PR 254)，亦即指能量守恆定律。而其個別具有的許多個別模型，整體言之，依然是平衡和諧；但部份與部份之間，則未必是平衡和諧的。因此，可能形成非社會性的集結，也可能形成社會。但就個別的集結而言，又都具有相當瑣碎、相當細節化的模型 (cf. PR 254)，所以也可形成個別的形上命題。但由於此種具有特徵的各個集結的模型太過於瑣碎、細節化、精緻，因此一般人很難精確了解此模型的內容，而且也很難使用相當含混的日常語言去描述，但從精密的科學儀器去觀察、科學理論的詮釋及數學語言的描述，則可細節化了解個別模型內容。也可說此種形上命題很難用日常語言的主——述式命題來表達。透過此可詮釋近代物理中所呈現的基本物理現象或觀念，爲何很難透過日常語言去表達、去了解，而只好儘量透過精確的數學語言去表達、去理解——如此即形成了數學物理學。

由於任何的實際事物之所以成爲實際事物，其基本結構中都必然包含了最基本的物理結構所形成的物理平衡，亦即每一刹那的形成都包含了此種最基本的感受歷程，因此懷氏認爲「所有的實際事物都包含了此種物理性目的的對比感受」(PR 276)。然而並不是所有的實際事物完成此歷程即會感到滿足，例如低級的實際事物，如電子的一刹那，會以此種感受的完成而感到滿足。但一般較高級的實際事物，如人的許多刹那，都不會感到滿足，所以還會繼續進行其歷程，以形成更複雜、更高級的各種對比感受——即前所述及的各種等級的命題感受。

其次部份的實際事物往往是盲目地、無意識地形成上列物理性目的的感受。但是若物理性目的和意識知覺或直觀判斷加以整合，則可形成有意識的物理性目的的感受，甚至形成有意識的命題感受中的智性感受。蓋懷氏曾說：「除非這些感受（按：即物理性目的）和意識知覺或直觀判斷加以整合，否則其主觀方式並不涉及意識作用。」(PR 266) 當

然，從盲目的感受到有意識的物理性目的感受之間又有許多層級。換言之，有些感受者只是有意識地感受到一部份的此種細節化、精緻化的或瑣碎的形上命題。當然，意識到愈細節化、愈精緻化，則表示他愈具有物理性知識——例如理論物理學家。大多數人很少意識到定量化的物理性平衡，頂多是籠統的定性描述，如壓力平衡等。甚至連籠統的定性描述都未意識到，但卻必然盲目地、無意識、無自覺的形成此目的。

綜合上述，所謂對比感受的形成，可說是將無時間性的永恆對象或模型，轉化入時間之流的實際世界中的歷程。此種轉化也可說是一種抉擇歷程（decision）——就是選擇何種永恆對象與此實際事物有何種密切關連性，透過此抉擇，消除了事物的雜多性，而設計出自己所要的（和諧）對比物（PR 317），然後加以感受，使得此實際事物具有了它自己所獨有的某種清晰化的確定形式或特徵，或叫清晰明判的主體形式，而形成了自我的滿足（self-satisfication）。此滿足「乃是具體化聚合成長歷程的高峯表現，以形成完整的、確定的事實」（PR 212）。亦卽具體化的共同成長歷程到此滿足的形成已告完成（cf. PR 25, 26）。而在此滿足之時，卽形成了此實際事物的主體（subject），也可稱爲自我（cf. PR 211）。

因此懷氏說：「實際事物的『實際』一詞包含了抉擇的額外意義」（cf. PR 43），又說：「一個實有是實際的，乃是當它爲它本身已擁有了某種顯明的意義」（PR 25）。此外，上述轉化歷程也可說是選擇決定某些永恆的價值理想以便與經驗事實相互結合的歷程，或說是選擇某些永恆的價值理想，繼而將其實現於實際世界中的歷程。因此，上述的抉擇也可說是構成了道德責任形成的根源。然而，所謂「滿足」之時卽形成此實際事物的主體或自我，並不是意味著只有第三階段才是主體。相反

的，由於前已述及的各階段之同時發生、同時存在、同時完成的性質，因此此主體實際上乃包含了上述三階段的整體歷程。所以懷氏說：「『主體』這個名詞是一種實有（按：但不全等於實際事物），它是由感受的歷程所構成（按：即指三個階段），並且包括這個歷程，感受者（按：即指主體）是由其本身的感受所產生的統一體。」(PR 88)。

但很顯然地，從上所述，無論是物理性目的或是命題感受，都必然包含了形上命題的形成。因此可以說無論低高級的實際事物，都必然包含了形上命題或叫理論為其歷程的一側面。只是命題感受的形成有三條件，因此並不必然每個實際事物都包含了命題感受的形成，但是每個實際事物卻必然包含了盲目的物理性目的的感受。此外，較高級的實際事物並不會僅以達成此盲目的物理性目的即感到滿足，往往會再透過對比及各種對比再加以對比所形成的對比——即懷氏所說的「對比的對比」(contrasts of contrasts)……且可以不確定地一直朝更高級的對比發展下去（cf. PR 22），以形成更高級的各種命題感受或有意識的物理性目的的感受及各種可能的高級感受，才達到滿足而形成各種不同等級的實際事物的主體。但無論如何，任何的實際事物都必然包含了對比感受及滿足感的達成。

其次，從自由與決定的角度言之，由於對比感受的形成乃是整合第一階段的物理感受及第二階段的概念感受，因此其物理側面雖有創進，但卻是被決定的，而其概念側面則是自由的且可能引進新異性。也可說在其轉化歷程中抉擇此實際事物的形式、特徵、及意義，以形成自我或主體的過程中，是在自由中有其被決定的一面或在被決定中也有其自由的一面。當概念感受愈強化，則自由度也愈強化；相對的，被決定性也愈弱化，反之亦然。而自由度愈高，也顯示此實際事物愈高級。但無論上述歷程的形成是作何種抉擇及要形成何種感受才告滿足，以決定自

我的明顯意義，這一切都是實際事物自身所作的自由抉擇，因此是自因的。

戊、轉移歷程

所謂「轉移歷程」(transition)，筆者將其細分成兩個次階段，或兩個次側面：㈠形成眞實潛能 (real potential) 之階段、㈡形成對象化的歷程 (objectification)。但此兩者皆是透過「創造力」的運作所形成。

所謂的眞實潛能意指當此實際事物的主體形成後——亦卽滿足後，此實際事物立卽成爲過去而消逝了 (perish)。然而此「消逝」並不代表此實際事物成爲虛無而不存在；相反的，只是由具體、已決定的實際物轉移爲抽象、未決定的潛能而等待著、企盼著未來後起的實際事物去攝受它，以便形成這些（或這個）後起的實際事物的具體眞實的內部結構及形式。但是此種潛能由於①它確實已眞實發生過，因此具有某種程度的眞實性、具體性及實際性，但是它又已成爲過去，所以也具有某種程度的抽象性、潛能性；只是它又不像永恆對象的只是純粹形式或純粹潛能及完全抽象而無一點實際性、具體性。②再加上它又成爲未來實際事物的自我創造的起始資料，以創進成另一種實際事物，因此它不只蘊含了潛能的性質，也蘊含了創造的意義。③它只可能被某些後起的實際事物所感受，並無法被在它發生以前的實際事物及與其同時發生的實際事物所感受，因此它不像永恆對象可被任何的實際事物所感受，但是在各自可被感受範圍內部又和永恆對象相類似，亦卽都提供了平等的機會給它們感受。基於上述三點，很顯然地，此種事物固然是抽象的潛能，但並不是如永恆對象的純粹潛能。因此懷氏把此種非純粹潛能的潛能稱爲眞實潛能，蓋此處「眞實」一詞卽蘊含了創造活動 (*AI* 226) 及眞的發生過，因而具有某種程度的具體性之意義；而永恆對象之爲潛能卽稱爲

普遍潛能 (general potential)，此種潛能是絕對的，而眞實潛能則是相對於後起的任何實際事物而言是潛能，並不是普遍潛能 (cf. *PR* 65)。

其次，又由於任何刹那一發生即成爲過去，而且它就永遠是那樣，任何的力量都無法改變其所發生的情境，因此它具有不朽性(immortality)；再加上它始終是客觀的存在，因此懷氏認爲此種眞實潛能具有客觀的不朽性 (objective immortality) (cf. *PR* 215) 由於此種客觀的不朽性，使得眞實潛能不只「可以」被任何鄰近的後起的實際事物所攝受，而且「可以」被無論多遙遠的未來的實際事物所攝受。換言之，此種眞實潛能的形成，固然一方面豐富了先前的宇宙，另一方面也成爲後起實際事物聚合歷程的第一階段之起始資料的一部份——亦即就此後起的實際事物而言，其起始資料不只包含了以眞實潛能狀態存在的此實際事物，也包含了此實際事物發生以前的諸多實際事物。這些起始資料對此後起的實際事物而言，不只是以一種眞實潛能的狀態存在，而且也是以分離雜多的狀態存在。換言之，此實際事物也只是此後起的實際事物的起始資料之諸分離雜多的實際事物或眞實潛能中的一個實際事物或眞實潛能而已。在此意義下，我們卽可了解前已述及的此實際事物透過轉移歷程而形成「新的多中之一」所蘊含的更精確的意義。亦卽如懷氏所說的：「所謂轉移歷程乃是由於事物的本性及藉著創造力之運作，而使得任何相關的、完全的實際事物都成爲一個新的具體化的聚合成長歷程的資料的形成歷程。」(*PR* 211)。

但由於眞實潛能也是實有，因此它也必須遵守存有原理，而導致於它並不只如前述所說的只是做爲後起實際事物的起始資料及「可以」被任何後起的實際事物所攝受而已，而且是應該或「必然」被某些個後起的實際事物所感受——先成爲其客觀資料的一部份，繼而成爲此後起實際事物的內部眞實結構，亦卽進入此後起實際事物的具體化的聚合成長

歷程中。換言之，就此實際事物而言，它被對象化了而逐漸由潛能走向實現中，如此卽形成對象化歷程。因此，筆者爲說明方便，乃把轉移歷程所蘊含的意義不只是包含了成爲眞實潛能的階段歷程，而且也成爲後起實際事物之客觀內容的過程。至此，此實際事物之爲歷程才算暫時結束，而此實際事物也獲得了特殊的滿足（specific satisfication）（cf. PR 87）。

從上述可了解此實際事物不只是作爲感受主體，而且也必然成爲被某些後起實際事物所感受的對象而有其客體側面。其次，從時間流動的角度言之，此種轉移歷程乃是超越了現在，並「準備」投入未來。又由於前述客觀不朽性及存有原理的要求，因此也必然進入未來，因此可說是超越了主體、超越了自我。所以懷氏又將此階段的歷程稱爲此實際事物的超主體（superject），亦卽如懷氏所說的：「由於客觀不朽性，所以使得具體化的聚合成長歷程中的實際事物由主體成爲超主體。」（PR 245）。換言之，當其作爲一個客體，則此實際事物的主體卽被轉移成超主體。

此外，就上述之此實際事物的對象化歷程而言，懷氏認爲此卽此實際事物的實用價值（pragmatic value）（PR 87）。或叫此實際事物的實際、實踐用途（pragmatic use）（PR 82），也可說是此實際事物的能力（power）（cf. PR 58）。因此，我們可將此部份的歷程視爲中文常用的體用之「用」，亦卽視爲此實際事物的作用面，就如懷氏所說的：「某個實際事物的正在發生作用（functioning），乃是在另一個實際事物的自我創造歷程中，它自己對另一個實際事物產生『對象化』。」（PR 25）

其次，從後起實際事物的角度言之，則當此實際事物在轉移歷程完成後，此後起的實際事物以此實際事物及其他先前的實際事物爲其起始資料，開始了關於此後起實際事物的另一個具體化的聚合成長歷程及轉移歷程。其形式結構也如前述而成爲另一個更後起的實際事物的起始資

料或客觀內容; 而此更後起的實際事物又依照前述歷程遷移的普遍形式結構進行歷程, 又成爲任何後起實際事物的起始資料之一, 而且又必然形成某些後起實際事物的客觀內容的一部份。換言之, 整體宇宙卽在本節所述的共同的普遍形式結構下, 週而復始地不斷在創進, 且始終在未濟中。然而所謂的後起實際事物誠然是和以前有所差異, 並不必然是新異的實際事物。蓋只有當此後起的實際事物在其生成歷程中的第二階段產生概念迴轉, 進而引進新異性時, 才可能形成新異的實際事物㊹。

　　然而從理論上的臆測與實際經驗, 可發現整個宇宙的每一刹那總是多多少少有新異的實際事物產生, 只是每一刹那的新異性強度不同罷了。因此, 所謂最具體眞實的宇宙必然是一種不斷創新的歷程。其次, 當任何刹那的新異性的強度愈強, 則此一刹那也愈高級。當然此種低高級區分的理論也可以應用於某地區的人類文化社會的每一刹那或人一生當中的每個刹那的等級區分。

　　最後, 我們也可發現此實際事物之由生成而滿足, 以至於形成眞實潛能及對象化, 誠然使後起的實際事物的起始資料更加豐富, 同時也使得整個宇宙之內容更加豐富。然而從另一角度言之, 則由於任何後起的實際事物都須對此實際事物的主觀方式及資料加以順應, 因此此實際事物之形成超主體一方面是如前述, 使此實際事物獲得了特殊的滿足, 另

㊹嚴格言之, 懷氏的新異性一詞可分二種意義: 一種是相對的新異性, 就此實際事物而言, 它感覺引進它自己過去所沒有的永恆對象, 而且此永恆對象並非上帝中未實現的永恆對象——亦卽日常生活意義下和自身過去的刹那不同的新異性。此乃最弱化的意義。若依此意義, 則每個實際事物均在創新, 蓋依此義則創進卽是創新。另一種爲絕對的新異性, 乃是透過概念迴轉所形成的新異性, 卽引入上帝先在性中完全未曾實現於實際事物中的永恆對象。依此絕對的新異性, 則創進未必代表創新, 此乃相當於學術界所說的原創性。本論文所採取的乃是比較強化的意義。至於更詳細的分析, 筆者另有專文討論。

一方面也可說是對此後起的實際事物的自我創造歷程形成一種條件性的限制。因此懷氏說：「實際事物具有超主體性，此特性乃是其特殊滿足的實踐、實用價值，而且透過此特殊滿足（卽超主體性的需求及必然存在），限制了超越創造歷程。」（*PR* 87）從此處，我們也可了解：任何實際事物的生成總有其正、反兩面的作用與價值，它一方面藉提供資料以豐富後起的實際事物的創造力，另一方面又限制了其創造力；一國的傳統文化之作用也是如此。因此，歷程中的第二第三階段消極攝受與引入新異性及轉化歷程就顯得非常重要了。

己、綜述——價值與普遍形式結構的不同表達方式

從上文對歷程遷移的描述，我們可勉強對實際事物之爲利那活動歷程作一完整扼要的綜述：卽此歷程乃由第一階段所形成的雜多的單純物理感受開始，經過第二階段的概念感受，再到第三階段的對比感受及滿足，然後再經過轉移歷程（含對象化歷程），繼而形成某些後起實際事物的客觀內容，歷程發展到此卽告一利那的完成，然後繼續下一利那的發生。這些階段都是同時發生、同時存在、同時完成且不可分割的整體，所以就完整的實際事物而言，具體化聚合成長歷程旣然是主體，而轉移歷程（含對象化歷程）是超主體，因此，完整的實際事物乃是「主體——超主體」（subject-superject）的普遍形式結構，就如懷氏所說：「任何實際事物旣是正在經驗活動歷程的主體，同時也是它的經驗活動歷程的超主體。它是主體——超主體，而且任何一半的描述都不能須臾或缺，但『主體』一詞將大部份被使用於當只考慮到實際事物自身的眞實內部結構之時。因此『主體』總是被當作是『主體——超主體』的縮寫。」（*PR* 29）此外主體部份只是實現主觀目的之㊀㊂，是私自理想的實現。超主體則是實現主觀目的之㊁㊃，是使自己成爲公有，而且兩方面又都是同

時完成的。因此懷氏說:「每個行動『卽是私自經驗活動過程, 同時又具有公有的用途 (public utility)』的觀念必須再被誕生。」(AI 31)

其次, 實際事物旣然同時擁有主、客兩側面, 因此它是「主客合一」或「主客綜合的統一體」, 而和其他實際事物的關係言之, 則是互爲主體性 (intersubjectivity) 及互爲客體性 (interobjectivity)。此外, 我們若把具體化的聚合成長歷程視爲實際事物的「體」, 將對象化歷程視爲此實際事物的「用」, 則其中的轉移歷程 (含對象化歷程) 也可說是「卽體顯用」的歷程, 此外任何實際事物的整體乃是「體用合一」、「體用不二」。但當體用二分時, 則個別的體、個別的用都只是抽象思維的產物, 只是理論上的區分, 而不是實際的區分。因此, 孤立的體或孤立的用都只是空無, 而不是最具體的眞實事物。因此, 一方面如懷氏所說的:「離開實際利那別無作用者, 存在本身卽含有作用者的含意。」(AI 379) 另一方面, 作用者本身也涵蓋了作用。所以, 我們若把實際事物的日常語言的定義作更細節化、更具體化的表達, 則是「任何實際事物, 乃是全等於任何具體存在的任何利那的形成歷程或活動歷程及其作用」。

其次, 任何實際事物的生成歷程中的任何階段, 基本上都是透過各種攝受的運作, 形成有意識的或盲目的價值選擇, 因此在任何階段都蘊含了價值的選擇, 所以任何實際事物都內存了價值 (cf.SMW 103,105) ❹, 也可說任何實際事物卽是價值實現的歷程, 而此種價值的選擇, 就懷氏而言, 乃是以對其自身的重要性及興趣利益感爲價值選擇的標準 (cf. MT 4, 31)。因此實際事物也可說是重要或興趣利益的價值感具體實現的歷程。所以如懷氏所說的:「攝受歷程的原始目的就是重要性

---

❹參閱楊士毅: 懷海德「事件」概念探討, 頁八五～八七。

的實現。」(*MT* 16)，但當概念感受强化到形成概念迴轉且引進新異性以形成新異的實際事物時，則此種價值選擇歷程乃是一種價值的創新，或是具有創新性的價值理想的實現。總之，實際事物的任何階段都內存了價值，所以懷氏哲學也可說是以價值爲中心的哲學或宇宙論。因此宇宙中任何存在的每一刹那的行動歷程及其作用，即是努力使價值實現的歷程。但由於上述價值是透過各種攝受的運作而形成，因此也可說攝受理論即是懷氏的價值理論，兩者都不可孤立討論。

爲了使讀者更容易閱讀及了解懷氏哲學著作及「實際事物」的理論，底下筆者將懷氏對此歷程遷移的描述所使用的各種不同名詞的表達，配合上述三個階段及轉移歷程（含對象化歷程）之描述，加以相對照地綜合整理。當然讀者要注意在懷氏的哲學著作中，往往把「滿足感」當作另一個側面或階段看待（cf. *PR* 212），但筆者則在第三階段加以涵蓋了。其次，懷氏又把「第一階段」稱爲「反應側面」(the responsive phase)，第二、三階段合稱爲「補充階段」(supplemental stage)，此補充階段又分爲「感性補充階段或側面」(aesthetic supplement) 及「智性補充階段或側面」(intellectual supplement) (cf. *PR* 212-213)。所謂感性補充階段，即相當於第二階段及第三階段的「物理目的」及「純粹命題感受」；智性補充階段即相當於「智性感受」；滿足感則另立一階段。其次，第一階段除了名爲「雜多單純物理感受」外，（雜多一詞係筆者依內容所加），也可稱爲「順應階段」(conformal stage)、「順應感受」(conformal feelings) 及「因果感受」、「原因感受」(causal feelings)。此外，透過本章一、二節所述，我們更可將任何實際事物的共同普遍的形式結構表達成下列更清晰、簡明的數學恆等式：

實際事物≡任一具體的存在的任一刹那的活動歷程及其作用

≡形成任一具體存在的任一刹那的活動歷程及其作用

≡微觀歷程＋巨觀歷程

≡具體化的聚合成長歷程＋轉移歷程（含對象化歷程）

≡主體面＋客體面

≡主體＋超主體

≡體＋用

≡（感性側面＋補充階段＋滿足）＋超主體性

≡（雜多的單純物理感受＋概念感受〔含概念評價或概念
迴轉〕）＋（轉化歷程＋對比感受＋滿足）＋轉移歷程（含
對象化歷程）

≡（反應側面＋感性補充階段＋智性補充階段＋滿足）＋
超主體面

從時間角度言之，此實際事物乃是把過去轉化成現在，然後又積極
的準備投入未來，而且必然投入未來。也可說現在乃是由對過去的攝受
及對未來的企盼所形成，當然此企盼自身並不是存在於未來，而是內存
於現在此一利那中欲望的一種表現。

此外，上述歷程的遷移也顯出一種特性：就具體化的聚合生長歷程
觀之，是由含混不清、雜多、抽象的眞實潛能走向具有清晰明判的模型
的具體的社會統一體。因此也可說是「社會化的歷程」，然上述由含混
到清晰乃是眞實歷程的特性之一部份，亦卽使得此具體的此實際事物的
歷程具有清晰、明判的主體形式。上述歷程就懷氏而言是一種眞實，而
懷氏哲學也呈現了上述歷程的特性，亦卽懷氏哲學並不是完全像數學一
樣及笛卡爾所認爲的：由清晰明判的前提出發去建構系統；相反地，乃
如懷氏所說的：「最後普遍性的精確表達是哲學討論的目的，但不是它
的起源。哲學已經被數學的典範誤導了。」（*PR* 8）。就此點而言，懷氏
哲學並不是純粹數學型的哲學。換言之，哲學的目的乃是使其最後的普

遍性（指範疇總綱）逐漸清晰化而爲人所知解（*PR* 8）。

　　不過，筆者必須再補充修正一點：既然歷程包含了轉移歷程（含對象化歷程），且轉移歷程又是由此種清晰明判的具體事物走向含混雜多的眞實潛能，所以，簡而言之，完整的眞實歷程乃是由含混不清走向清晰明判，再由清晰明判走向含混不清，此乃眞實歷程更完整的性質描述。因此哲學系統若較完整眞實的話，也往往具有上述性質。綜觀整個懷氏哲學系統正是如此！他先由含混雜多的具體經驗出發，再透過各種分殊學科所歸納出來的清晰明判的普遍法則，透過合理想像的普遍化建構其範疇總綱。然後在使範疇總綱清晰化、細節化以使人們了解的過程中又逐漸進入很難使用語言去表達的領域，甚至更進入那超越語言表達的含混、神秘、不可思議的領域中，此即第四章所討論的終極非理性的上帝領域中。然而此種層次的含混不清卻具有相當積極的涵意，因爲它反而啓發了我們更多的想像，以便更接近完整的整體眞實。

第三節　因果關係、等級區分與主述式命題的討論

甲、因果效應與直接表象

甲之一、因果效應

　　就因果關係言之，若我們借用休謨（D.Hume 1711-1776）的語詞，則因乃指前件，果乃指後件，前件後件的關係即是因果關係。當此種關係有必然的關聯，則此種因果關係是一種因果決定，或稱爲因果律。就懷氏而言，其前件乃指雜多的實際事物所構成的起始資料，其後件乃指經過歷程遷移所形成的實際事物。簡言之，即過去的諸多實際事物與現前的此實際事物之間的關係。但透過上節對歷程遷移的細述可了解在第一階段是盲目的、被決定的，但依然是在創進，只是無新異性產生。第二階段乃是全

然自由的，而且可能引進新異性。第三階段是決定中有自由，自由中有決定，但必然是創進的，當然也可能是創進且日新。但由於第二、三階段都有自由度的存在，因此對於同樣的起始資料，攝受主體可以具有某種自由度地形成它所希望形成且具有某種意義的某種主體形式、或某種確定形式的實際事物，而不必然或被決定地只能形成某一種可被預先決定的實際事物。所以懷氏所認爲的因果關係並不是因果決定，因此他使用「因果效應」（causal efficacy）一詞來表達這種因果關係，來表示過去的實際事物與現前的此實際事物的相互關係，而不使用因果律（causation）、因與果（cause and effect）等傳統用語，以避免讀者聯想到機械論或決定論❻。其次又由於此現前的實際事物又必然成爲後起的實際事物所感受或攝受的對象，以成爲此後起的實際事物的原因之一，因此，此果又成爲因，而且又是同時完成的。蓋主體客體兩側面是同時發生、同時完成的。由此種因果效應的相續卽形成了具體的過去→現在→未來的時間之流，或經驗之流的特性。對於此種因果效應所產生的感受，人類若以認知方式進行，則形成懷氏所說的：「對於因果效應的知覺模式」（the perceptive mode of causal efficacy）（*SYM* 16, 17）。

然而此種「因果效應」的內容通常是相當含混不清、豐富（richness）、及粗糙的、且不易察覺❼，所以也很難使用文字表達出來。因此，大多數實際事物對其感受或認知也是相當含混不清，當然要再運用日常語言去表達也相當費力。但是此種活動卻是一切活動的根源，也是下段落要討論的直接表象之所以形成的根源。因此哲學家若追求具體的

---

❻cf. F. B. Wallack, *The Epochal Nature of Process in Whitehead's Metaphysics*, p. 67. 另外也請參閱程石泉：思想點滴㈩。臺北：十方雜誌，第二卷第六期，民國七十三年三月，頁一一。

❼關於因果效應與直接表象的性質之對比，請參考沈清松的詮釋較易了解。沈清松：懷黑德論意識與身體，頁一九～二○。

眞實，就得盡力去描述它。但由於一般人經驗能力之不同，所以對於此種因果效應的感受及認知，亦即「對於因果效應的知覺模式」也有等級的區分。若是以具有意識作用的方式去認知因果效應，則是較高級的實際事物。然就一般實際事物而言，都只模糊地感受到此因果效應的存在。

就懷氏而言，他對這方面是具有相當清晰且有意識地高級感受到，因此他費了許多篇幅，運用其攝受理論加以描述，亦即懷氏認爲這些因果效應之形成及相續即是透過各種攝受而形成，而且更認爲若我們忽略了消極攝受的運作，則透過此種因果效應的追溯，可發現任何實際事物都感受了每一其他實際事物 (cf. PR 239)，此即其普遍相關性中有關實際事物與其他實際事物之相關性的一種描述，關於此，我們在結論中將更進一步闡述。

甲之二、直接表象

其次，歷程進行至第三階段，若是有些高級實際事物的生成，在命題感受形成時才感到滿足，並且其中轉化範疇的運作相當強化、相當重要時，則構成朝向形成智性心智 (intellectual mentality) 的第一步，也可說是獲得了吾人常提及的「抽象能力」(a power of abstraction) (cf. PR 254)。

透過此種抽象作用所產生的較高級的抽象實有，例如高級的模型（複合的永恆對象）、高級的命題、高級的集結或社會等，由於其乃是由時間之流中的因果效應高度抽離出來的抽象產物，因此並不會在時間之流中不斷流逝，所以，其比因果效應的內容更清晰、更永恆、更精緻，但內容卻較貧乏，但也更容易清晰地直接覺察到 (cf. SYM 23, PR 172)[48]，因此懷氏從知識論的角度把這些抽象事物稱爲直接表象 (pre-

---

[48]同上。

sentational immediacy) (cf. *SYM* 13-16, 21-25, *PR* 213)。透過這些直接表象的運作則「可表達出同時發生的事件是如何密切關聯，但是仍保持著因果獨立」(*SYM* 16)。換言之，也可說是由於直接表象的運作進而形成對同時發生的事件加以認識或感受，而形成「對於直接表象的知覺模式」(the perceptive mode of presentational immediacy) (cf. *SYM* 16-17, *PR* 61-65, 170-173, 311)❹，此種知覺模式是一種物理感受，而且是透過轉化及概念感受才可形成的相當複雜的物理感受 (cf. *PR* 311)。上述知覺模式也可稍微過分簡化的說是對直接表象的認知所形成。當然此種知覺模式及其所知覺到的直接表象也有低高級之分，但基本上，只有高級的實際事物，如人類的刹那，才擁有之、才可形成。而且上述知覺模式及直接表象，卽是人類建構各種抽象的分殊學科之理論——尤其是自然科學的理論——的必要基礎之一。

從上述，很顯然所有的實際事物都必然形成了因果效應，但未必形成直接表象。亦卽低級實際事物既然無法形成直接表象，當然也無從形成「關於直接表象的知覺模式」，也因此無機會形成各種抽象的分殊學科的理論。

其次，透過上述兩種知覺模式的相互作用 (interplay) 或相互混合，則形成懷氏所謂的「象徵指涉」(symbolic reference) (*SYM* 18, *PR* 168)。透過此理論的詳細討論，則形成了懷氏相當獨到的認識論及語言哲學的基礎，但這方面已逐漸超出了本論文所要討論的範圍，因此不再詳細討論❺。但基本上我們可了解：直接表象及「對於直接表象的知覺模式」的形成實際上至少必須預設了概念感受的存在及運作，而「象徵

---

❹關於同時發生的事件的相關性在第四章第一節將進一步討論。

❺同❹，頁二〇~二一。

指涉」則至少必須預設了轉化歷程的存在及運作。因此，就懷氏哲學而言，卽使是認識論或語言哲學的問題，也必須訴諸於形上學或宇宙論，才能獲得較圓滿的解釋或解答。

甲之三、對休謨、康德的批評[51]

很可惜的，傳統哲學家如休謨、康德 (I. Kant 1724-1804) 在時代影響及個人構思的差異性與能力的限制下都忽略了對於此種具體的因果效應的研究，也忽略了對「對於因果效應的知覺模式」的討論，或說對於此種因果效應僅止於盲目、無意識的感受而已，而將注意力只集中於對直接表象的相互關係之研究。換言之，他們只是討論了「對於直接表象的知覺模式」。因此懷氏認為「康德所討論的歷程僅是人類抽象思考歷程」(cf. *PR* 152)，這些歷程只是懷氏所欲描述的歷程的一部分。他們忽略了這些抽象思想歷程所形成的產物─直接表象─乃是人類從更具體的因果效應中加以高度抽象化所產生。換言之，他們忽略了抽象思想形成的最根本源頭。所以懷氏認為休謨在討論因果關係時，由於不知眞正的具體的因果關係乃是在具體的經驗之流或時間之流中，而以為可從抽象的表象中去尋找。這使得休謨認為因果關係只是人類思維的聯想所產生的習慣，並不是眞有因果關係存在。康德則認為「因果效應是現象界的一個因素，它不是屬於先於知覺而存在的純粹資料中，它屬於我們對於資料的思維形式」(*SYM* 37)。總之他們都是誤把具體的因果關聯看成抽象物去研究，同時又嘗試透過此種抽象物去解釋具體經驗。就懷氏而言，康德及休謨在此方面的理論都犯了具體性誤置的謬誤 (cf. *SYM* 38-39)。對於這種「含混的、豐富的、粗糙的、且不易覺察到

---

[51]關於懷氏對康德、休謨的批評，請參閱 *SYM* 30-39 也散見於 *PR* 中，及沈清松：懷黑德論意識與身體，頁九三～九四。

而潛藏於理性下」且作為一切活動之動力源頭的因果效應的更細節分析，一直要等到十九世紀才有心理分析學家如佛洛伊德等從心理學的角度加以分析，而形成了深度心理學。及其他「如語言分析學家及社會學家也各自從語言學及社會學的角度指出在理性的、意識的、邏輯的、社會的層次之下，有一個潛意識的、物質的、自然的底基」❺。同時，文學上、藝術上超寫實主義（surrealism）也在上述思潮影響下，形成了為數可觀的作品❺，而懷氏則是透過形上學對普遍性的描述及其攝受理論，尤其是盲目的物理攝受，提供了上述分殊學科在此方面的研究的形上學整合基礎，或說是加以詮釋，而且其整合或詮釋的範圍也超過了上述學科的研究範圍，甚至涵蓋了如物理學、生物學的研究範圍。例如此種因果效應的理論配合攝受說卽可詮釋物理學上海森堡的不確定原理（the principle of uncertainty）❺。

乙、雙極性、個別性的形成與四大等級的區分

乙之一、雙極性

既然任何實際事物基本上都有物理感受及概念感受，因此懷氏認為前者的形成必須預設了實際事物的內部結構必須具有物極（physical pole）的存在；後者的形成則必須預設了心極（mental pole）的存在。其次又由於這兩種感受乃是同時發生、同時完成，因此又認為這兩種

---

❺引自沈清松：懷黑德論意識與身體，頁八四。

❺①cf. Thrall, Hibbard, Holman, *A Handbook to Literature*, Revised ed., 臺北：鐘山書局有限公司，民國五十九年，頁四七六～四七七。②參閱朱立民顏元叔主編：西洋文學導讀上。臺北：巨流圖書公司，民國七十年初版，頁二二。③沈清松：解除世界魔咒——科技對文化的衝擊與展望。臺北：時報出版公司，民國七十三年，頁一〇九～一一〇。

❺關於海森堡的不確定原理之詮釋與描述，請參閱楊士毅：懷海德「事件」概念探討，頁六三～六五、及七六。

極必須是同時存在、同時發生作用、且不可分離地內存於任何實際事物的內部結構中，由此卽構成了實際事物的雙極性 (dipolarity) (cf. *PR* 239)。復次，懷氏又認爲就理論上而言，「心極乃開始於物極在概念上的登記 (registration)」 (*PR* 248)，如此才能解釋概念感受必然由物理感受衍生而出。不過心極的存在，並不代表必然有意識之存在，因此概念感受也並不代表必有意識作用。懷氏甚至認爲若不考慮心極的必然存在，則不只生命世界的活動無法詮釋，卽使連無生命世界的種種活動或現象也無法圓滿解釋。然而生命世界也不單靠心極的運作卽可圓滿解釋，也須考慮物極的運作及兩者交互之影響，才能圓滿解釋。在「思想的模式」一書中，懷氏更補充說明：「由無機物至人類一切都有心智 (mentality)，雖然心智在無機物中，乃是在潛存的狀態。」(*MT* 167)。很顯然我們透過此雙極性的預設才能較圓滿解釋無機物的活動，也才更能擴大演化觀念所應用的領域，亦卽可擴大去詮釋物質何以可以或有可能演化成生命。

懷氏此種雙極性理論的預設可說是解消了笛卡爾以來心物二元論中不融貫的缺點，而且透過此可詮釋電磁學中或任何物質都有正負二極正負電荷的基本設定❺❺及生物學中無論男性或女性都具備了男性荷爾蒙及女性荷爾蒙，只是強度不同形成不同的性別。可說，上述分殊學科的理論乃是懷氏形上學雙極論的特殊例證。當然懷氏此種雙極性的理論有些近似於易經所說的：「一陰一陽之謂道。」❺❻所形成的雙極性理論。

---

❺❺正負極並不是只有磁鐵才有之，而是任何物質都有此結構，只是磁鐵的正負排列較整齊，且各自集中於兩端。

❺❻易經繫辭上，第五章，十三經注疏㊀，臺北：藝文印書館，民國七十年八版，頁一四八。易程傳、易本義，程頤・朱熹撰。臺北：河洛圖書出版社，民國六十三年一版，頁五七九。關於「一陰一陽之謂道」，由於古代中國哲學用語多歧義且外顯的文字表達不夠多及系統化，因此關於「一陰一陽之謂道」的原始

乙之二、個別差異性的形成

透過歷程遷移的描述我們可了解: 雖然任何實際事物之生成歷程都具有共同的普遍形式結構, 然而實際上由於下列三點: ①起始資料的不同。②各階段由於強化程度的不同程度所形成不同之滿足一最基本可方便區分成 a. 微不足道的滿足感、b. 含混的滿足感、c. 狹隘的滿足、d. 寬廣的滿足、e. 寬廣且強度甚強的滿足 (cf. *PR* 111)。③因作用強度的不同所形成具有個別差異性的實際事物, 再加上任何實際事物都是整體不可分割的基本單位, 因此實際事物乃是個體的並且具有個別差異性 (*PR* 20, cf. *PR* 27)。因此在「存在範疇」中, 實際事物乃是複數形式, 換言之, 懷氏所主張的形上學乃是一種多元論 (pluralism)。透過上述理論即可詮釋何以直接經驗中每個剎那都具有個別差異性, 但是在這個具有個別差異性的個體中又具有共同的普遍形式。所以宇宙中任何實際事物乃是異中有同, 同中有異, 而且此諸多實際事物又相互關聯而形成機體, 從整體看來又形成一廣博圓融的和諧整體, 關於此在下二章會詳細討論到, 因此此種多元論並非雜多且全然相異的多元論, 而是一種「和諧的有機多元論」。

然而上述個別差異性的形成, 除了①起始資料的不同外, 其他②③之不同, 究其根本, 也無非是心、物兩極強度不同所致。但由於具有個別差異性, 且實際事物的數量甚多, 因此為了討論方便, 筆者透過兩極性的強度、生成歷程各階段的強度及「因果效應與直接表象的理論」, 配合懷氏本人的區分, 加以補充及綜合, 而區分成下列四大等級 (cf.

續接上頁

意義往往隨著後代詮釋家的不同而不同。詳細的討論需要更多篇幅, 但基本上都是一種雙極性論, 並不是西洋傳統哲學中之二元論, 此種襯托式的比較總是提供了新問題及新思考方向。

PR 111, 115, 177, 178, 213)。但我們要了解由於上述強度的不同幾乎形成一種連續變度，因此下列四大等級只是方便區分，換言之，這些等級並不具有很尖銳的差距，同時各等級之間還可以區分成更多、更細微的等級。

乙之三、四大等級

第一級是最低級、最單純的實際事物，其生成歷程中物極運作極為重要，但心極運作則微不足道。因此其歷程最重要的乃是第一階段，其轉化作用也不甚重要 (*PR* 252, 254)，就連補充階段也不甚重要。所以其歷程雖然也是具有三個階段，但只是無原創性的對資料的重現，歷程的成長也只到無意識的物理目的的達成即盲目地感到滿足，因此此種滿足只是微不足道的滿足，其現前的綿延歷程也微不足道，所以只擁有因果效應，或說因果效應居於首要地位，自由度自然甚弱，且無直接表象的產生。此外沒有固有的空間化，當然也沒有定位化。因此誠然它和所有實際事物一樣也有主觀目的的達成，但只是盲目地達成。換言之，其目的因之作用是相當微不足道，例如物理的真空或所謂的單純的虛空的每一剎那均屬之。但是上列真空、虛空並不是什麼也沒有，它仍是由實際事物所構成，或說是最低級的實際事物。此種實際事物所形成的形上命題很難用人類日常語言的主述式命題加以表達，甚至數學語言都很難表達。因此對於其靜止和活動都很難形成可理解的明確定義，至少目前人類所了解也只是某種程度的含混描述而已。然而此等級的實際事物卻是下列各等級的實際事物形成的基礎，亦即下列各等級必然整合包含了此等級。

第二級較複雜也較高級，例如，無生命的每一剎那的活動、或人類的低級經驗活動均屬之。此級大致上乃如上述，只是較強化。但是仍沒有直接表象產生；至於明確不同之處則在於其已空間化及定位化，但仍然不是很容易地被人們所細節化地辨識其剎那的活動。甚至其所含有諸

多形上命題也仍然很難使用人類日常語言去表達，亦卽須大量使用數學語言去表達才較清晰化、精確化。

第三級又較第二級更複雜、更高級、更強化，且包含整合了前二級，其生成歷程乃發展至第三階段的純粹命題感受才滿足。但由於沒有意識作用，因此無法產生智性感受，所以此種滿足是一種無意識但相當強化的滿足，至於前二級所述的種種特徵在此級的實際事物中都更強化。但更重要的是其雖無意識作用，卻由於心極相當強化，因此其概念感受所感受到的永恆對象不只是低級的感覺資料，而且包含了個別實際事物的純粹觀念，甚至也可以感受到更高級的價值形式，如抽象的勇敢、公平等。當然也可能引進新異性，同時第三階段中轉化範疇的運作也日漸重要（cf. *PR* 252, 254），因此，可擁有清晰精緻明判的直接表象。相對的，因果效應的作用也日漸弱化，所以自由度也相對強化。當然象徵符號的轉移（symbolic transference）也已經顯出其重要性，且可被相當清晰的辨識（cf. *PR* 178）。從時間角度言之，它可將較含混的過去轉化成較清晰的現在，並且具有記憶活動。因此此種實際事物所包含的形上命題比前二級更容易使用日常語言來表達。當然其所整合、所包含的前二級之特性仍然不容易使用日常語言表達，雖然此種特性在此級中較不重要了，但依然有某種程度的影響力。例如持續性生命機體的許多刹那，但無意識作用；更具體言之，則指所有的動物及某些人的某些刹那間無意識的經驗活動。

第四級又比前三級更高級、更複雜，由於其概念作用都比前三級更重要，因此各種特徵如自由度、新異性等，都比前三級更強化，更重要的不同則是此種實際事物包含了意識作用，因此其生成歷程是發展到第三階段的智性感受才感到滿足，故此種滿足乃是意識性且極度強化的滿足。此種實際事物所包含的形上命題由於直接表象的更加強化，因此更

容易有意識的使用日常語言加以表達，而且更能有意識地使用數學語言來描述前三級的實際事物。此外，由於此種實際事物可以形成意識判斷，因此他們更是促進社會進步的基礎。此級主要是指高級的生命活動，例如某些人的某些利那的經驗活動等。

丙、主述式命題的抽象性與支離破碎

從上節對歷程遷移的描述中，我們了解所謂的形上命題只是最具體眞實的實際事物的一個側面，也是介於實際事物與永恆對象兩極端的具有中介性質的抽象事物，而且也是上兩者整合而成的一種對比物。此外也了解上述形上命題大多數都可使用人類目前已發展出的日常語言來表達，以形成各種不同內容的邏輯命題或說寫陳述，然傳統上邏輯命題基本上主要是以「主述式命題」（S-P form proposition）來表達。也可說邏輯上的「主述式命題」乃是「形上命題」的語言側面。

但既然日常生活所使用的語言文字大都是使用「主述式命題」來表達，因此對於此種命題顯然需要更細節化地探討。就懷氏而言，主述式命題或是人類語言乃是具有高度的抽象性（cf. *PR* 30），因此和具體完整的眞實相比較，人類語言所表達的表面意義只是不完整且支離破碎的斷片（cf. *PR* 222, 264-265, *AI* 226），根本不全等於最具體眞實的事物－即實際事物。其理由如下：

㈠就命題的內部結構言之：首先必須了解的是：任何命題的主詞是由某一組確定的實際事物所構成的集合（即社會），述詞則是由某一組確定的永恆對象所構成的集合（即賓詞模型）。當然每一個集合中的每一個實際事物又各自包含了個別的次命題，此次命題的主詞又是由許多「次實際事物」所構成，此「次實際事物」又各自包含了許多次命題……。爲了討論方便起見，我們以全稱肯定命題爲例，其他類命題可依此

類推。亦卽當我們提出一個全稱肯定命題時，我們所要告知讀者的乃是主詞上的「社會中的每個實際事物或實際刹那都實現了述詞中的模型」。但實際上所提出的命題給人的表面意義並沒有具體顯示出上述細節化的具體內容，而只是指出高度概括化的高度抽象結果。當然我們可以盡力將主詞中每個實際事物之擁有述詞模型的命題一一表達出來而形成了另一部書，以更接近具體的眞實。但是這一部書中那許多命題中的主詞又是由另一組確定的實際事物所構成，當然每一個實際事物又個別擁有各自的永恆對象及共同的永恆對象，以形成許多不同的命題，如此又可再寫另一部書或理論，而每部書或理論中的命題又個別包含了更多不同的命題……，如此一直表達下去也永遠表達不完—亦卽仍無法具體表達出那最具體、細節化的完整眞實。更何況就實際上而言，人類在有限的一生中也不可能表達太多太多的命題，因此只能選擇作者認爲重要的命題來表達，以便形成著作。因此，文字所表達出來的表面意義只是表現出支離破碎的片斷的具體事實—所以人類語言具有高度抽象性。

㈡懷氏認爲當一個人提出一個命題，他不只希望告訴讀者此邏輯主詞中每個實際事物都具有述詞的特徵，而且也希望告知讀者主詞所處的環境背景—亦卽主詞中的實際事物的實際世界—所形成的種種氣氛，因爲這些環境的氣氛使得此主詞的存在及具有此述詞模型更具有深刻的意義。但實際上命題的表面意義並沒有表達出此種環境所形成的氣氛，但是環境及其氣氛卻是具體而實際存在的，因此命題具有抽象性（cf. *PR* 11-12, 112, 264）。

㈢當一個人提出命題時，此命題所表現的往往已是歷程的第三階段的形上命題，並沒有表達出第一、第二階段的動態歷程。甚至在一般著作或口說中，經常連命題感受（包括意識判斷）的感受主詞及感受方式都沒有具體表達出來，經常只是以主述式命題的形式來表達。上列第

一、二階段的歷程及感受主詞及感受方式都是具體眞實的事物的一部份因此命題是抽象物，而且是靜態的，並沒有表達出最具體眞實的完整動態歷程，也無法表達出此具體歷程的作用面。 換言之，「人類所提出的邏輯命題往往只表達出靜態的、抽象的直接表象，而不能表達出動態歷程中具體的因果效應，也無法表達出歷程中的目的及歷程中超主體的側面」（cf. *PR* 222）。

關於上述三點，懷氏曾以「蘇格拉底會死」爲例加以說明（cf. *PR* 264-265），讀者參照例子或許更容易了解，筆者不再贅述。其次，從上述三點可了解人類日常語言所表達出來的都只是具體眞實歷程中的支離破碎的片斷，因此是高度的抽象物—此卽人類語言先天的弱點。所以若有人把抽象的人類語言所表達的字面意義當作是全等於具體的眞實，也是犯了懷氏所謂的具體性誤置的謬誤，或說是犯了禪宗所說的「以指代月」的謬誤❺❼。

因此，懷氏一方面消極地要求人們不要信任語言❺❽及了解語言的限制性，而且更認爲「若不記得沒有一個說寫陳述（verbal statement）是可以恰當充份表達任何形上命題，則在文化發展中的形上命題是不能夠被理解的。」（*PR* 13）——亦卽若要理解文化發展中的形上學命題，則

---

❺❼「以指代月」是禪宗的一個比喻——指頭可象徵語言文字，月亮可象徵語言文字所指涉的一切意義與對象。很顯然地指頭本身並不全等於月亮，亦卽語言文字所直接表現出來的字面意義並不全等於其所欲指涉的一切或更豐富的最具體眞實。若我們把抽象文字當作全等於最具體眞實，就如同把指頭當作月亮，當然也可說是犯了具體性誤置的謬誤。請參閱大正藏四十七冊，頁八六四。另外請參閱吳森：比較哲學與文化，頁八二及八七，但吳君將指喻爲手段方法，月喻爲目的、主體，較廣義，而和本論文稍有出入。

❺❽cf. W. N. Urlzan, "Elements of Unintelligibility", in Whitehead's Metaphysics, *Journal of Philosophy*, Vol. 35, p. 622 ff. Cited from Charles Hartshone & Creighton Penden, *Whitehead's View of Realiey*, New York: The Pilgrim Press, 1981, p. 31. cf. *PR* 4, 13.

必須記得任何形上命題是無法被任何說寫陳述——即邏輯命題——恰到好處的表達。當然我們更要注意邏輯命題、形上命題並不全等於具體完整的動態歷程，因此懷氏更積極地要求人們透過語言的字面意義去加以「想像的跳躍」（imaginative leap）及去了解語言文字中所隱喻（metaphor）的豐富意義（cf. *PR* 4, 13）。因此，他要求讀者在閱讀形上學著作時對於形上學中觀念的意義要盡最大可能去擴延其所能夠具有的內容（cf. *AI* 237）。如此才較能直悟所謂最具體完整的真實事物。

是很明顯地，想像往往隨著個人的過去經驗及其感受此命題或理論的目的及動機、及個人先天上腦力的不同而使得面對同樣的語言時，其想像內容有所不同，因此我們必須把這些不同的想像內容再加以合邏輯化、融貫化及行動化，如此則更容易了解語言文字所要表達的更豐富的意義，也更容易直悟所謂「最具體的真實」。

因此本論文的寫成也是對懷氏著作中呈現的諸多有關實際事物的「主述式命題」所形成的理論，加以「想像的跳躍」，同時儘量擴延其意義。此外，也參考別人對懷氏著作的詮釋及想像的內容，再經過筆者「想像化」、「合理化」、「融貫化」，然後再使用更多的主述式命題來表達，而形成本論文。至於本論文是否比懷氏著作中的字面意義更豐富，甚而引進新異性而更接近最具體的真實，則有待讀者自行作意識判斷。

同樣的，讀者閱讀此論文也一方面要注意本論文所呈現的諸多命題的字面意義並不全等於筆者所要表達的有關最具體真實的實際事物的豐富意義，另一方面更要透過此諸多命題去加以想像的跳躍，以直悟本論文所欲指涉的更豐富意義。

最後，筆者嘗試透過對對比感受、命題感受的語言表達方式的側面所形成的普遍形式結構，來指出什麼是實際事物。此種實際事物即全等於「形成『感受主詞＋感受方式（或叫感受繫詞，亦即主觀方式）＋邏

輯主詞＋邏輯繫詞＋述詞模型』的歷程及其作用」。換言之，上列表達也可說是實際事物之語言側面。

結　語──實際事物、事件、因果報應

首先，就如諸論中所說的「實際事物」理論所扮演的角色乃和「事件」理論在第二期自然科學的哲學中所扮演的角色很相似，都是構成世界的基本單位。因此其理論內容和「事件」理論有許多交集。基本上，事件的定義乃是「某些事情在進行著」（*CN* 78），而實際事物更清晰地表達成利那活動歷程及其作用，其他如①具體而不是抽象、②純粹現實而不是潛能、③流逝性及擴延性，有體積之大小、④具有某一個固定的時空、⑤具有特殊的個別性、⑥永不改變❺❾─即對象化不朽─都大致相類似。但由於在第三期中已步入形上學，其詮釋、整合的範圍已超出第二期自然科學的哲學甚多，因此「實際事物」的理論又比事件理論複雜、或豐富甚多，且更強化、明朗化，且有所修正。因此在第三期形上學中，懷氏採用另一個術語以分別事件及實際事物，他定義事件為由許多「實際事物」所組成的集結（Nexus）（*PR* 73）。也可說，在第三期形上學中，「事件」的意義更接近於日常生活中一般人所運用的「事件」一詞的意義。例如，當我們述說某個「歷史事件」，則此事件絕不是一利那，而是持續一段時間，而且也不是只有一個特殊存在的好幾個利那，而是好幾個特殊存在的個別的許多利那所構成。關於此集結的理論將進一步在下一章中討論，而且此理論幾乎是「事件理論」所未曾涉及的問題。

此外實際事物不只具有前述第二期中事件的特性，而且還具有時段

❺❾請參閱楊士毅：懷海德「事件」概念探討，頁一九～二五。

性整體、量子、雙極性的性質。更重要的是：它擴充了事件擴延性的理論，以致於形成相當複雜且具有原創性的攝受理論藉以詮釋其爲利那活動歷程的豐富意義。同時，透過此理論發現一切實際事物都是透過共同的永恆對象相互攝受、相互關聯，以形成機體。同時其詮釋範圍或融貫分殊學科的領域也不限於物理經驗、數學經驗，而是目標指向一切分殊學科、一切經驗。在本章中卽可發現，其詮釋範圍已不限於物理學及數學邏輯中，已擴大到深度心理學，同時其歷程理論也初步涉及了社會與信仰。此外生物學機體的觀點也已轉化成實際事物爲一機體，而歷程的遷移所描述的也無非是透過各種不同感受或諸多事物（實有）的對比所形成的一種動態的演化歷程。所謂的生物演化歷程只是其中一個片斷，或說是一個側面，甚至雙極性理論也可詮釋物質演化至生命。此外就一般哲學史上所討論的原子性與連續性的問題、因果問題、價值及認識論的問題，也逐漸進入懷氏「實際事物」理論的討論範圍。

其次，筆者將進一步對本章中所討論的懷氏因果觀加以綜述及延伸，然後藉以討論批評有些人所信奉的「因果報應」[60]及「好人有好報，惡人有惡報」，甚至「不是不報，時候未到」的理論。

首先，從歷程遷移的描述可了解下列三點：

㈠由於任何實際事物的生成，除了起始資料是被決定且形成前述之「內部決定」外，更重要的是實際事物在第二階段作盲目的自由選擇其形式，然後在第三階段又再度透過自由抉擇的歷程選擇某種形式或模型轉化入集結統一體中，當然在抉擇形式的同時，也同時形成了對起始資

---

[60]程石泉先生亦批評了上述因果報應的理論或信仰，他認爲「小乘教以六道輪迴」。「因果報應」說教之目的雖在勸善，但與實際不符應。須知由「因果決定論」立場說法，不符合理性……其勸化之道當以聖情佛智爲本，豈是區區「因果報應」庸俗之見所可比擬。讀者可比較一下程先生的批評及筆者的討論。參閱程石泉：思想點滴㈩，頁一一～一二。

料的選擇及再選擇, 而形成前述的集結統一體, 繼而成就了它自己。因此也可說任何實際事物的如何形成必然包含了它自己自由的抉擇。蓋形式外在於時間之流, 所以懷氏稱此種自由爲外部自由 (external freedom) (*PR* 27)。此外, 也由於此實際事物與其他實際事物的相互攝受所形成的因果效應只有存在於過去與現在 (即有時間先後) 的實際事物之間, 因此與其同時發生的利那情境或實際事物並無攝受關係, 自然也無因果效應, 所以兩者是因果獨立的關係。因此懷氏又說:「存在著全然同時發生的自由。」(*AI* 198) 因此綜合言之, 即構成了任何實際事物的生成都是以自己爲原因 (self-cause) (cf. *PR* 86) 的更深刻意義❻。所以上述實際事物之爲利那活動歷程即是具有自己自由創造的性質, 因此懷氏也使用自我創造的歷程 (self-creation) 來表達。(cf. *PR* 25)

㈡任何實際事物既然主要是由於感受了諸多其他實際事物的許多感受而形成。若我們視某單一實際事物的單一感受爲「一因」, 此實際事物爲果, 懷氏顯然是主張「多因說」, 而非「一因說」。然而由於現前自由的存在, 因此我們並不能從相同的許多原因必然地預測或決定此多因未來形成什麼樣的結果—亦即可能形成多種不同的結果。

㈢從㈠㈡可了解由先前原因來決定預測未來結果的可能性大爲降低, 但是上述因果關係之沒有必然性並不代表原因對於結果沒有影響, 相反的其影響依然存在。其理由有二: ①除了對過去加以感受而使其內存於現在之果, 且成爲此果之一部分或全部。②即使對過去的某些部分透過消極攝受的運作加以排斥, 而使其無法積極地內存於此現在之果中, 以致於無法形成積極的貢獻與影響; 但是我們要注意: 消極攝受依然對現在的此實際事物的主觀方式及主體形式有著強化的效果而形成一種情

---

❻關於自因說, 還需要參考第四章第一、三節上帝理論的討論才更圓滿、意義更豐富。

緒上的複合物（emotional complex）（cf. *PR* 41）。綜合上述兩點，可知過去的因對現在或未來的果必然有某種直接間接的影響。

現在我們從上述㈠㈡㈢三點來討論因果報應的理論。就㈠而言，顯然因果報應說是符合了自因說的一部份，但是忽略了自由抉擇的部份以及引進新異性的可能。換言之，因果報應的必然性並不成立，亦卽不符合最具體的真實。其次，從㈡言之，若有人認爲因果報應之說乃是一因必然報一果，則其也不符合最具體的真實，蓋實際上乃是多因報一果及一因報多果，但依然沒有必然性。

然而從㈢觀之，人在過去積下的惡因或善因對未來的果依然有間接或直接的影響。因此種理論還是有某種程度的鼓勵行善的作用。但更重要的是，任何實際事物有了自己的自由，以自己爲原因，自己創造、自己決定，相對的也產生了責任。越高級的實際事物自由度越強化，責任感也越強化，如此就產生了道德感。因此，我們更要提倡的是：每個個體對每一刹那行動自行負責的道德觀念。然而這畢竟只是觀念，並不是很可靠，所以我們需要再透過客觀公平的法律制度及社會制度，對於惡的行爲加以制裁，對於善的行爲加以裹揚，而不只是等待或期望在遙遠的未來所可能形成的善果及惡果的懲罰。所以社會的裹揚及法律的制裁也必須是立卽的，否則遲來的公平與正義就不是真正的公平與正義。此種制度也就是下一章所說的民主制度的強化問題。當然第四章有關上帝的理論也有助於鼓勵行善的作用，而且提供上述民主社會的最後的理論基礎。因此，在下一章，筆者卽對懷氏的社會理論加以探討，以提供民主社會的形上學理論基礎。然後在第四章討論懷氏的上帝理論。

第三章　社　會

前　言

　　從上章「歷程遷移」的討論中可了解：所謂的集結或社會乃是具體化的聚合成長歷程中較晚形成的側面或第三階段的產物（cf. PR 230），也可說是實際事物的統一體的側面。在本章中，筆者將對有秩序的集結一卽社會，做進一步討論。在第一節中將對社會的基本意義加以闡述，透過此可了解懷氏歷程或機體的微觀意義與巨觀意義，然後再與實際事物理論及永恒對象理論相配合，以便對日常語言的含混性加以討論。其次，在第二節中則討論較複雜的結構性社會及宇宙諸多社會所形成的層級結構，然後在第三節中則尋找區分社會低高級的決定因素，以提供民主社會的形上學理論基礎。

第一節　社會的基本意義

甲、集結與持續社會

　　欲了解何謂社會我們需先了解何謂集結。所謂「集結」意指一組確定的實際事物，相互攝受、相互內存、相互需要所形成的一個相容的複合統一體（PR 24, AI 201）。但是當某一集結中的每一個成員，亦卽指統一體中的每一個實際事物，由於未曾共同享有、覺察到、或實現至少一個共同的永恒對象，以致無法使此集結秩序化及顯現出確定特徵時，

則此種集結稱爲「非社會性的集結」(non-social nexus)，此卽相當於
一般人所說的「混沌」(chaos) 的觀念 (PR 72)。而當某一集結中的
每一個成員都享有、覺察到或實現至少一個共同的形式因素 (common
element of form) (按：卽指共同的永恒對象) 時，則此形式因素卽形
成了此集結的特徵。然而由於每個成員自身並不是只享有此共同形式因
素而且有它自己所獨有的形式因素或稱爲永恒對象。因此上述特徵稱爲
此集結的界定特徵 (defining characteristics)，也可說是此集結的模
型。然而上述界定特徵必須持續 (endure) 一段時間，若具有上述條
件，則懷氏稱此種集結享有持續的社會秩序 (social order)，此種集結
卽稱爲社會性的集結 (social nexus)，簡稱社會 (society) (PR 24-
34, AI 203-205, cf. PR 20, 22)。因此懷氏所說的社會並不限於人類
社會，而是形上學普遍原理中的社會，人類社會只是其中的一個特殊例
證，當然民主社會也是其中的特殊例證。

　　其次，懷氏認爲：「就我們知識所及，沒有理由認爲實際世界（卽
集結），是純粹秩序的或純粹混亂的。」(PR 110) 甚至更認爲：「由於
上帝的內存性更提供了（上述）『純粹混沌無秩序是本質上 (intrinsi-
cally) 不可能存在的信念』的理論根據。」(PR 111)❶因此我們可說實
際世界的具體存在都是包含了非社會性之集結及社會秩序─亦卽夾雜著
混沌，且其界定特徵（卽秩序）也必然持續一段時間 (cf. AI 204)，因
此實際世界中人類所直接經驗到的，除了那較具抽象性的純粹時間或純
粹空間是集結，而不是社會外，大多集結都是社會。因此，所有具體的
電子、這個具體的人，所有具體的人❷、甚至具體的幾何圖形─如具體

---

❶關於上帝的內存性，卽指上帝的後得性，關於此方面在第四章討論。
❷所有具體的人或所有具體的鳥，亦卽具體的人類、鳥類，此種集結，懷氏特稱
　爲「類的模型集結」(the Genus of Pattern Nexus) (of. AI 203)，讀者須
　注意到懷氏特別使用大寫字母。

的線段都是集結❸，也是社會。總之，實際世界的具體存在──包括單一的具體存在及同類的具體事物所形成的集結，都可稱為社會，但此處使用具體存在之具體，與實際事物之為最具體，是有所差別的。蓋當我們說具體的這個人，實際上已是從最具體的這個人的好幾個利那抽離出來了。因此就如第一章所述，集結、社會乃是屬於實際事物與永恒對象之中介性質的產物，亦即它有某種程度的具體性，也有某種抽象性。

為了更清楚了解社會一詞更豐富的意義，底下筆者嘗試透過兩個角度來詮釋：㈠由「歷程的遷移」中所提出的「社會」乃是實際事物之一側面來了解社會。㈡從社會的持續性來了解社會。

就㈠而言，我們可做個比喻──即當我們用普通照像機在拍下「張三某一利那的活動歷程」時，則照片所呈現出來的是靜態的張三─即㈠意義下的張三❹。但我們也知道，照片所呈現的乃是此活動歷程之一靜態側面，因此，此種社會本身並不是歷程，是不同於實際事物之為歷程，甚至只是抽象的瞬時。最具體的張三不可能是靜態的。從此種角度來討論懷氏所說的：「每一電子乃是由許多電子利那事態所組合而成的

---

❸懷氏謂：「點是由許多實際事物所構成的集結且帶有某種形式，線段也是如此，因此，幾何學是對於諸多集結的型態學的探究。」(*PR* 230)，筆者覺得如此表達仍不夠清楚，畢竟理論上應區分成：具體已劃出來的幾何圖形是集結，但是概念中抽象的幾何圖形，則是永恒對象或模型。因此正文中乃加入「具體」一詞，至於「具體」與最具體之別在正文中有討論。

❹當然這只是一種方便的比喻，因為嚴格分析，照相本身往往需要一段時間才照下對象，例如六十分之一秒、一百二十五分之一秒或千分之一秒。換言之，照片所呈現的也是某特殊存在的一短暫時間的動態活動。已是持續社會，而非僅是實際事物之抽象社會側面，也可說，實際事物的生成歷程的第三階段，若孤立討論是什麼也沒有，只是抽象的存在腦海中理論上的存在，而不是實際具體可見的存在，照片嚴格言之，也是動態歷程，故固定光圈速度越慢，越容易模糊，只是人類的常識經驗的錯覺，認為它是全然靜態吧！

社會。」(*PR* 91)❺ 其意義是指其所相互感受實際事態的，都是具有電子式的永恒對象或界定特徵，而上述電子式的永恒對象卽是其共同的永恒對象或共同的特徵。換言之，當我們說社會是由實際事物相互攝受而成的意義之一便是如上述——從社會之爲實際事物的一個側面來討論。但實際上，若從社會的持續性來討論，則又是另一層次的意義，

就㈡而言，由於社會具有持續性，因此它包含了好幾個利那。就實際事物的角度而言，每一利那都由於如前述所謂由於該社會界定特徵之外所獨自具有的特徵（亦卽指共同永恒對象以外的個別獨自具有的永恒對象）可以、也必然會有所改變。而物理感受的資料也有所增減，因而形成了不同的實際事物，亦卽此一利那與下一利那是不同的，因此形成歷程的創進或創新。但就社會的角度而言（當然非共同永恒對象的部份也可說是社會的偶有性），它還持續著相同的界定特徵或模型，因此雖然在持續過程中會形成許多不同的實際事物，而且也具有個別差異性的社會側面，然而此內存於許多利那的諸多社會側面仍是具有、或持續著相同的界定特徵，因此從日常生活的習慣言之，仍是視爲同質，甚至是同一的社會，但卻不是同一的實際事物。因此在此意義下這些細節不同的社會 (the societies) 也可稱爲此社會（單數）(the society)。其次，前所述及混沌的部份，實際上必然是由於非共同永恒對象的某些其他成員所獨自具有的永恒對象的契入於各自的實際事物或內存於此社會中而

---

❺此處電子事態 (electronic occassions) 的表達方式，乃是懷氏慣用，亦卽加入形容詞以表達某一特殊利那情境或緣現，同樣的表達特殊的「事件」或「社會」亦同，例如軀體事件、原子利那情境、蘇格拉底的利那事態 (Socratic occassions)、幾何社會 (geometric society)、粒子社會 (corpuscular society)、結構社會 (structured society)，不過，我們要注意的是電子事態之電子取代了「實際」一詞；亦卽「電子事態」本身也是「實際事態」（或譯實際利那情境）的一種。另外請參閱楊士毅：懷海德「事件」概念探討，頁七。

產生。從上述可了解：既然此種永恒對象是使實際事物創進或創新的理由之一，因此混沌的作用並非消極的，相反的，是可積極的促使舊秩序的社會提昇到擁有更高級秩序的高級社會的原動力。亦卽使歷程超越過去而創新的理由之一。因此懷氏說：「假如想要超越已被限制住的理想以形成進步，則歷史發展的路徑必須逃離舊有已被限制住的路線，而必須沿著混沌的邊界加探險，以便形成高級型態的秩序，藉以取代低級型態的秩序。」(*PR* 111)。

從上列分析，又可了解下列二種更豐富的形上學意義：㈠歷程雙義與時間雙義。㈡有關日常語言之分析與基本粒子。

乙、歷程雙義與時間雙義

就前述的社會觀點而言，同一社會持續同一界定特徵所形成的社會的持續歷程，由於是我們粗糙的日常生活經驗卽很容易經驗到的，因此稱爲機體或歷程的巨觀意義 (macroscopic meaning)；而就利那歷程的生成及消逝而言，懷氏稱爲歷程的微觀義 (microscopic meaning)(cf. *PR* 129, 214)❻，至於其名爲「微觀」，乃因爲利那歷程是需要微細精緻的觀察才可了解其意義。而且上列兩種意義下的歷程都是朝向平衡與和諧的目的而邁進，前者乃傾向於主觀目的之㈡、㈣，後者則傾向於主觀目的之㈠、㈢。

此外，透過歷程的微觀義，可詮釋自然科學中「氣體動力論」所認爲的「在微觀系統中」所主張的「任何物體在每一利那都爲了保持動態的壓力平衡，而不斷的變動著」，而且事實上也必然隨時保持著此種平衡，

---

❻此處微觀義、巨觀義，懷氏在 *PR* 129 中主要是指機體的兩種意義，但實際上，機體本身卽是歷程，因此在同書頁二一四～二一五，則指出有機歷程有微觀歷程及巨觀歷程，綜而言之，我稱爲歷程雙義。蕭振邦先生亦有類似看法，但未加以論證，參見蕭君：懷黑德認識論探究，頁一〇七。

此即所謂的「動態平衡」(dynamic equilibrium) 的意義。另外也可詮釋生物學中的布朗運動 (Brown's movement)❼。其次，透過巨觀意義，可詮釋「氣體動力論」中巨觀系統下所呈現的穩定態 (steady state)。當然也可詮釋日常生活的常識經驗，例如張三這一利那與下一利那，是有些微不同，此乃從實際事物或微觀義言之；但從社會的持續歷程即巨觀意義言之，則此一利那與下一利那都仍持續著張三的界定特徵，因此仍是同一的張三。甚至筆者願更大膽的臆測，此歷程雙義可嘗試詮釋任何分殊學科區分成微觀系統及巨觀系統所觀察到的各種經驗活動歷程及其理論。

其次，由於有上述兩種不同意義的歷程，而且進行任何意義下的歷程也都需要一段時間，因此又形成兩種不同意義的時間觀。就微觀義而言，此種時間乃如克里斯欽所說的「活的時間」(time lived)❽。例如放射性元素每一利那都在蛻變，物理學家或化學家稱每一利那為此元素的生存期。而且此一利那須視為一個時段性且不可分割的整體。換言之此即形成第二章第一節所說的「時間的時段性理論」(cf. *PR* 283)。這種時間長短的度量，對在精密儀器下作觀察活動的自然科學家，尤其是高能物理學家具有相當大的意義。但對一般人的日常生活而言，往往無法自覺到或意識到其重要意義。雖然從人生哲學角度言之，當一個人自覺到或意識到每一利那的重要性時，就形成了所謂的「把握現在、創造未來……」等等有意義的觀念及行動。但即使如此，他也未必去度量每一利那的長短。

此外，就筆者知識所及，目前的社會科學、史學也都還沒有研究到

---

❼參閱，楊士毅：懷海德「事件」概念探討，頁八一〇。

❽cf. W. A. Christian, *An Interpretation of Whitehead's Metaphysics*, p. 81.。

如此精密的階段。大致上，只有管理科學中的工時學 (time and motion study) 已進入了刹那的精密度量的研究階段❾，這種研究正代表了當前工商社會所謂「分秒必爭」最強化的意義。然而各門學科無論如何發展，終究還是物理學對刹那的研究與度量最為精確。因此，物理學被稱為精確的科學 (the exact science) 或科學之王。但也因此，人類各種分殊學科，例如生物學、地質學、心理學、生理學，甚至政治學、社會學、經濟學等，也大致正在朝向物理學研究的方向與方法發展。亦即正在朝向更精密的定性、定量、實驗及短暫歷程活動的研究。同時以物理學為基礎所發展出來新的分殊學科，到目前為止，已有生物物理、地球物理、物理生理學、物理化學……等。例如，有些專家把人體結構視為電磁場，以其和大自然的力量（如地磁、重力……）所產生交互的影響來解釋人類各種活動的現象。雖然此種理論只能解釋人類整體經驗活動的一部份，但是卻使人類對生命奧秘的探討向前邁進一小步。甚至如東方神秘的風水理論、命理理論、或中醫針灸理論中的穴道，都可透過上述物理生理學去解釋一部份❿此外，社會科學也因為朝向計量與統計及對社會發展之研究也朝向短暫精緻的活動歷程之分析研究也對人類知識領域的探險有了更大的貢獻。當然社會科學若單單秉持這種研究方向，有時會產生某些孤立系統的流弊——即見樹不見林的缺憾。當然，若此方向繼續發展或許可如伯恩斯坦所指出的：如果經

---

❾參閱楊金福編著：工業管理，臺北華泰圖書文物公司，民國六十五年四月初版，頁二四三～二七〇。其標題名為工作研究，實際上其內容即本文之「工時學」研究。

❿關於這方面的詳細說明，筆者將另寫專文討論。至於其相關資料，如針灸方面，可向正在美國德州達拉斯大學攻讀遺傳工程的楊淵先生索取。至於命理方面，就筆者所知，臺灣到目前只出版了一本郭德淵所著的「陰陽五行學說與電磁場之關係」（臺中：臺灣省立師範學校，民國六十九年）。

驗——分析式的社會科學發展的更精確、更成熟，它也可能避免上述流弊⓫。

　　但懷氏形上學卻已避免了上項流弊，同時又透過範疇總綱的方式運作一方面對短暫的利那經驗活動歷程的精細分析、描述，而且也嘗試由利那來看宇宙，另一方面則透過上述公式運作融貫統合詮釋一切分殊學科、一切經驗活動，而能够見樹又見林以及避免上述社會科學可能在未成熟的時期產生的流弊，就如本論文所詮釋的。當然它畢竟仍是形上學，雖仍無法像物理學的定量，甚至也如懷氏所强調的其哲學理論不圓滿性及非獨斷性⓬，但至少他找出了如範疇總綱的運作方式，而且對於人類研究利那活動歷程有相當大的貢獻。

　　此外，就歷程的巨觀意義而言，此種巨觀意義下的時間容易被一般人在日常生活中所度量，雖然它不够精密，但仍具有立卽可被感受到的實用價值，因此較常使用運作。概括言之、史學、社會科學及粗糙的常識以及較大的生物宇宙、巨觀的物理宇宙（macro-cosmos）大都採用此種意義下或觀點下的時間觀，　此種時間又可勉强稱爲「度量的時間」（time measured）⓭。

丙、日常語言的分析、電子與基本粒子

　　透過上述對社會兩層意義的分析、第二章所討論的永恆對象及本書討論的中心—實際事物的理論，我們可以將各種存在的區分應用於解釋日常生活的含混性。關於此，懷氏曾在「象徵論」一書中，以「我景仰

⓫cf. Richard z. Bernstein, *Beyond objectivism and Relativism.* pp. 192-3.
　　引用余英時: 哈伯瑪斯「批判理論」與意識型態。臺北: 中國時報，人間副刊，
　　民國七十三年六月十五日，筆者略爲修改余氏之表達方式，以配合本論文。
⓬參閱本論文第一章，第二節。
⓭克里斯欽認爲微觀意義是「活的時間」而不是「度量的時間」，筆者卽將其「度量的時間」一詞轉換應用到此時間的巨觀意義。同❽。

凱撒」爲例加以說明（*SYM* 27-28）。他把凱撒分成三層意義：①凱撒存在的某一刹那。此乃三個意義中最具體的。②凱撒的一生。③凱撒一生中每個刹那所一直重覆的共同形式或模型——或簡稱爲「凱撒式」。然而由於懷氏在著作此書時尚未成熟發展出形上學的實際刹那，永恆對象及社會理論，因此並沒有用上述術語加以說明。但從本論文的討論卽可了解上述的 ①乃指某一實際刹那（卽某一凱撒刹那）。②指持續性的社會，卽指持續一生的凱撒社會。③指某種永恆對象或模式，卽凱撒社會的典型，或界定特徵——亦卽「凱撒式」。但從本節對社會意義兩種層次的討論我們又可增加另二種意義，卽④實際刹那的社會側面——亦卽凱撒某一刹那透過照像機所照出來的像片❶。另外，當然也可以指⑤凱撒的某些刹那所構成的社會及此社會所具有的模型，而不一定指一生及一生的模型❶。

　　從上述可了解一般人在使用日常語言時並不像上述如此精確的表達，同樣地，懷氏在其著作中使用非懷氏專門術語時卽必須分淸上述各種可能的意義，但爲了方便討論，在下文中筆者只討論實際刹那之意義及社會兩層次的意義。例如，懷氏說：「任何電子乃由諸多電子刹那事態所構成的社會。」（*PR* 91），則此句話必然蘊含著兩種社會意義：①

---

❶參閱❹，從這兒可看出如此方便分析，雖然就自然科學角度言之，不夠精確，但却顯出日常生活的應用價值。

❶再如張三說：「我喜歡陳柔美小姐」，則張三說此句話可能蘊含或指涉下列五種意義：①我喜歡陳柔美的某一刹那②我喜歡陳柔美的一生（此意義也表示陳柔美已去世了）③我很喜歡陳柔美一生中或某些刹那所呈現的模型或調調，亦卽可以不一定指陳柔美本人，也可以指只要具有那種模型或調調的人的一生或某些刹那，他都會喜歡④我只喜歡陳柔美的某一張照片，或某些不同時期的照片⑤我喜歡陳柔美的某些刹那及這些刹那所呈現的模型或調調氣質，另外某些刹那及模型，我並不喜歡。很顯然⑤往往是日常生活中最常見的經驗事實。當然⑤之模型也必然和③之模型有所交集。甚至是包含了③而又增加了一些令此人更喜歡的特殊模型。

若電子是指持續性社會時，則此諸多電子利那意指持續過程中不同的實際利那，同時這些實際利那都是持續著且享有某種共同的界定特徵——卽電子模型。這些共同的特徵或模型我們可稱爲電子式的模型（electronic pattern），而具有電子模型的利那稱爲電子事態（electronic occasions）⑯。在此種意義下，則上述定義下的電子乃是持續性社會的一個特例。②當然若指的是此實際事物的社會側面，就如某一利那的電子的照片，則需傾向於指實際事物中社會側面的特例，而不是持續性社會的例子，也不是實際事物的例子。則此諸多電子利那乃是此電子利那在生成過程中所感受的諸多實際利那，只是這些諸多實際利那也都具備電子模型，因此都稱爲電子利那。不過此處的諸多實際利那不同於構成持續性社會的許多電子的實際利那。就質與量而言，後者多於前者（可能包含前者），但無論如何都包含了相同的電子模型。③若此電子乃是指某一利那中的電子，則是實際事物的一個例子。自然，既名爲電子利那，卽具有電子模型。就物理學而言，任何具體的電子都是上述三種意義之綜合。

　　但是物理學家在定義何謂電子時，並未有意的區分上述三種意義，只是著重於尋找在上述三種意義下的電子所共同具有的電子模型的內容，然後透過此電子模型的內容來定義何謂電子或描述電子或判斷某種粒子是否爲電子。換言之，物理學家研究的重點並不是每一利那的電子的不同點，而是在研究其共同點。從這兒我們也可看出「物理學具有抽象性」（*SMW* 153）。

　　但是更擴而言之，則不只物理學家，而是各種分殊學科專家所研究的重點或目標，都在嘗試透過上述二種意義下的社會及實際利那所共同

---

⑯參見❺。

享有的模型—或稱為直接表象—來定義他們所研究的對象。透過此共同模型的研究往往可發現其規律性、明晰性、精緻性、秩序性及應用性。甚至在物理學或生物學中更形成極為精緻的可定量的數學公式或數學模型。很顯然地，科學家較不着重在①其中的每個組成單位或每一刹那所各自享有不同於「共同模型」而獨自具有的永恆對象亦即不研究混沌性、偶有性及在不同環境下所形成的特殊性及環境所帶來的影響，即此社會或此實際事物對週遭不同環境所產生的不同作用及所形成的實際刹那或社會的特殊性。此乃科學系統的簡單定位及自然二分法所形成孤立性的研究所導致的結果。然而，上列特殊性都是最具體真實的一部份，但不是全部。具體言之，例如細胞中電子的作用與物質中電子的作用稍有不同，但就懷氏而言，實際事物或是持續社會乃是體用合一，因此作用的不同就形成了社會或實際刹那的具體特殊性。換言之，相同的部份在不同的全體中，其作用也不相同，也就形成不同的個體，因此就形成了所謂具有相同的模型但從最具體的角度言之，則依然具有了差異性。但是各種分殊學科研究所提出的定義之內涵都忽略了此種差異性。因此在分殊學科定義下的內容往往具有某種程度的抽象性。換言之，分殊學科之具有抽象性的理由，除了筆者在碩士論文中所討論的簡單定位及自然二分法外⓱，從上述討論我們可更細節化的了解不只是自然科學，即使是社會科學，也都具有抽象性的理由。所以懷氏認為自然科學乃是抽象思想的勝利，而「具體世界卻經由科學之網孔中漏出去了」（*MT* 18）。愛因斯坦也指出：「自然科學最崇高的結構是犧牲內容所換取的。」⓲ 總之，不只是自然科學，甚至是各類社會科學所成就的結果都是對實際事

⓱參閱，楊士毅：懷海德「事件」概念探討，頁五六～六一。

⓲巴涅特著，楊葆樑譯：愛因斯坦與宇宙。臺北，廣文書局，民國五十九年九月初版，頁一四三。

物的永恆對象及社會抽象模型的內容之描述⑲，並不是非常相應的描述
宇宙人生中最具體的真實事物——實際刹那——及諸多實際刹那所構成
的社會。

現在我們把這些理論應用到懷氏當時之物理學尚未發展出的——對
原子核中基本粒子的研究。

首先，由於語言的含混性，因此當我們要套用懷氏理論來解析基本
粒子時，除上述模型理論外，更要注意前述「實際事物」的意義，或「社
會」的二種意義：①當指一刹那的基本粒子時，則為實際事物的一個例
子；②當指一刹那的基本粒子的照片時，則指實際事物中的社會側面的
一個例子。③當指一持續一段時間——亦即好幾個刹那的基本粒子都持
續同一模型時——則是指持續性社會的一個例子。然而若是依照筆者碩
士論文定義下的基本粒子，也就是目前物理學對基本粒子所提出的較含
混籠統的意義，則基本粒子乃是一種狀態、情況、歷程、事態⑳。而且也傾
向刹那事態，因此稱其為實際刹那事態的特例較恰當。若依此而臆測，
且此臆測是正確的話，則在未來對原子核中的基本粒子的探測時，當會
發現愈來愈多不同模型的基本粒子。其次，各種不同的基本粒子之發現
也顯出具體的實際事物雖然也可能具有共同的模型，但總是存在著個別
差異性。很顯然的，一九八三年發現的 W 粒子及 Z 粒子㉑及以前發現的
各種個別的基本粒子均逐漸在證明此種臆測的正確。一方面它們具有個
別的W模型、Z 模型(因此稱為W粒子、Z 粒子)，另一方面也具有目前定

⑲關於各分殊學科之具有抽象性及抽象等級之區分。請參閱楊士毅：懷海德「事
件」概念探討，頁一二～一三。

⑳同上，頁六五。

㉑參閱，臺北：牛頓雜誌，中文國際版，第一卷，第十二期，一九八四年四月，
頁五。其標題為「弱子」，內容則譯自 GERN Courier 一九八三年十一月
發現此粒子的物理學家在筆者將此博士論文送打字行後，在一九八四年十月獲
頒諾貝爾物理獎。

義下基本粒子的共同模型。然而，也許在未來的某一天當個別的基本粒子發現更多，則可能歸納出一「合理想像」式的歸納出一更細節化的模型內容，而形成更完整的基本粒子理論。進而對人類、對自然的奧秘有更進一步的了解。但基本上，以歷程、事態、剎那為基本單位是不會改變的。

　　從上述我們可以發現，懷氏形上學可以詮釋懷氏當時尚未發展出來物理學上的新資料、新經驗—亦即賦予其形上學的意義。因此可說懷氏形上學之理論已通過了某些檢驗而獲致某種程度的成功。所以懷氏辯護思辨哲學可以作為產生重要知識的方法（PR 3）也可獲致某種程度的驗證與肯定。

第二節　結構社會與層級結構

甲、結構社會

　　上節所述乃是集結與社會的基本定義，但就整體宇宙而言，懷氏認為大部份集結或社會都比上述社會的基本定義要複雜多了。因為大多數的集結或社會之內部經常是由許多明顯不同且可分別判明的諸多集結所構成—亦即社會中復有次社會(sub-societies)或次集結，而且這些集結或社會又具備了各自明顯不同且個別判明的特徵，亦即社會內部原本即具備了多元或多樣性的界定特徵或模型，這些多樣性或多元性的界定特徵又相互關聯、相互編織(intertwining)而形成一複雜的結構模型(structural pattern)。當然，這些結構模型必須持續一段時間，則此結構模型也可說是此社會的社會秩序，此種社會懷氏特名之為結構社會(structured society)，而此結構社會具有此種持續的結構模型，即稱為此結構社會享有社會秩序（cf. PR 99, 100, 103）。從上所述，顯然不同的多元特徵依然可相互交織、相互依存，以形成結構模型。其次多元性模型

乃是自然界的本性，是本然的事實。

　　就宇宙中所有集結或社會而言，懷氏認為只有下列四種不是或不必然是結構社會。其理由如下：①純時間系列所構成的集結及純空間所構成的集結自然是無法單獨存在，自然更不是結構社會。其次，既然時空是不可分割的連續體，懷氏稱其為擴延社會 (the extensive society) (cf. *PR* 96-97)，筆者稱為時空社會。此外所有持續的結構社會都包含了時空性質，或以整個時空社會為背景。②簡單的具體幾何圖形此處言「具體」即指我們所畫出來的幾何圖形，而不是指抽象的幾何圖形（此乃屬於永恆對象的領域），例如具體的線是由許多實際事物所構成的集結 (*PR* 302)，此處集結可能指社會或非社會性的集結，就筆者看法兩者都有可能，但日常生活所見的幾何圖形大多是社會。其次所有具體的幾何圖形所形成的各種具體的幾何系統則可稱為幾何社會 (geometric society)，但不必然是結構社會。當然實際世界的任何社會，除了時空社會外，無論結構性、非結構性，也都具有幾何性質，也都以幾何社會為背景。例如電磁社會即是比幾何社會更特殊且包含於幾何社會之內 (*PR* 98) 一亦即，較特殊的社會必然預設了較普遍的社會之存在且整合之 (*PR* 96)。③虛空的特性由於需受整體的保護才能存在。例如在活細胞中展現的特性在細胞外就消失了。因此虛空固然是由實際事物所構成的集結，但是只能稱為「附屬的集結」(subordinate nexus) (cf, *PR* 99)，而不是附屬的社會，因此也不能稱為結構社會。不過任何結構社會必然具有此種「虛空」。④氣體 (gases)。懷氏認為氣體雖然是由結構社會的個別分子所構成的集結或社會，但是它自身由於結構模型之彈性幾達無限大，也可說是無確定的共同結構模型，故懷氏認為「氣體並不是結構社會」(*PR* 99)。因此我們可由合理想像的普遍化加以臆測說：由諸多結構性社會所構成的更複雜的集結或社會不必然是結

構社會， 但可能都包含此氣體。 透過上述， 我們可發現東方哲學中的
「氣」或打座時所感受到的「熱流」， 可能是指此種氣體， 也可能是指
前述之③虛空， 或兩者合和❷， 但無論如何， 絕對不是不存在， 而是實
際事物所構成的集結。

綜合上述可了解： 小至電子， 中至人， 大至整個宇宙， 都是結構社
會， 當然結構社會既稱為社會， 且為社會的一個例子， 必然具備了前一
節所述的社會的普遍性—例如歷程之雙義等。但因其又增加了某些性質
而更加複雜化。因此我們必須把前述一般社會的「界定特徵」一詞改成
較複雜的「結構模型」； 把「社會」一詞改成「結構社會」；「各成員」
改成「諸多集結」，則表達更清楚。當然諸多個別的集結也是由實際事物
所構成， 因此各成員也可說是指諸多實際事物， 例如「電子是由許多電
子式的剎那事態所構成的社會」改成「電子乃是由許多具有電子式的結
構模型的剎那事態所構成的結構社會」即可， 其他依此類推。

既然結構社會的範圍如此廣泛，為了方便討論， 基本上可將其區分
成兩類： 即①無生命的結構社會， 或叫無機社會， 及②有生命的結構
社會， 或叫有機社會。兩者在結構上最基本的不同在於： 有生命的結構
社會除了具有時空及幾何性質外， 也必然包含了無生命社會的結構， 而
且更包含了「全然有生命」的諸多集結 (entirely living nexus)， 且以
此有生命的集結為其主導， 因此是「主導集結」("regnant" nexus)。
在有生命社會中的無生命部份乃是由附屬的集結 (subservient nexus)

---

❷例如當我們打太極拳或站樁時， 由於氣的運行使我們的雙手會產生發痳、微振
　或發熱的現象， 此現象運用生物物理或物理生理學解釋即是身體的電子流在雙
　手間形成靜電感應， 換言之，「氣」可用電子流來詮釋一部份， 而電子本身依
　照懷氏說法乃是實際事物所構成， 如此「氣」依然不是虛無， 仍舊是一種實際
　事物所構成的集結或說是複合的實際事物。關於這方面， 筆者將更深入體會後
　再打算以自然科學及配合哲學有關精神、意志的知識的角度寫成專著， 以提供
　對「功夫」感興趣者參考。

所構成，因此稱爲附屬的無機器官(subservient inorganic apparatus)。但由於生命社會中的附屬無機集結在外在環境變動時，並不需要整個生命社會的保護卽可繼續生存，因此這些集結可稱爲諸多社會。反之，全然有生命的集結則必然需要整體生命社會的保護，才能在變動的外在環境中繼續生存，因此只能稱爲集結，而不能稱爲社會。今日所謂的物質科學卽是研究純粹的無生命社會。「物理生理學」(physical physiology)卽是處理生命社會中附屬的無機器官；而「心理生理學」(psychological physiology) 則尋求處理生命社會中「全然有生命」的諸多集結 (cf. *PR* 103)。

復次，無生命的結構社會又可分爲二個次類：①由近代物理學的精細分析所揭露的非常小的物理實有所構成的社會。②較大無機體的聚集——即物體 (material body)。就①而言，例如電子、質子、原子、分子等 (*PR* 99)。懷氏認爲：「電子、質子、(中子)都極大可能(in all porbability) 是結構性社會。」(*PR* 99) 亦即懷氏臆測：透過自然科學理論之更發達，儀器之更精密，則這些社會勢必可再分成更多不同的集結，而又各自具有不同的明顯特徵，並交織成較複雜的各自所享有的結構模型。在懷氏逝世後，物理學有關原子核的研究又發現比質子、中子更基本的各種不同的基本粒子例如 J 粒子及前已述及的W粒子等，可說是證實了懷氏臆測的一部份。另就②而言，則指如岩石礦物、晶體等無生命結構社會 (*PR* 99)。

所謂有生命的結構社會，又可分成四個類型：①活的細胞—此乃構成生命的基本單位。②植物。③動物 (animal being)，此處「動物」一詞不包含人。④人 (cf. *MT* 157, *PR* 99)[23]。綜而言之，即「思想諸

---

[23]上列的分類，基本上是依照懷氏在「思想諸模式」一書的頁一五七中對「社會」所作的六大分類及「歷程與實在」再加以整理，另外參閱楊士毅：懷海德「事件」概念探討，頁七五。

模式」所區分的六種不同的社會 (cf. *MT* 157) 構成了整個宇宙社會。
至於其各類型之間的相互關係卽下文所要討論的主題。

乙、層級結構

首先，從近代物理學、生物學、社會學可發現如前述─任何結構性
社會基本上都包含了時空及幾何數學性質，也極可能包含了氣體及虛空。
當然後者臆測性質較大。此外也可更進一步發現：由質子、中子及各種
基本粒子構成了原子核；原子核和電子整合成更複雜的原子；原子又和
其他的原子整合成分子；分子和其他分子再加上構成生命的要素，整合
成更複雜的活細胞；諸多活細胞又構成許多不同的纖維組織 (tissue)；
此諸多不同的纖維組織復整合成許多不同的植物；諸多不同的植物加上
動物的界定特徵整合成諸多不同的動物；由動物加上人之所以為人的獨
有特徵則整合成更複雜的不同的人；許多不同的人又構成各種不同的人
類社會……最後構成整體宇宙。反面言之，則是後者整合了前者（上列
描述為了方便起見都省略了「社會」一詞，如分子社會等等）。

其次，懷氏在「觀念的探險」一書中曾就人的社會加以描述：軍隊
乃是由許多團 (regiments) 所構成的社會；團則是由許多人所構成的
社會；人乃由許多細胞所構成的社會；細胞則是由葡萄糖、蛋白質等
所構成的社會 (*AI* 264)。當然上列的描述都是籠統的描述，但可看出
懷氏試圖透過各種分殊學科的知識，再加以合理想像的普遍化而臆測
(conjecture)「宇宙中諸多社會所形成的整體結構乃是一層級結構」(the
hierarchy of societies) (*PR* 96)，上列所舉的例子只是此層級社會的
例證或一部份。

所謂層級結構、其形式、意義、與性質如下：

㈠任一層級與層級是接續的，其間包含了不確定數目的層級，如植

物本身可劃分成許多層級，動物亦然，人類亦復如此。但因爲此種接續性很難以文字表達，因此懷氏爲了研究方便，遂方便區分成上述六大基本層級。若把社會的意義看成是某個實際事物的社會側面，則某一刹那的實際事物亦構成一個層級。

　　㈡就形式而言，此層級結構也呈現著由多而一，此一又立卽成爲新的多中之一，此一又與其他許多的一形成新的多，然後由此多又形成新的一……如此繁衍下去。

　　㈢每一個層級的社會都各自擁有不同的結構模型或社會秩序。但就前述六大項之區分，則愈後面的層級，結構模型或秩序也就愈複雜、愈高級，內容愈豐富、社會也愈高級。此外後者的結構及特徵必然包含了前者，也包含了前述的時空、幾何性質、氣體及虛空但又以它自己本身所獨特具有的特徵爲主導特徵。我們可將此種關係用集合符號表之，S 代表某個社會，卽是：Sn⊃ (Sn-1, Sn-2, Sn-3,……)，Sn-1⊃ (Sn-2, Sn-3, Sn-4……)，其中 Sn⊃Sn-1，但是 Sn-1⊅Sn；反過來說，Sn-1 ⊂Sn，但是 Sn⊄Sn-1㉔。不過我們要注意，n 越大固然結構越複雜，但並不代表體積必然愈大。例如人比大榕樹或大象小，但結構卻較複雜，也較高級。其次，全體宇宙中雖然有相當多的社會，但社會的數量仍然是有限多，並不是無限多。而且由於宇宙仍在演化之中，因此可能有新的社會出現，但也可能由於社會的潰滅而使某些舊社會消失了。因此 n 隨著時代的演化而變化（而且整體而言，是趨向增加）但並非已至無限多。因此全體宇宙中的諸多社會的整體結構是正在結構化中（struc-

㉔此集合符號的表達方式，是由沈清松對「永恒對象」的抽象層級的詮釋，轉化而來。參見沈清松：懷黑德的形上學㈢。臺北，哲學與文化月刊，第十一卷第二期，頁四五。但必須注意的是此處社會的層級結構與永恒對象的抽象層級略有不同，卽 n 的數目；就永恒對象而言可達無限多，但就社會而言，則雖然隨著宇宙的演化，而可以繼續增加，但並非是無限多，因此 n 並非可達至無限。可惜沈君未明顯或刻意表達此點。另外，請參閱本論文第四章第一節乙段落。

turing）其秩序也在生成中。但無論任何年代，就形式結構觀之，整個宇宙依然維持著層級結構。

　　既然宇宙具有如此多的社會而且具有接續性，同時其結構模型也相異，自然在哲學上對每一個細節化的層級不可能細節化盡述，而且每一層級的細節內容也往往是各分殊學科專門研究的範圍，但卽使就分殊學科而言，也未必已盡述每一細微的層級。因此懷氏在形上學中也只能透過在他那個時代他所理解的數學、邏輯、物理、生物……等分殊學科的知識、豐富的歷史知識及他的日常生活經驗，去嘗試相當細節性地描述他所區分的六大層級中的個別層級的狹隘範圍的普遍性，及等級間的相互差異性。這些描述散見於從早期到晚期的各種著作中，然而筆者在此不擬詳細綜合整理、複述、詮釋或補充此種描述，反而想扭轉或修正問題討論的方向，更進一步藉著他所描述的各層級的基本內容，加上一些懷氏當時尚未發展或實證的科學資料與理論，透過合理想像的普遍化尋找出區分社會等級的決定因素，一方面使實務哲學與形上學更具體相關聯，另一方面更嘗試替人類社會之朝向自由化、民主化、多元化的開放性社會提供形上學的理論基礎，藉以解答緒論中第二個問題的主要部份，此卽下節所要討論的內容。

第三節　區分社會等級的決定因素

　　關於區分社會等級的普遍決定因素，可從三方面來討論：①透過社會的起源來尋找決定因素，②透過當前社會結構來尋求決定因素，③透過當前社會現象及活動來尋求決定因素。這三方面的研討方式，就理論臆測性的強度而言，乃由①②③的順序遞減。就實證性質的強度而言，則依①②③的順序遞增。然而這三方面對於社會的形成乃是相互依存、相互影響，亦卽起源影響當前的社會結構活動。但此處只言「影響」卽

蘊含了下列二種意義：①並非單單透過當前社會的起源過程即可決定當前的社會結構及當前的社會活動。蓋社會在持續時其所呈現的當前的社會結構與社會活動往往受當前的直接外在環境影響，甚至更重要的是個體擁有自由的選擇與自由的創造力，因此造成社會活動並非只受過去的生成歷程影響。因此懷氏要求我們不要太過份強調、誇大起源或生成關係的眞實效用（cf. *PR* 6）。②當然也不是單單靠當前社會結構即可必然決定社會活動與現象。總之，必須三方面都同時考慮到才較圓滿。因此在本節中，筆者嘗試從①與②導出共同區分等級的決定因素，也同時透過上述共同的決定因素引出某些實證性較強的社會現象及活動中的區分等級的普遍決定因素。但由於①之區分也可說是區分實際事物等級的普遍決定因素，因此，底下所討論的區分社會等級的普遍決定因素，也是區分實際事物等級的普遍決定因素。其次就所有社會而言，人類較能感受到的社會活動的等級差距最爲明顯的就是非生命社會與生命社會兩大類的區別。因此，基本上筆者即從此兩種社會的不同處爲出發點，透過合理想像的普遍化以建構下列理論。反過來說，各種科學已實證的非生命社會與生命社會之各層級的社會活動及現象則是此區分理論的例證。因此筆者也將對個別的特殊的社會等級加以重點式的描述，以作爲例證。此種等級區分的理論基本上乃如前述，即結構模型愈複雜化，社會活動及現象也愈複雜化，社會也就愈高級。從社會起源而言，亦即其生成過程愈複雜化，則現前的社會結構、社會活動也愈複雜化，而實際事物或社會也愈高級。因此「複雜性」（complexity）的強度即構成區分社會等級的普遍決定因素之一。透過此我們可再討論更多且更細節化的等級區分的決定因素。

首先就社會的起源—即實際事物的生成歷程—而言，如前章所述，心極的運作愈強化，則實際事物或其中的社會愈高級。但心極的運作愈

強化，概念感受便愈強化，同時也較可能形成抽象能力。抽象能力也有等級之分，但基本上心極愈強化則抽象能力也愈強化。所形成的直接表象也愈強化；相對的，因果效應則愈弱化，所以自由度就相對強化。此外，概念感受愈強化時，較可能形成概念迴轉，也較可能引進新異性，由此更造成個別差異性的強化。因此從社會起源的產生的社會等級區分的決定因素，基本上即有三點較具實證性的社會活動產生，即自由化、吸收新異性的能力與個別差異性的強度同時也較能產生較強化的、甚至有強烈意識作用的「對於因果效應的知覺模式」及「對於直接表象的知覺模式」，以致於能夠形成各種抽象的分殊學科。因此也可說，分殊學科愈強化，則社會與實際事物愈高級。關於此在下文中將會更詳細討論。

其次，從社會結構觀之，我們可由內部結構的不同及其所引發的對外在環境的反應之不同來區分等級。關於後者，在本節乙、丙中將陸續討論，但就內部結構而言，愈低級的社會愈存在著且遍佈著大量的無機事態，而有生命的事態 (living occasions) 則愈少。例如無生命社會幾乎不存在著有生命的事態。雖然它也具有心極，但此心極的運作並沒有形成概念的創始力 (conceptual initiative)；相對的，越高級的社會，其心極愈強化 (PR 102)，則有生命的事態遍佈範圍更廣，社會的生命性也愈強化。此種有生命的事態即形成了全然有生命的集結 (entirely living nexus) 此種集結產生概念創始力 (cf., PR 101, 102)，如此則可形成前述的相當強化的概念感受及直接表象，繼而形成前已述及的等級區分的決定因素，如自由度、個別差異性等等。從這兒我們可看出兩種等級區分的共同性，而從科學研究的資料與理論更可證明自由度、個別差異性愈強化，則社會愈高級。底下，我們即先討論自由度及動態何以是宇宙諸多社會之低高級之決定因素之一。至於個別差異性則留待丙中繼續討論。

甲、自由度與動態

在本段落中，我們將藉著較具實證性的科學資料及理論證實自由度及動態強度越強化，則社會愈高級，反之亦然，此外，也證實自由與動態是相關聯的。此處所謂自由度即指一個社會享有自由的程度，一個社會不可能是百分之百的自由，但也不可能毫無自由，其關聯乃在於自由程度之高低。當然自由度之高低也與一個社會的結構模型之彈性及結構性之暴力多寡相關，關於此，我們留到丙中去討論。此處所謂自由主要是指在一個社會的持續過程中，吾人即使透過各種已知條件也不能百分之百精確地預言或決定此社會未來必然是如何發展，亦即其和命定相對。爲了討論方便，我們先將宇宙諸社會區分成兩個大類型——物理社會及生物社會，然後其下再細述各層級社會，但我們要注意每個前一種類型或較低級的社會其所具備形成動態及自由度的條件都已包含於後一類型或較高級的社會中，亦即後一類型或較高級社會構成自由度及動態強化的強度之條件比低級社會更多、更複雜，但也因此自由度更大及動態強度愈強，然而在下文中，其形成條件若在低級社會已描述過，則不再重複描述。

甲之一、物理社會

在物理社會中，牛頓物理學認爲「『假如』我們能確切知道一個粒子的初始條件（initial conditions）如速度、動量、位置等，則我們可精確地決定或描述此粒子運動的一切行徑，亦即我們可精確地預測且計算出它什麼時候在那裏，它的速度及物理狀況爲何，反之亦然」，然而「粒子」若眞是如此，則無任何自由度。我們要注意的乃「假如」兩個字，亦即它是假設，不一定是具體事實。但很可惜的，量子力學中的海森堡測不準原理告訴我們，我們不可能同時精確知道一個電子的位置和動量

（或速度）；因此，我們也不能預測或決定此電子未來的運動行徑，亦卽電子可能出現在那兒，也可能出現在這兒，我們只能概率性的描述其出現的機會，而此種概率性又是內在的、本有的（intrinsic），概率性卽代表可能性，可能性卽代表具有自由度。然而測不準原理的效應，並不限於被觀測的電子而已，而是任何粒子均有此效應，只是電子質量最小最顯著。雖然，測不準原理又告訴我們粒子越大，此不確定的效應愈小但絕不是零，然而，我們若照此推論，粒子越大則自由度變小，但是顯然的，粒子越大，它的組成又不似電子那麼單純，而且促成其具有自由度的原因也不同了，它可能大，也可能變小。底下我們將討論。

但是假若有人問：「為什麼觀測中的電子會有此不準度？」那麼我們可回答：「這是由於電子本身卽是動態的，它從不曾靜止過，而且也本來就像人一樣具有自由度，亦卽我們須把動態與自由看成是終極的，才能解釋這些『測不準』的現象。」

至於以下所討論的諸種粒子均含有測不準的效應，但另外又加入一些物理化學的因素，但也都促成其本身是動態的，是具有某些自由度的。亦卽我們仍須把動態與具有某些程度的自由度看成是基本的，才能解釋為什麼必須用概率來計算。如放射性元素的蛻變，其每秒鐘放射多少粒子，我們也只能以概率計算，亦卽其蛻變速率也只能是概率性的預測，也就是具有自由度。再就分子而言，氣體中的分子乃是不斷地撞擊，亦卽它是動態的，但是，我們要計算它確定的運動途徑，我們也只能用平均途徑去計算，亦卽用概率去計算，也就是個別的氣體分子本身卽具有內在的自由度。

就無機物的聚集而較小者而言，如椅子、桌子、岩石、山等。首先，這些社會均具有非常細微的「測不準」效應；其二，由於氣體分子，不斷地撞擊，這些個體不斷地承受各方的碰撞壓力，且為了保持其

壓力的平衡，而不斷地細微運動著，然而由於氣體分子的碰撞乃是概率性，故對桌子的空間運動的預測，也只能是概率性；其三，就其內部而言，由於其內部分子不斷地運動，致發熱、老化或腐朽，此乃一種形狀上及結構上的機體變形，此種變動也只能以概率性加以預測；其四即外在原因，如由於風化、潮解甚至如壓力、加熱或人為因素加以保護，使得此事件之動態亦有概率性。總之，上述這些事件均具有概率性的動態活動，亦即具有自由度。

再就更大的無機物，如星球的演化，也是由於其本身質量密度的變動不定及種種其他物理因素，而無法精確預測其未來的演化，因此也是具有自由度。

最後就整個物理宇宙而言，懷氏認為；「宇宙的膨脹乃是歷程的第一意義。」(PR 215)然而對於物理宇宙膨脹的過程其形式為何？懷氏並未提及，此乃因為當時天文物理的經驗資料的搜集並未累積到今日這麼完備。

底下，我將循天文物理的發展，略述宇宙諸模式，依次序為靜態的宇宙 (static universe)、穩定態的宇宙 (steady-state universe)、動態的宇宙(dynamic universe)或叫演化中的宇宙(evolutionary universe)㉕。

所謂靜態的宇宙乃牛頓時代的宇宙觀，它認為整個宇宙是既不膨脹、也不收縮，它的大小固定，過去如此、今日如此、未來依舊如此，亦即和時間不相關。但是此種宇宙觀由於天文物理的進步，而加以放棄了。因為我們可由直接觀測配合紅位移理論的解釋，了解宇宙是在膨脹中，然就宇宙的膨脹，我們又可區分成穩定態的宇宙與動態的宇宙。所

㉕關於此有關宇宙之諸模式，係由大學同班同學——宣大衛、郭烈銘、黃仕光、蔣維桓同學提供資料，他們的資料來源一部分是由余貴坤老師、楊潔豪老師的上課筆記與上課時的討論，此外並參考 *Cosmology+1 - Scientific American*, 1977, pp. 13-30, 82-93. Howell, B. F; Jr.: *Introduction to Geophysics.* 臺北，新月圖書公司，民國六十年出版，頁十一。

謂穩定態的宇宙乃是認為宇宙今日正在做等速度的膨脹，依此而言，我們仍可精確預測其未來膨脹的行徑。

然而，從目前最新天文物理學的發展及其經驗資料的顯示，我們了解目前宇宙的膨脹方式乃是以加速度對時間的微分為負值的運動情況在膨脹，而不是等速度膨脹。然而由於宇宙質量密度及其他物理參數的無法正確定量，故此負值的確實數字也無法計算出，但無論如何，我們知道目前加速度的值逐漸在變小，不過宇宙的膨脹速率仍在增加，我們把此種宇宙稱為動態的宇宙或演化中的宇宙，然由當前的膨脹方式，我們又可推論出三種宇宙模式。

第一種乃宇宙膨脹到某個程度則開始收縮，收縮到某個程度，產生了重力崩潰，即成為密度極大的黑洞，而宣告宇宙的死亡；但也可能產生爆炸，再產生另一個新的宇宙。

第二種是脈動的宇宙（pulsing universe）或叫諧振的宇宙（oscilating universe)，此乃認為宇宙一直膨脹至某一個限度，即不再膨脹，然後即收縮，收縮至某一個程度，即又膨脹至原來的限度。然後再收縮，如此週而復始，而形成一個有限封閉的宇宙，但卻是一個有韻律的動脈宇宙。

第三種情形乃是開放無限的宇宙，此種宇宙模式認為宇宙一直膨脹而不收縮、因此形成了一個無限的、開放的宇宙。

然而，依筆者個人的臆測，由於宇宙的質量密度當是隨時間而變動，且是不規則的變動，再加上其他物理參數的影響，因此，上述加速度對時間的微分乃為不定值，也就是宇宙膨脹速率為不定值，這是宇宙的本性。因此，我們無論採取那種宇宙觀，我們都可發現一件共同的特性，那就是我們不能完全精確地預測並決定宇宙未來的膨脹情形，亦即其機體運動及內部結構的變動，吾人都不能百分之百預測，而這又是宇宙的本性。換言之，宇宙之為動態已表現了自由度的存在。

　　然而，筆者願就上述二、三兩個模式加以綜合。以提出一個既是開放的、無限的、且是有韻律、有自由度的脈動宇宙觀，此種宇宙觀只須稍微修正前面脈動的宇宙觀，亦即此宇宙先膨脹，然後再收縮，收縮至一個限度，然後再膨脹至比原來開始收縮之處更廣、更遠、更大，然後又達到另一個限度，又開始收縮至原來收縮的限度或更小之極限處，然後又開始再作比前一次更大的膨脹，然後又收縮，如此週而復始，則形成了開放的、有限而無界的、且有韻律之美的脈動宇宙，當然此種宇宙也是具有著自由度。

甲之二、生物社會

　　就原生質而言，如葉綠素等，我們從顯微鏡的觀察中，發現原生質始終不停地、自發地在做不規則的布朗運動（Brown's movement），其個體的自由行徑（free path），我們無法完全精確描繪出，更無庸說完全精確預測其未來行徑，我們只能用平均行徑（average path）來描述，亦即須用概率來描述，也就是說具有自由度及動態為其必然的本性。

　　再就單細胞生物而言，如單胞藻（植物），其機體空間運動（即一般物理空間的移動）亦是不規則的運動，其機體變形也無法精確預測，再如動物類、草履蟲、眼蟲、變形蟲，也如上述，尤其變形蟲，其機體變形（即形狀或內在結構與本性的變化，此處指形狀）更是無法精確預測，亦即具有自由度且是動態的。

　　其次就體積較大的植物社會如樹等觀之，植物雖然機體空間運動的範圍不算大，然其機體變形卻甚快且大。而且其內部有自發的生命力，和大自然不斷地相互作用、不斷地成長，此亦一種動態歷程。就其歷程的決定因素而言，可分主觀因素及客觀因素，就客觀因素言之，如其環境養料等，就主觀因素而言，乃其自身的生命力，如吸取養料的能力，當然其主體也有改變客觀環境的能力，然就此能力言之原生質或單細胞

則較差。因此我們雖然可控制部分之客觀因素，以控制其部分成長歷程，但無論如何對於植物生命的成長歷程還是無法精確預測或決定的。也只能藉概率來計算。亦卽此類社會也是具有自由度的，而且又較原生質單細胞為大，其次，同樣是植物，但因其歷程變動的決定因素都有不同程度的強化，因此，不同類型的植物也具有不同的自由度與動態性，當然愈強化愈高級。

最後再就人而言，其機體空間運動與機體變形（此處含形狀及內在本性及結構）均較前面類型為大。就人之肉體言之，其體內細胞、毛髮、肉骨血液等乃自發地不斷新陳代謝而形成動態的歷程；就其精神心靈方面，不論是思想、氣質、人格、情感、慾望、歡樂、悲哀或恐懼等等，這些在任何時空任何人也不會完全一致的，一面形成、一面消失，而形成了一持續的變動歷程。而影響此歷程發展的因素，有時雖也受著外在客觀條件的限制，但是人畢竟是個高級機體，他比前述諸層級的社會具有更強化的心智作用，及更強化的內在生命力、創造力及改造環境的能力，透過此去改造其外在客觀條件的限制，以便自由決定其歷程未來的發展。而且卽使我們搜集了某人過去的一切資料及當前的初始條件或其對未來的企盼，而嘗試去預測或決定其可能發展的方向，但是可能此人一知道如此，他就又嘗試運用其自由意志故意違反你的預測。甚至，我們可更進一步說，縱然一個人的肉體全然被決定，被全然控制而喪失了自由，但是他的心靈、他的精神依舊可自由地遨遊於他所欣賞的精神領域。總之，這一切均構成了人之所以為人的個別社會之持續歷程是具有自由度及動態性，而且其強度是比前述諸層級的社會更高。當然諸多的人所構成的團體社會，其自由度及動態性也是存在，只是隨著不同的社會制度，其強度又有所程度上的差異。

綜上所述，我們循科學的途徑來討論各種不同社會的持續歷程，可

發現: 就上列意義而言, 動態即是代表自由, 也可說具備自由度的歷程才算是動態歷程, 甚至可透過宇宙觀中「加速度對時間的微分爲不定值」之變動, 來定義社會具有自由度及動態性的持續歷程的物理意義之一。其次, 社會每個層級都內存著自由度及動態性, 而且越是後面的更複雜的社會類型, 自由度及動態性也越強化, 社會也越高級, 反之, 社會越高級, 前述性質越強化, 其中又以「人」這類型的社會最高級。當然眾多人所組成的各種型態的人類社會,由於其社會制度並不相同,其自由度及動態性之強度也不同, 但是就人類歷史的演變觀之, 其中又以健全的民主制度所形成的民主社會, 自由度及動態性最強化,因此,從自由度及動態性的強度言之, 民主社會是宇宙諸種社會目前最高級的社會。此外, 我們也可以反過來把動態及自由度的存在當做任何社會的內在本性或具體事實, 然後以此爲出發點, 如此則更能詮釋爲何上述諸社會會具有上述諸社會現象發生; 至於自由的根源或如何形成的進一步討論, 我們必需再配合第四章有關「上帝」的闡述, 才能形成更圓融的說明。

乙、象徵符號、象徵符號制約下的行動、制度

如前所述既然愈高級的社會, 則愈強化關於直接表象的知覺模式及關於因果效應的知覺模式則愈強化, 而透過這兩種模式的互動或混合所形成的象徵指涉愈高級 (*SYM* 18)。所謂象徵指涉也就是指由象徵符號轉變到意義的歷程 (*SYM* 8)。就懷氏而言, 象徵符號一詞是相當廣泛的。任何經驗中的構成元素都可視爲象徵符號, 也都可形成意義 (cf. *SYM* 8); 其中最爲一般人所基本使用或認知的符號的例子即是語言 (*PR* 182), 但底下我也以社會組織或制度爲例說明。當然社會愈高級, 則兩種知覺模式愈強化, 象徵指涉也愈強化─亦即符號 (例如語言) 及其所指涉的意義也更強化。此處強化一方面指意義越豐富, 一方面也指

符號越普遍化、越複雜化，而且也越能清晰地表達或指涉出其所蘊含的
更豐富的意義。

　　以語言為例，例如低級無生命社會只是能量的傳遞。嚴格言之，此
種能量語言（或符號）的傳遞太弱化，甚至不能稱為語言。其次，在植
物社會中也可能有語言的傳遞，例如某些地方有許多白楊木，當其中某
一棵受外力傷害時，會發出警報的訊號，通知旁邊的白楊木做事前的預
防工作⑳。若我們把此種警報訊號視為一種語言，則它只是一種強度極
弱的語言。在動物社會中，如草履蟲之間亦有語言的傳遞；昆蟲類如
蜜蜂更會作肢體語言與口說語言來與同伴溝通；甚至生命遺傳訊息的傳
遞也有一種類似語法的組織結構㉗，當然有些較高級的動物也會產生為
人可辨識的單音節的口說語言（oral language）或簡單的複音節的口說
語言。如狗在思春期所發出的口說語言，卽與看到小偷所發出的口說語
言不同。然而上述類型的社會都未形成高級複音節的語言，也未形成口

---

　⑳美國拉多馬斯大學的伯勒文博士等人做了一項實驗，他們將種在花盆內一個半
　　月的白楊木（poplar）葉撕去百分之五之後，過了五十二小時發現葉子中的酚
　　（phenol, C6 H5 OH）化合物的含量約增加了兩倍；同時放於旁邊的別株白
　　楊木之酚化合物也有增加的現象，這種增加的量足以阻止蝶類及蛾類幼蟲的成
　　長，由以上現象的推測，被撕裂的葉子可能會發出某種物質，以通告周圍的樹
　　木產生防衛反應，不過，目前尚未找出傳遞警報的物質。原載美國科學雜誌
　　（*Science*）一九八三年七月十五日。本論文係引述自臺北：牛頓雜誌，中文國
　　際版，第一卷第八期，一九八三年十二月十五日，頁四。
　㉗德國生物學家馮福瑞曲（K. Von Frisch）曾指出蜜蜂的語言溝通現象：蜜蜂
　　曾用不同形狀的空中舞蹈來通知同伴們它所找到的獵物，如果找到的是花蜜，
　　它會作圈狀舞；如果找到的是花粉、它會作 8 狀舞。此外，近年來，在生物學
　　中另一個重要發現，則是遺傳語碼，其在結構上十分類似語言碼的結構，以便在
　　遺傳中傳達訊息給其他細胞或下一代。cf. K. Von Frisch, *Bees, Their Vision,
　　Chemical Senses and Language*, Conell U. P. 1950, 引自——沈清松：當
　　代思想方法的語言哲學基礎。臺北：哲學與文化月刊，第九卷第一期，民國七
　　十一年一月，頁一五。很顯然的，我們可臆測植物、動物它們均必然有語言溝
　　通的現象，只是人類尚了解太少而已。

說語言中的完整句子，當然更未形成更複雜、更高級的書寫語言或高級的非書寫語言（non-verbal language），如繪畫、雕刻等。上述較高級的語言只有在更高級的生命社會如人類才能擁有之。甚至人類除了上述自然語言外，還發明人造語言（artificial language），如極為抽象的符號邏輯等。

從上述可了解，人與動物的不同，從語言的角度觀之，即人類具有高度強化的語言，尤其是透過書寫語言使得人類種種的歷史經驗得以保存而相互溝通、參考，以促進社會的進步。而動物則缺少了高度強化的書寫語言，因此其進步甚為緩慢。所以語言的高度強化實乃人類之所以異於動物及成為萬物之靈的基本原因之一。因此對於符號如語言自身的研究是非常重要的，這也是構成在當代西洋哲學中語言哲學成為顯學的原因之一。

總之，越高級的社會，則象徵符號及其所指涉的意義越強化。再加上底下將述及的自我控制力之強化等因素，乃形成了越高級的社會。但也因此對於當前外在環境的刺激所產生的反應也越不以純粹本能之反應及反射行動為主導，而且其行動往往被象徵符號的作用所限制，如社會風俗、組織與制度的運作及文字、語言之意義與表達等所形成的限制，但更重要的是又透過理性的運作對原本夾雜著情緒及本能的反射行動，產生偏移、糾正作用，而形成懷氏所說的「象徵符號制約下的行動」（symbolic conditioned action）（cf. *SYM* 78-82），例如守法的行為、遵守交通規則的行為，亦即越高級的社會越以此種行動為主導。而且也透過此種行動，引導著社會中每個成員的行動方向，使得各式各樣民眾得以進一步組織成一個越合諧及越圓熟運作的社團或社會（cf. *SYM* 74）但仍維持著多元化，多樣性的開放社會。換言之，越高級的社會，其組織或制度也越強化，運作也越圓熟，而使得社會越合諧。例如高級的人類

社會中的民主制度卽使得政權的轉移能够在合諧、圓熟及和平中進行；相對的，越低級的生命社會如昆蟲等則以反射行動爲主導，純粹本能的反應爲輔，而象徵符號制約下的反應或行動並不顯著。更低級的無生命社會，例如岩石、礦物等則以純粹本能之反應爲主導，其他二種反應則太微不足道了，換言之，是近於呆板的機械反應，其所形成社會組織與制度則較簡單，不若前述之複雜化、秩序化及高級合諧化。

　　上列所描述的只是不同等級社會對同一環境的刺激所產生不同等級的反應行爲，以作爲區分社會等級的普遍決定因素。底下我們所要描述的乃是不同等級社會對外在環境的變動所產生的不同反應，繼而找出區分社會等級的因素。嚴格言之，兩者是相關的，不過爲討論方便，我們暫時將其分別孤立討論。

　　丙、結構模型的彈性、吸收新異性的能力、創新性、個別
　　　　差異性、動態和諧

　　在未討論正題之前，我們須先了解：任何的社會都要求特殊化的結構模型，以便形成其特殊化的秩序—如此才能形成其特殊化的滿足。而此結構模型之特殊性越強化，則滿足感也越強化。然而越特殊化則結構模型越缺少彈性，因此產生了下列二點負面效果：①它只能繼續生存於某種確定特殊化環境的保護中，也就是它只能以某種系統秩序（systematic order）作爲它的背景才能生存。②當面對外在環境的變遷時—尤其是巨大的變遷—往往會使此擁有高度特殊化的社會在一刹那間潰滅：反面言之—若社會完全未能特殊化或特殊化強度不够，則無法形成高度特殊化的秩序，也無法形成高度的滿足感。雖然它可在相當多種特殊化的環境中生存，也可面對外在環境的巨大變動而繼續生存，但無論如何其滿足感總是不够強化。例如氣體，它的結構模型的彈性幾乎大到無限，也可

在任何環境中繼續生存下去,但卻幾乎沒有模型或社會秩序而言。因此,它只是非社會性集結,而且其滿足感是非常微弱的 (cf. PR 100-103)。

很顯然從上述解析中, 可發現一個兩難的困境 (dilemma): 若要在任何環境中繼續生存, 則滿足感太低; 若要滿足感強化, 則不容易在各種不同的環境中都能繼續生存。

然而, 上述兩難的困境之所以形成的理由乃是: 上列的分析乃是一種抽象、靜態的分析; 蓋就實際上, 任何社會若要繼續生存, 則必須不斷的從環境中吸收或排斥資料, 換言之, 具體的社會與環境是具有互變、互動的關聯性, 但是上列分析顯然忽略了此具體的互變、互動的事實, 因此, 上列分析可說是視環境與社會的生存與滿足是靜態的, 但此觀點並不符合實際社會的具體真實狀況, 所以, 上列分析乃是高度抽象性的分析, 但也因而形成兩難的困境。因此, 欲化解上述困境, 只須添加「任何社會的結構模式都具有某種程度的彈性, 可和環境形成互變、互動的關係」即可。細節化言之如下:

當越高級的社會其心極的運作越強化, 概念感受、概念創發力也越強化, 則其結構模型越有彈性, 當它面對環境的異質變遷所形成的異質的新異物, 固然可能透過消極攝受的運作排斥一些不密切相關的偶有性的細節, 然而此種排斥性越小, 社會越高級; 但更重要的是: 越高級的社會越能透過越強化的積極攝受, 無論是物理感受或概念感受, 將此異質的新異物加以吸收消化以營養其自身, 甚至更越能有意識地將由此新異物所可能引起的各種相互壓抑的對立情境, 轉化為相互處於真實和諧情境的對比物 (cf. PR 109), 以形成一更特殊化、內容更豐富、更複雜、更高級的結構模型, 繼而形成更豐富、更強化、更高級的滿足感。此外由於實際世界中環境乃一直不斷地變化, 新異物也一直不斷地變動增加, 因此, 越高級的社會也越能不斷地吸收新異物, 也因此越能形成

一個在動態和諧中，不斷地豐富、不斷地創新其社會秩序的持續變動歷程，藉以繼續生存下去，同時也不斷地形成更高級的社會。甚至此種持續變動歷程，若是心極更加強化，也可能形成更有韻律、更具美感，亦卽更藝術化的創新，而不僅僅限於較低級社會的只求生存或粗糙的創新。總之，此種社會可在環境的變動中繼續生存，而且是高級的生存，因此懷氏稱其爲穩定的社會 (cf. *PR* 100)，換言之，懷氏所講的穩定並不是靜態死寂的穩定，而是動態活潑的穩定，例如生命社會、或人類社會中的民主社會。當然穩定、和諧、創新……都有強度或等級之分，因此社會等級也可一直區分下去，因此民主社會也有民主的濃度之分。

反過來說，越低級的社會，心極、概念攝受、概念創發力也越弱化，其結構模型的彈性越小，其自由度也越小。當它面對環境變動所產生的異質的新異物時，其所相對形成的反應，往往是透過越強化的消極攝受的運作，以越無抽象思想、越無意識、越盲目的感受將上述新異物加以盲目的排斥，以便維持其舊有的結構模型，而形成越盲目的，無意識的、單調的、封閉的、機械化的、死寂的假諧和，但如此所形成的滿足也是越低級的滿足。換言之，越低級的社會越排斥新異物，也就越無法有意識地吸收新異物，自然無法使社會結構更加有內容。因此，若遭遇極大的環境變動所引發出更強化的、異質性更高的新異物，則此種低級社會的排斥性反越趨於無效。相反地此種新異物對此社會反造成一種巨大的衝擊力，往往使得此社會在一刹那間潰滅，而形成分離混亂的許多小社會或非社會性集結，亦卽原先的社會無法繼續存在。則此種社會乃是不穩定的社會，亦卽如懷氏所說的：「若此社會由於環境的異質變動而停止繼續存在下去，則就此方面而言，此社會乃是不穩定。」(*PR* 100)。例如無生命社會中的物體，或人類社會中在法西斯主義及共產主義統治下的專制社會，當然專制與否也是程度之別。

總之，心極作用越強化，社會的結構模型彈性越大，環境的決定其是否生存的力量也越小，則自由度越大，吸收新異物的能力也越強，所成就的和諧也就越高級，社會也越穩定，越能長久生存，因此社會也就越高級。反之，則社會越低級，上述特性越弱化，當面對外在環境的變動，則其結構越容易潰滅，而無法持續生存下去。底下，我們再以歷史史實印證之。例如法國大革命前的社會，由於實行強度甚強的專制，其社會結構模型的彈性過小，因此「大革命」時所引進的新異物－自由、平等、博愛使得法國原有的社會結構模型在一夕之間無法持續存在而在一夕之間潰滅，繼而形成極大的混亂。相對的，英國在十七世紀的「權利請願書」(The Petition of Right, 1627)，「人身保護法」(The Habeas Corpus Act, 1640)「權利法案」(Bill of Rights, 1689) 的通過與實行藉以普遍地保障人權㉘，基本上都是採取所謂不流血的光榮革命的和平方式進行，尤其是權利法案。因此，都沒有產生大混亂，十八世紀的美國獨立運動成功後，雖然有混亂，但沒有像法國大革命前前後後所形成社會的大混亂與大崩潰。其理由乃因為英國光榮革命或美國獨立前的舊社會之結構模型比法國大革命前的社會結構模型的彈性大甚多，當然英國當時的結構模型的彈性又比美國大，因此，英國幾乎在沒有混亂情況下卽完成革命，而邁向更高級的社會。而美國仍經過一些混亂才獨立成功，建立社會新秩序。從上所述，也可了解，社會的結構模型彈性太小，往往會形成流血的革命。

最後，透過甲及乙的討論，可了解：越高級的社會其生成過程中的概念感受越強化，越能有意識地主動引進新異物，且社會各成員所形成

㉘關於本文中之三例之使用可參見 *SYM* 70-71 及李鴻禧、胡佛：成長中的民主。臺北：聯經出版事業公司、民國六十九年十月初版，頁九八。不過對於此三例之使用目的、解釋方式及表達方式，本論文與上兩書略有不同。

的個別差異性會越強化；透過丙的討論，則可了解越高級的社會越能吸收外在環境的變動所引起的異質新異物，也同樣使其各成員間的個別差異性越強化，綜合言之，越高級的社會，其成員的個別差異性的強度越強化。例如無生命社會中的許多電子，其個別差異性較小；再如同一廠牌的桌子可以製造的相當類似，套用懷氏術語，則是無生命社會較平均（cf. MT 27），所以較能以數學模式定量的描述，在生命社會中，植物社會的個別差異性又比動物社會弱化，而人的社會又比動物社會更強化。一般而言，同一母親生的兩個兒子就比同一隻貓所生的兩隻小貓個別差異性更強化。再加上越高級的生命自由度越大，其自己自由選擇吸收的資料越不相同，因此個別差異性越強化。此外，筆者更必須提醒讀者，所謂個別差異性，不僅限於肉眼可見的外形，還包含了精神思想的差異性。換言之，加入此因素，則人的個別差異性是目前所發現的社會差異性中最大的了。甚至生活在民主社會中的人民的個別差異性又比在共產主義及法西斯主義控制下的人民的個別差異性強化多了。但是差異性的強化在較高級社會中並不會帶來混亂，相反的，更可形成更複雜、多元化、和諧的結構模型的高級社會，例如：民主社會。

丁、機能的分化、抽象思考能力、分殊學科

越高級的社會，則其全然有生命的集結越強化，並可形成越強化的各種中心實際物（the central actuality）（cf. MT 28）及中心機體（the central organism）（cf. MT 28），就後者而言，即是指所謂的靈魂（soul）（cf. MT 30），至於其功能在「己段落」再討論，本段落及下一段落戊主要乃討論前者。但筆者要補充的是前者不只是包含了全然有生命的集結，而且也包含了無機的器官，換言之是兩者整合而成，但是靈魂則是指純粹由全然有生命的集結所構成。

就各種中心實際物而言，其功能主要在掌握身體的機能的活動，例如人的五官及大腦等，但懷氏認爲「植物並未形成中心實際物」(cf. *MT* 24)，或我們可修改成更有彈性的說法：即植物的中心實際物不夠強化，以致於其作用與結構無法清晰顯現出而爲人類所明晰辨識；至於「動物則至少包含一個中心實際物」(*MT* 28)，而且由於越高級的社會其機能之分化越強化 (cf. *MT* 25)，所以就形成更多、更強化的中心實際物，因此越進化的社會如人的中心實際物就比一般動物來得多且分工越細亦即機能分化越強化。但是就個別中心實際物之機能的強化而言，則高級社會未必比低級社會強化，例如人的五官機能或內部器官的機能分化比植物或一般的動物要強化，但是就人的嗅覺則比狗的嗅覺差。

此外，在諸多中心實際物中也存在著一個中心主導者 (the central leader) (*MT* 24)，此種主導實際物即一般人所謂的大腦或心靈，人類在此方面尤其比動物強化，因此人類比動物更能夠產生更強化的抽象思考能力。上述乃由結構上討論抽象思考能力的形成，但顯然由生成歷程中高級實際事物的心極的相當強化也可獲致同樣的結果。其理由也無非是心極強化至某個程度則可形成有生命的集結。而此種抽象思想能力越強化即意謂著此高級社會能夠將各種中心實際事物所獲得的原始基本資料加以分析綜合，亦即能夠從表面上相當含混不清的個別的具體事物中抽象出相當清晰、精緻但卻貧乏的抽象的直接表象。更細節言之，即是從不同領域的具體事物之中抽離出各種不同等級、不同領域的抽象普遍性，再透過這種抽象的普遍性去細節化、清晰化詮釋各自領域中的個別具體資料，然後人類用語言表達出來，即形成了各門分殊科學的抽象理論（大約除了底下所述的直覺性較強化所形成的詩歌、藝術創作之外，人類各門學問均屬之，哲學底下會再討論），再透過書寫文字表達出來，則形成各種分殊學科著作。由於此種分殊學科乃是對於在特定的孤立範

圍內做細節性的局部觀察研究，而不是整體性的統觀，因此中心實際物（含中心主導者）的作用之一乃是形成一種對細節的欣賞與享有（cf. *MT* 30, 61-62）。當然社會越高級，此主導的中心實際物也越強化，且機能區分也越強化，同時各種社會活動——卽各分殊學科之研究活動——也越強化，亦卽越細節、清晰化、精緻化、越抽象、越高級、也越能夠不斷地創新。就目前人類所知的知識系統最抽象的部份莫過於符號邏輯系統、其次則數學系統、再其次則爲理論物理學㉙，因此，各種分殊科學專家，尤其是具有原創性的理論物理學家、數學家、符號邏輯家乃是相當高級的社會，就時代地域而言，此類學問越發達，也顯示此時此地所形成的社會也越高級。

戊、自我控制、價值感、道德、宗教

此外，主導的中心實際物也有自我控制的作用，此種作用和象徵指涉、分殊學科及制度的強化相互配合，則更易形成且強化前已述及的「象徵符號制約下的行動」，而形成較高級的社會。但是此種中心主導者所形成的自我控制的作用並不僅止於上述，「它也是形成社會中爲了求生存及更好的生存，甚至提昇生活的藝術」（cf. *MT* 28, *FR* 4-8, *PR* 105）、進而從環境中選取資料以求生存或更好的生存的主導者，因此，就結構側面而言，社會價值感的形成，除了受諸中心實際物的個別作用的影響外，更受此主導的中心實際物所形成的自我控制的作用的影響。

就價值感而言，越低級的社會，其價值感越弱化，此處「弱化」意指：其選擇往往是盲目的。其選擇過程中，排斥資料太多，尤其是對於異質的新異物更是排斥，因而其所吸收的資料往往只限於同質的資料

㉙關於分殊學科的抽象層級的詳細區分，請參閱楊士毅：懷海德「事件」概念探討，頁一二～一三。

並且範圍或內容狹窄。反之，越高級的社會則價值感越強化，此處「強化」意指：①選擇往往是有意識、有自覺的選擇與吸收。②其選擇過程中，排斥資料越少，尤其對於異質的新異物更能加以吸收，而形成具有相當強化的創新的社會，如此，則其所選擇吸收的資料、範圍更廣泛、更豐富。但無論任何低高級的社會，其價值選擇都是自由的選擇（可能是盲目的或意識、自覺的），同時也是以對其自身的「重要感」爲中心去選擇吸收資料。再由重要感導出利益與興趣感（cf. MT 11, 31 89）❸因此，越高級的社會，既然越具有前述二種選擇的特性，因此對其重要的資料也就更多更廣泛了。亦即，越高級的社會越重視越珍惜任何資料，且嘗試加以吸收，但相對的其選擇過程也就更加複雜且高級了。

其次，就生命社會而言，其選擇吸收環境的資料的過程，懷氏又特別借用生物學的名詞，稱爲「襲取」（robbery）環境中的食物以營養它自己，以便生存。因此懷氏說：「生命是襲取的。」（PR 105），但是越高級的社會則越可能對此「襲取」行爲加以證明其合理正當，如此則又形成了道德責任感或使道德責任感成爲尖銳的（cf. PR 105），也可說越高級的社會，在做自由的價值選擇時，很可能越具有道德責任感，亦即道德責任感越強化，則社會越高級。就目前知識所及，除了生命社會中的人及動物具有道德的存在且可爲人們所辨識到外，其他如無生命社會及植物社會都幾乎很難令人辨識到其具有道德責任感。然而，我們也要注意，誠然整體概括言之，人類的道德責任感比動物更強化，但就某些個別的人在某些方面或事件中，未必表現比個別的動物更強化，例如

---

❸若將環境的領域擴延至包含了具有無限性的上帝，則環境自身是無限的，從此角度，也可發現「價值形成的最原始根源卽是由無限中選取有限」，或「無限與有限的結合」（cf. ESP 106, 112-113, SMW 94），關於此方面，在本論文中第四章第一節中將更進一步討論。此外，請參閱楊士毅：懷海德「事件」概念探討，頁八六～八七，九〇～九二。

蜜蜂的合作行爲, 老鼠的利他行爲往往比某些人所形成的社會更强化。

然而社會形成了道德, 未必形成宗教, 蓋「道德强調細節化的事態、情境; 宗教則强調整體宇宙本有的理想統合性 (或整體性的理想和諧) (MT 28) 甚至應補充說: 宗教亦强調那超越實際世界的隱秘領域, 此卽前述理想統一體之「理想」所蘊含的意義❸, 而上述宗教內容, 都不是一般較低級的社會所能享有的, 因此, 就目前知識所及, 卽可發現下列例證—「道德確能在較高級的動物中被辨識到, 但是宗教則未被辨識到」(MT 28), 換言之, 越高級的社會越可能意識到上述宗教的重要內容, 才越可能形成宗教, 反面言之, 則宗教越强化, 則社會越高級。當然, 道德越强化也可能形成以道德爲中心的宗教。例如「善有善報, 惡有惡報, 不是不報, 時候未到」的理論, 再配合「生死輪迴」的信念及其他因素, 卽可形成以道德爲中心的宗教, 例如台灣民間有些人們所信奉、所認爲的佛教, 當然完整的佛教並非僅是如此一點內容而已❸。

當然宗教也有强度之別, 亦卽有高低之分, 懷氏認爲「在人類歷史上, 可發現構成宗教的因素有四: ①儀式②情緒③信仰④合理化。當④③越强化②①越弱化, 則宗教越高級, 而由人類宗教演化史, 也可發現乃是由單純的①②進步到③, 再進步到以③④爲中心, 尤其是④爲中心, 其他爲輔, 則形成更高級的宗教, 例如穆罕默德、佛陀、耶穌, 都是出現在③④爲中心同時也感受到宗教更基本因素——孤寂性 (solitariness)

---

❸此處請參閱第四章上帝的先在性及後得性, 前者乃超越了世界, 後者則內存於世界而成爲統一體, 懷氏此處含混的描述, 容易使人誤導入懷氏只偏重內存於世界的後得性, 但實際上從其上帝理論可了解是超越與內存兼顧的。兩者是同時發生, 同時存在於上帝自身中, 因此, 此處我特別註明文中之「理想」乃指其先在性中超越的理想世界。

❸因果報應之說只是佛教有關因果方面以某種角度的詮釋。至於較高級的詮釋, 可參閱, 方東美: 華嚴宗哲學 (上册)。臺北: 黎明文化事業公司, 民國七十年初版, 頁八一~八二。

的階段時才形成其各自建立的宗敎」（cf. *RM* 18-19）㉝而具有高級的宗敎活動的社會，也越高級。

總之，價值、道德、宗敎活動越强化，其自身也越高級，而具有上述越高級的活動，社會也越高級。

己、詩、藝術、懷氏型哲學及宗敎

就靈魂的功能而言，它並不是像前述中心實際物（含中心主導者）的偏重於對細節及分析性的欣賞，亦卽並不產生抽象的普遍性及上列所提及的各種分殊學科。相反地，它的功能主要是從含混不清的個別具體事物之流中直覺出其間的具有整體性的具體普遍性及特殊性，然後再運用象徵語言中的說寫語言或非說寫語言，透過對具體有限的特殊的個別事物的描述，象徵、烘托出那具有永恆無限的豐富意義的具體普遍性，換言之，其功能在於「對具體事物的整體美感的享有與欣賞」以「洞覺到具體事物的普遍性質」（*SMW* 87），由此則形成了高級的詩歌、繪畫、音樂、雕刻等各種藝術部門（cf. *MT* 30, 61-62, 75, 76）㉞。

當然靈魂的作用越强化，則對整體美感的欣賞也越强化，由此所形成的詩歌、藝術也越强化，亦卽越精緻，當象徵的內容意義越豐富，則形成了越高級的詩歌藝術。當然具有上述社會活動的社會，也越高級。

此外，透過藝術、詩歌美感的更加强化到某種程度，也可能形成某種以「藝術」爲中心發展出來的宗敎；另外透過靈魂作用的强化，而意識到、自覺到靈魂自身的存在，甚至對靈魂自身運用各種方式加以探討，

㉝此處筆者將懷氏表達方式，修改甚多，但意義當更清楚、更精確、更豐富，讀者可自行比較之。

㉞從這兒，可看出就懷氏哲學對具體普遍性之探討及重視整體性美感的欣賞以了解宇宙眞實的側面言之，其近於詩（*MT* 174），但就其「尋求哲學公式——範疇總綱，然後藉此公式的運用，詮釋經驗中的一切元素，或解決問題」的側面而言，又類似於數學。因此，懷氏哲學可說是結合了數學與詩（或藝術）。

更可能形成某種等級的宗教。在這兒，我必須補充一點：即由「丁」中所謂對抽象普遍性的探討，繼而形成各種分殊科學，也可能形成以「科學宇宙」為中心的宗教，尤其是以「自然科學的宇宙」為中心更容易形成例如愛因斯坦所認為的宗教㉟。

然而，更重要的是，越高級的社會越能同時運用中心實際物及靈魂兩方面的作用，透過「合理想像的普遍化」將各種抽象的分殊科學及詩、藝術等加以綜合性、統觀式的整合，並尋求最廣泛的普遍性，同時又透過此去細節化詮釋人們經驗到的一切元素，而形成懷氏型的哲學，由於懷氏型的哲學乃是嘗試將前述各種相當強化的人類的學問加以整合統貫，而且也可以獲致相當強化的成功，因此是相當高級的哲學。其次，從人類歷史觀之，上述各種人類學問往往不斷地在強化、豐富其內容與意義，尤其是各抽象的分殊科學更是隨著時代而不斷地有創新性的突破，因此，懷氏型的哲學內容與其所涵蓋的豐富意義一方面固然有其永恆的一面，但另一方面也隨著時代的演化，更加豐富，更加創新，表達也更加清晰，亦即更加強化，而形成更高級的哲學。

此外，在下一章中，筆者又將證明懷氏型哲學在最後又需要一種懷氏型的上帝存在，繼而形成懷氏型的宗教。此種宗教既然是奠於懷氏型哲學，因此可說是同時強化人類之中心實際物及靈魂的作用且加以綜合而形成，所以比前述單純由「科學」、「道德」、「藝術」、「靈魂」為中心所形成的宗教更高級，當然它也是透過「合理性」及「信仰」交融而成，因此懷氏型宗教也是相當高級的宗教。

從上述，可發現下列二點：①具有各種不同等級的詩、藝術、哲學與

㉟參閱①愛因斯坦著，劉君燦譯：人類存在的目的。臺北：晨鐘出版社，民國六十年十月初版，頁三一～三九，此部份乃論述「科學與宗教」的關係。②曾蘭英編：紀念愛因斯坦，頁四六～四七。③本論文第四章第三節。

宗教的活動，是構成檢驗社會低高級的決定因素之一。②具有懷氏型的哲學及懷氏型的宗教的個人是相當高級的社會，因此懷氏一生的發展，也可說是由較狹隘的普遍性所形成的某程度的高級社會，逐漸強化、提昇而至其形上學（含宗教），最後當整個哲學系統的建構完成，則是形成更高級的社會，因此其一生的社會持續歷程，卽是不斷提昇至更高級社會的歷程。

結　語——民主社會爲極高級的社會

從上述可了解區分社會等級的普遍決定因素爲㈠從社會起源觀之，則基本上指①概念感受②心極。㈡從結構上觀之，則指①結構的複雜性②結構模型的彈性③中心實際物④靈魂。上列因素越強化，則社會越高級。其次，透過上述理論臆測性較高的決定因素所引出的較具實證性的決定因素卽①自由度②開放性③吸收新異物的能力④創新性或創新力⑤個別差異性及多樣性⑥象徵符號（如語言）⑦制度⑧象徵符號制約下的行動⑨協調與動態和諧性⑩自我控制⑪價值感⑫道德責任感⑬宗教⑭機能的分化、抽象思考能力與直覺⑮透過上述能力所形成的各種抽象分殊科學及詩、藝術等⑯懷氏型哲學及宗教。其中從⑫以後則已屬較高級社會，如動物及人才較明晰顯出的決定因素；而⑬以後則是人類才更明顯享有的社會活動或區分人類社會高低級的決定因素，當然其中機能的分化，在動物也相當明顯地可被辨識，但仍不像人如此強化。而且上列因素越強化，則可以形成社會的質或結構的改變。

上列起源、結構、活動三方面所提出的決定因素是相互關聯且越強化，則社會越高級。然而懷氏的社會既然是形上學的普遍性的觀念，因此：①本結語所要討論的人類社會，甚至更狹隘的民主社會，乃是其中的特例。②上述決定因素的理論也可應用於區分各種人類在各種不同時

空下所形成的各種不同的人類社會結構之高低級。就人類歷史上曾出現過的各種社會而言，最能强化上列因素的社會即是健全的民主社會，所以民主社會是目前最高級的人類社會。至於民主社會如何强化上列決定因素或爲何是最高級社會，則非本論文短短篇幅所能盡述。但從下面的討論則可獲致重要且基本的了解。換言之，即是對如何解決第二時代問題可獲致如緒論中所述的「至少已導出了如何解決問題的正確方向及解決問題的最重要部份」。

所謂的民主可分成觀念的民主與制度的民主兩方面來討論。

就觀念的民主而言，我們須了解民主理論的最基本出發點在於個體與個體的相互尊重。此處個體並不限定於個人，而是指萬有。更精確地說，則可套用懷氏術語—指社會，甚至更細節言之，則指實際事物。而透過相互尊重則形成民主社會各種基本特徵—如自由、和諧等等。例如個人與個人之相互尊重對方或甚至尊重對方的任何剎那，則可形成相互給予生存的保障與思想、信仰、個性發展之自由及確保相互間的和諧及其他人之所以爲人而異於其他自然界的萬有之基本權利與尊嚴，進而使「天生我才必有用」成爲具體實現的事實。以特殊例證言之，如師生間的相互尊重，亦即不只尊師重道，也須尊生重道，如此可使兩者的關係更加自由、更加融洽和諧，而較不會形成衝突對立或權威式、塡鴨式、灌輸式的教育方式。相反的，可培養學生獨立思考的能力及健全的人格發展，同時，爲師者也更能强化「教學相長」的效果，此即形成師生間的民主；而老板與雇員、資方與勞方、管理階層與被管理階層的相互尊重則不會形成雙方的對立、衝突，如此即形成經濟民主的一部份；至於政治上，則管理階層的政府與被管理的人民、或執政者與在野者的相互尊重，而且前者之政策與法律制度的制定，一方面基本上依循大多數人民的要求；但另一方也尊重少數人的看法，而形成在相互尊重的態度與

行為下去協調各種不同的看法，以便形成有益於社會的各種法律制度及政策，如此則可形成民主政治的基礎，當然社團也是個體，若社團與社團相互尊重，則可形成結社的自由及社團間的相互和諧，甚至也為健全的政黨政治立下基礎；而對每個人均具有相同的普遍人性的肯定與尊重，則形成道德民主的基礎。此外也可把大自然當作一個個體，人們對自然的尊重可形成生態保護的觀念，有了生態保護的觀念與行動才更能形成生態平衡及人與自然的和諧……等。上述顯然都是構成民主社會的基本要素。

從上述，顯然透過相互尊重可形成自由、和諧，當然因為尊重對方的一切，則更能思考不同的經驗，更能容納吸收不同的意見，即使是異質的新異物也能包容吸收，如此則可使得整個社會的結構模型之彈性增大，且形成不斷創新的開放社會。蓋不同的看法往往能迸出智慧的火花，因此，在上述情況下，一方面使得各種分殊學科在學術充分自由的氣氛下更能高度發展及高度自由創新，如此才更有機會形成更強化、更高級的懷氏型哲學，另一方面也使得社會成員之個別差異性更加強化。而形成了多元價值或多樣性、多彩多姿的社會結構。但這些多元性，由於是奠定在相互尊重的基礎上去協調，因此多元性並不會形成對立、混亂、而是相互交織成具有和諧的結構模型的統一體，而且由於不斷的創新，使得社會活動更加豐富、更複雜化、更自由化、更有活力，而形成更動態和諧且多彩多姿的開放社會。但社會愈如上述，則相對的，社會問題也愈複雜及多元化，若想切實解決實際問題，則越須專業知識，並不是只靠道德的提倡即能解決一切實際問題，如此分工越細，則越形成機能更加分化的社會，亦即形成「專家政治」，但此處之專家政治不意味著即不需要統攝各問題而形成的更複雜的大問題的解決者，相反的是更加需要，而此種人即是如懷氏型的通識者或哲學家，如此才更可能形

成健全的民主社會。當然這或許有些理想化。而且由於通識與否是程度上的區分，因此人類的社會也不可能如前述的完美和諧，但總是值得人類奮鬥的目標，以便使社會更完美、更和諧。

總之，就觀念而言，民主是透過相互尊重的原理以形成一種高級的倫理道德。換言之，民主本身即是一種具有高級道德的生活方式，並且由此形成政治民主、經濟民主……等觀念、行為及制度。同時透過此種生活方式即自然能強化上述區分社會等級的決定因素。

其次，上述畢竟只是觀念、理論，是一種道德，並不是很可靠。因此民主社會又須透過客觀制度的建立來努力保障上述觀念民主能確實落實於社會活動中。因此談民主社會更須考慮制度的民主。

所謂制度的民主即是透過法律條文來保障，以形成所謂的法治。最基本且最重要的即是透過民主憲法的實行❸❻來保障，也可說民主社會的結構模型即指民主憲政體制。蓋一般的民主憲法基本上必然具備下列三種要素：㈠積極保障人民的基本權利：如保障言論、講學、著作及出版、集會、結社……等自由。例如我國憲法第二章第八條到第十八條❸❼但為了防止甲尊重對方而乙不尊重對方（含政府與個人），而有如第二三條及二四條的設定。但基本上，在一個民主社會最基本的自由即是言論自由，這是促成社會進步─如語言強化、分殊學科發展……等的必要條件。例如我國憲法第十一條規定「人民有言論、講學、著作及出版的自由。甚至如美國憲法修正後的十條「權利法案」(The Bill of Right)中最著名的第一條更明確規定：「國會不得制定下列法律：確立一種國

---

❸❻單單只提憲法是不夠的，因為有些憲法本質上是具有專制、獨裁性質，例如蘇聯、中共，因此必須冠以「民主」一詞。

❸❼參見劉慶瑞：中華民國憲法要義。臺北：三民書局。民國七十年，修訂十二版。頁二六五～二六六。

敎或禁止信敎自由；剝奪人民言論及出版的自由；剝奪人民正當集會及向政府申訴補救損害的權利。」而且日後更將其擴大解釋不只適用於聯邦政府，而且也適用於州政府，卽地方政府。

㈡規定政府組織，一方面使政府可依法行事，積極為人民謀福利，另一方面也防止政府各機關之權力的濫用。例如我國憲法第三章到第十二章❸。

㈢基本國策的制定，此方面乃是規範社會發展的永恆目標，並確保國家的長治久安，確保政權的和平轉移。例如我國憲法第十三章如第一三八條規定「全國陸海空軍，須超出個人、地域及黨派關係以外，效忠國家，愛護人民」。一三九條規定「任何黨派及個人不得以武裝力量為政爭之工具」。第一四〇條則規定「現役軍人不得兼任文官」。❸，而㈡㈢之制定，其部份功能也無非是使㈠之功能更加強化。

總之，透過民主憲政體制的此三大部份的客觀、圓熟、公平的運作，則可使前述觀念的民主更加落實，而獲得制度的保障，且更容易形成無暴力的和諧社會。很顯然，就人類歷史上所曾出現過的各種不同的社會制度中，最能客觀保障，最能強化前所述及的決定因素的社會制度，卽是健全的民主制度。因此，民主制度是最高級、最強化的制度。

總之，民主社會一方面透過自由化、多元化的啓發式的敎育及大衆傳播去培養人們民主的觀念，另一方面也透過憲政的施行，使得社會的成員養成民主的生活方式或憲政習慣。如此則可使個人或整個社會自然的強化上列區分社會等級的決定因素，而使得社會中每個人及整個社會日益朝向更高級的社會邁進。換言之，越民主的社會乃是越高級的社會。但對於越民主的社會與語言的強化的相關性，一般民主理論家並未刻意

---

❸同上，頁二六六～二七七。
❸同上，頁二七七～二八〇。

去表達，因此底下筆者將對何以越民主的社會語言越強化加以補充。其理由乃是越民主化的社會，言論越自由，因此也較不需要擔心其言論是否違反法律。蓋其法律的制定，語言相當清晰明確，而且自由度大。所以較能將內心的各種想法加以暢所欲言的表達，所以語言的表達也更容易清楚。就法律用語而言，也更加清晰嚴謹化，而不致於使用詞意太含混籠統的字眼，以致於形成一樣的法律對不同的對象但具有同樣行為卻形成不同判決。當然語言越強化、越清晰，就越容易相互溝通、相互協調，自然也越能促進社會和諧。其次，語言的強化自然也導致分殊學科及哲學之更加進步，而促進社會的進步。

　　從上所述可了解，透過懷氏形上學的延伸、擴充、與修正、扭轉問題討論的方向，一方面可使社會學或實務哲學和形上學相關聯，同時也為日趨民主化、自由化、多元化的開放社會提供形上學的理論基礎。因此也解決了緒論中第二問題的主要部份。

　　反觀越低級的人類社會，如法西斯主義及共產主義控制下的專制社會，對不同的或有異質的新異物或思想較不能加以吸收容納，因此較無法創新且自由度較低。此外更為了壓抑人性天生追求自由與創新的本性，往往透過建構化及未建構化的暴力❹對教育內容及大眾傳播內容加以控制，使人民的意識型態或價值觀一元化。因此表面上往往是相當和諧、團結，但實際上卻是虛假單調、表面的低級和諧與低級團結，而且扼殺了人性所追求、所要求的尊嚴、自由與創新力。總之，是形成了封閉的結構模型及單調且彈性較低的封閉社會。因此一旦與開放的、多元的、

<hr>

❹參見①殷海光：如何辨別是非。臺北：傳記文學出版社，民國六十七年，頁一二～一九。②殷海光：思想與方法。臺北：大林出版社，民國七十年一月，再版，頁五八～六〇。③拙著：邏輯與人生。臺北：書林書店，民國七十六年，頁二六二～二七六。

自由的民主社會相比較，則形成了一種外在環境的大刺激，而引發許多不易解決的困擾，如投奔自由。甚至也可能導致整個社會制度的強烈潰敗。換言之，人類的天性使人希望由彈性及自由度較小的社會奔向自由度及彈性較大的社會，此即投奔自由的哲學意義。

上列區分社會等級的決定因素也可應用於區分一個人的每一刹那，或諸多刹那，或一生的行爲的低高級。當一個人某一刹那或諸多刹那或一生的行爲只是類似於低級的植物社會的活動，則我們稱此人此一刹那是植物人，其他如文學上隱喻的描述某個人的行爲如木頭人、礦物人、機械人、或對牛彈琴……等，都可透過上述理論加以詮釋。從這兒也可看出上述社會理論之應用範圍相當廣泛。

最後，從本章的討論又可產生下列的問題：①宇宙中諸多社會乃呈現著層級結構是否有其更終極合理性的原因或根據呢？亦即爲何會呈現上述層級結構呢？②上列區分標準中的新異性及自由創新、主觀目的、或秩序，其最原始的根源爲何呢？或說它如何，或爲何形成呢？是否有更合理的根據呢？③按照本章所描述的區分社會等級的決定因素，既然越強化則越高級，那麼最高級的社會是什麼？關於上列問題的解決都涉及懷氏的上帝理論，因此在下一章中我們將詳細討論何謂上帝。

第四章
上帝—偉大神聖的實際事物

前　言

就如第三章第三節所述，懷氏基本上認爲高級宗敎是在信仰及合理化階段形成後才出現，因此，懷氏也嘗試透過其範疇總綱的運作去「合理化」詮釋宗敎信仰中最重要的對象——上帝（God），以便形成他心目中的高級宗敎。所以，本章的重點卽是要探討其上帝理論，至於有關宗敎如何形成的次要部分則存而不論。

所謂的上帝，就懷氏而言是必然存在，而且也是實際事物的重要例證（cf. *PR* 343）。但是旣然名爲實際事物，則祂也必然具有第二章所述的普遍形式結構及特性，亦卽祂必然具有單純物理感受、概念感受、轉化、對比感受及超主體諸側面等階段。但是其內容必然有異於一般實際事物，爲了表現其差異性，懷氏甚至在相應於上列普遍形式結構的諸階段也使用了特殊的語詞來表達，他把上帝的諸多概念感受的側面稱爲上帝的根源性、原始性或先在性（God's primordial nature）（*PR* 87）；就上帝的單純物理感受、轉化感受及對比感受諸側面，可簡稱爲諸多物理感受的側面，懷氏稱爲上帝的後得性（God's consequent nature）（*PR* 89）❶；就超主體的側面，稱爲上帝的超主體性（super-

---

❶懷氏的後得性雖然只云由物理感受所構成（*PR* 89），但顯然物理感受分爲單純物理感受及轉化感受（*PR* 232），據此又和概念感受整合而成對比感受，筆者認爲須將上列各感受所形成的歷程均視爲後得性的構成內容，如此才合乎整個懷氏的上帝理論的要求，否則就不合理了。這也是筆者詮釋懷氏上帝後得性的基本立場。

jective nature)（*PR* 89)，此即上帝的三性。關於此三性何以如此中譯，筆者將在第一節甲中細述。

其次，就理論上的先後而言，上帝「似乎」不同於一般實際事物的歷程遷移。亦即就理論的區分，上帝的第一階段或第一側面是「先在性」，後有「後得性」，再有「超主體性」；而一般實際事物則是先有「單純物理感受」，後有「概念感受」等。但實際上，三性又是同時發生、同時存在、同時形成的。然而①何以上帝三側面需用上述特殊的術語？②何以它必然存在？又何以使用宗教術語稱爲上帝？③又何以如本章標題所云：上帝乃是神聖偉大的實際事物？④甚至懷氏又謂上帝只能稱爲實際事物，而不能稱爲實際刹那，其理由又爲何呢？這些問題在本章中都會有詳細交待。此外，本章也嘗試進一步解決下列問題：①第二章中所留下來的兩個同時發生的刹那事態（contemporary occasions）之相關性問題，及概念廻轉所引進的新異性又從何而生？②第三章中之整體宇宙中社會和諧的層級結構之何以形成？其最後的理論基礎爲何？③繼續解決諸論中的三大問題，尤其是第三大問題─宗教上有關各種神明理論之歧異與整合問題。

爲了使讀者更容易了解懷氏上帝理論及其如何應用，因此在此前言中筆者將先透過常識性的論證以證明上帝及其性質在理論上之可以存在或可能存在，不過筆者要提醒的是：這並不是實際上必然存在的論證。

首先，既然除了上帝以外的一般實際事物的概念感受都只感受部份永恒對象，或說只感受了部份實際事物的部份概念感受，那麼我們自然可以推論是否可以（或可能）存在著某一種實際事物，其概念感受能感受所有的永恒對象。很顯然，理論上是可能存在也可以存在此種實際事物的概念感受，此種性質即是上帝的先在性。爲了幫助了解懷氏之上帝，我們就以「人」爲例來補充說明：每個人大致上都具有不同程度、

不同方面或內容的私心，而越高級的人，私心越少。那麼理論上是否可以存在一種高級的「X」，祂卻毫無私心，很顯然理論上是可以存在的。此「X」即是上帝。當然「大公無私」只是上帝的一個側面；同樣地越高級的人具有越多的美德，但很顯然可以從理論上推測，可以或可能存在一種「X」—祂具有所有實際世界中已實現的任何美德及可能存在的任何美德，則此種「X」即是上帝。

其二，就一般實際事物而言，雖然是物理「攝受」了每一其他實際事物的某些感受，甚至更精確地說，則只是物理「感受」了部份實際事物的部份物理感受，那麼是否可以或可能存在著某種實際事物，由於它的主觀方式是強烈的喜愛所有實際事物的所有感受，因此無消極攝受的運作。所以祂是物理感受了所有實際事物的所有感受而形成了雜多的單純物理感受。然後又透過轉化將此實際事物之概念感受與此雜多的單純物理感受加以比較整合，而其轉化過程也無消極攝受之運作，且形成一種具有和諧的層級秩序為界定特徵的最大最複雜、最高級的社會。顯然，從理論上說是可以、也可能存在此種實際事物的物理感受，此即上帝的後得性。

其三，既然每一個實際事物都是被其他實際事物所攝受，但並不必然被其他實際事物所直接感受，那麼是否存在著某種實際事物，祂不只是被任何其他實際事物所攝受，而且也必然被所有實際事物（包含祂自己）所直接感受。很顯然地，理論上是可能也可以假設有此種實際事物之存在，則此實際事物之此種性質即為上帝的超主體性。

同時具備上述三種性質的實際事物即是上帝。從上述可了解上帝在理論上是可以存在或可能存在的。但卻不是必然存在，因此，底下，筆者將透過「存有原理」論證上帝在懷氏形上學中的必然存在或必需存在。

第一節　上帝三性——先在性、後得性、超主體性

甲、上帝三性的必然存在與同時性的討論

　　就如第二章第一節丙段落所述的：永恒對象既然可分為①已實現過的永恒對象、與②未曾實現過的永恒對象，那麼依照存有原則——每一事物（entity）必然被某個實際事物所感受（PR 41）——既然此未曾實現過的永恒對象乃是「事物」、「實有」，因此必然被某個實際事物所感受，而內存於某種實際事物中。就懷氏言之，他把此種實際事物稱為上帝（God）（cf., PR 46, 250）。至於何以把此種實際事物以「上帝」表之，其理由下文會說明。因此，在第二章第二節中所討論的概念廻轉所感受到的概念評價中的永恒對象—相當有親近關係的永恒對象，若其不是包含於起始資料及客觀內容中，則必然是未曾實現過的永恒對象。因此此種永恒對象必然內存於上帝中。就懷氏而言，既然感受此種未曾實現過的永恒對象可引進絕對的新異性，則很顯然地，上帝乃成了新異性的源頭（the source of novelty），因此，懷氏說：「上帝是新異性的器官（organ）。」（PR 67），「除開上帝，將不可能有密切相關的新異性。」（PR 164）甚至更進一步云：「若無上帝的介入，世界上將無新事物，而且世界也無秩序可言。」（PR 247）❷。

　　其次，我們也可以如此論證，既然實際世界中的實際事物的數目是有限多，且每個實際事物所實現的永恆對象也只是有限多，有限加上有限還是有限，因此，實際世界的所有實際事物所實現的所有永恆對象之總和依然是有限多，但既然永恆對象是無限多，因此一定存在一些未曾

---

❷上帝何以與世界的秩序相關，乃本章的重點之一，在乙、丙段落將會細述。

實現的永恆對象，而且未內存於任何一個實際世界的實際事物中，若依照存有原理，任何事物必然內存於某個實際事物中，所以，這些尚未實現的永恆對象必然內存於某個不是全然屬於實際世界的實際事物中，此種實際事物顯然和全屬於實際世界的實際事物有所不同，因此，懷氏把此種實際事物稱爲上帝，而純粹屬於實際世界的實際事物又稱爲實際事態或實際剎那，所以，上帝雖然是實際事物，但並不是實際事態或實際剎那，上述上帝之感受未實現的永恆對象，實乃上帝之先在性所致。

　　但顯然上述論證雖然證明上帝的必然存在，也證明了上帝的概念感受必然感受了這些未曾實現過的永恒對象，但顯然並沒有論證出懷氏所說的：「上帝的先在性乃是由許多概念感受所共同聚合而成的統一體，而這些概念感受的資料乃包含了所有的永恒對象。」(*PR* 87-88)❸，而且「缺少消極攝受」(cf. *PR* 31, 345)❹。換言之，並沒有論證出上帝的概念感受乃感受了所有無限多的永恒對象。關於此，我們必須同時考慮上帝此種實際事物的物極運作所產生的物理感受。此種物理感受懷氏稱爲上帝的後得性。至於其何以使用此名稱，稍後即討論。但基本上懷氏認爲上帝不只是概念感受缺少消極攝受的運作，甚至主張單純物理感受及轉化感受的運作中，即後得性中，都缺少了消極攝受之運作。因此，上帝的物理感受乃感受了當時宇宙中的所有實際事物的所有物理感受，亦卽如懷氏所說的：「上帝的後得性乃是物理攝受了此正在演化中的宇宙的諸多實際事物。」(*PR* 89)，而且「無失無妨害」(*PR* 346)。所以就理論上言之，上帝的物理感受必然是在現前宇宙中所有實際剎那生成後才存

---

❸懷氏云：「此先在的被創造的事實乃是無條件概念評價整個雜多的永恒對象。」(*PR* 31)

❹懷氏云：「上帝本性的某個側面（指先在性）是由概念經驗所構成，這種經驗是世界中的根本的先在的事實，不受祂所預設的實際物之限制，因此祂是無限的，缺少一切消極攝受。」(*PR* 345)

在，而且其形成更可說是上述所有實際利那相互關聯所造成的結果，因此懷氏把上帝的物理感受稱爲 consequent nature, consequent 即含有結果或後來得到的結果之意，因此譯爲後得性❺。其次，從經驗的觀察及邏輯定義方式可了解：具備上述性質的實際事物眞的必然存在，那就是全體實際宇宙的每一利那。蓋旣言整體宇宙，即表無所不包，否則即不叫全體，換言之，每一利那的全體宇宙即是全等於上帝的後得性❻；此外也可透過存有原理討論上帝後得性的必然存在：亦即旣然一般實際事物往往只感受了某些實際事物的某些感受，那麼其他被消極攝受所排斥的實際事物或某些感受又置於何處呢？蓋旣然實際事物成爲過去，是一具有抽象性的實有，感受本身也是實有。因此依照存有原理，它們必然被某種實際事物所感受而內存於此種實際事物中，此種實際事物即是懷氏所說的上帝。也許有人會問：上帝旣然也是個實有，那麼祂置於何處？很顯然我們只能說祂置於祂自身，亦即上帝感受了祂自己而內存於祂自己。其所以如此，乃因上帝蘊含了全體的意義❼。

但旣然上帝的物理感受必然存在且感受了所有實際事態的感受，但由於物理感受必然衍生出概念感受，而且其概念感受又是對這些物理感受作概念式地評價，再加上上帝强烈的喜愛所有評價中的永恒對象，因此上帝乃是概念感受了所有已實現於實際世界中所有實際利那所概念感受到的永恒對象。這些已實現的永恒對象加上前述上帝已概念感受了所有未實現的永恒對象，則上帝顯然是概念感受了所有無限多的永恒對

❺此處譯後得或結果，只是理論上區分其先後，實際上上帝三性均是同時發生、同時完成的，此乃本節的重點之一。

❻此處全體宇宙之意義，並不包含上帝先在性中的未實現的永恒對象。而是指具體的實際的全體宇宙一利那，當然不只是包含了物理宇宙，也包含了生物宇宙，人文及社會宇宙，而且是加以整合所形成的統一體。總之是包含整合一切實際利那所形成的統一體。

❼關於上帝感受祂自己，在本章本節乙之二中將更進一步說明。

象。

　　然而由於上帝感受了未實現的永恒對象，因此未實現的永恒對象在理論上「似乎」應先於一切實際利那而存在才合理。其次，我們也可如此設想：全世界第一個被實際利那所感受到的永恒對象，在理論上必須先於一切實際利那而存在。然而上述未實現的永恒對象及第一個實際利那所感受到的永恒對象又從那裏來呢？依存有原理，則它們又必須內存於非實際利那的實際事物中。此實際事物懷氏稱爲上帝，因此上帝的概念感受在理論上必然先於一切實際利那而存在。因此懷氏乃使用 primordial nature 一詞描述上帝的概念感受。蓋 primordial 含有最先存在的、原始的、最初的、開始卽存在、根源的、根本的、第一的，一切由祂而存在的意義，但又爲了表現其在歷程遷移之優先地位及表現其最先存在的意義，因此「勉強」譯爲「先在性」，以便和「後得性」之譯名相對比。換言之，就理論上而言，是有了上帝的先在性的存在才有了其他實際事物之生成，因此「在此意義下，上帝可被稱爲每個時間中的實際事物（卽實際利那）的創造者。」(PR 225)，亦卽上帝創造了世界。

　　但是我們又從其概念評價調整所有實際利那的所有物理感受，理論上似乎又當後於一切實際利那，似乎兩者已形成詭論 (paradox)，但實際上此理論上詭論的形成是由於實際上此二種感受乃是整體且不可分割，且無先後之分，是同時發生、同時完成的。「勉強」言之，卽是「上帝與世界同時開始」。換言之，就筆者觀點言之，實際上，上帝是否創造了世界是個人信仰的自由；但就理論上、邏輯上而言，則上帝創造了世界。

　　然而上帝不只具有先在性、後得性，而且祂也和一般實際利那一樣，同時具有超主體性，亦卽上帝本身也必然成爲被其他（含新異的）實際利那所攝受的對象，而且必然被感受到。其理由如下：由於上帝的先在

性，乃感受所有永恒對象，因此任何實際利那所感受的永恒對象也無非是直接或間接從上帝而來。就懷氏而言，「上帝的被在時間中的主體所對象化，乃是透過混合感受。此感受乃以上帝的概念感受爲資料而形成。」（*PR* 246）❽，再加上後得性乃感受所有實際利那的所有感受，所以是內存於宇宙且無所不在。而任何實際利那的生成至少須感受數個實際利那的數個感受，所以實際利那的生成必然感受到上帝後得性的某些感受。因此上帝乃是必然被每一個其他實際利那所物理感受到；此外每個實際利那也必然概念感受到上帝的某些永恒對象，只是每個實際利那感受到上帝的永恒對象的性質、數量隨著不同實際事態而不同，但感受越多則越高級，因此，我們也可說：宇宙萬有必然分享了上帝某些性質。

　　總之，上帝也和實際利那一樣具有超主體性，而被對象化。亦卽上帝也準備投入未來，以等待另一個後起的實際事物去感受祂。當此實際事物形成時，上帝又立卽透過其後得性加以感受，如此週而復始，而形成宇宙不斷的演化。透過此性質則形成了對一般實際事態的自我的超越創造的品質管制或限制（qualification），亦卽如懷氏所說的：「上帝的超主體性乃是關於祂的特殊滿足感的實現所形成的實用價值的性質（按：此處實用價值卽指上帝的對象化被一般實際事態所感受），祂品質管制了（qualifying）在各種不同時間中的例證（按：此處例證卽指各種不同的一般實際事態）的超越創造。」（*PR* 89）爲了方便起見，我將此種管制稱爲「上帝對於創造活動的超主體性的品質管制」（God's super-jective qualification on creativity），底下簡稱爲「超主體性的品質管制」。

----

❽此處須注意混合感受可分爲兩大類：一類卽是對一般實際利那的感受；一類卽對上帝的感受（*PR* 246），前者之概念評價並不可能引進強化的新異物。但後者的概念評價則可引進強化的新異物。

從上所述，即可了解上述上帝三性之基本意義及其同時發生、同時存在、同時形成的特性。

乙、抽象層級與動態連續創新的和諧宇宙

乙之一、抽象層級、自由、終極非理性與和諧

既然上帝的先在性是由所有的概念感受所構成，並且感受了無限多的永恆對象間的關係，然而這種感受又蘊含了調整（adjust）永恆對象間的關係（cf. PR 32），因此懷氏「獨斷地」認為這些永恆對象相互間的關係乃形成了抽象的層級結構（an abstractive hierarchy）（cf. SMW 167），此即第二章第二節所提的永恆對象的關係本質，其形式結構大致可採用下列集合符號加以表達，亦即 En ⊃（En-1, En-2, En-3, …），En-1⊃（En-2, En-3, En-4, …），其中 En⊃En-1，但是 En-1 ⊅En 反過來說 En-1⊂En，但是 En⊄En-1，其中 E 代表個別的永恆對象❾，其性質可細節化地描述如下：

㈠任何層級之間是連續的（cf. SMW 168），其中包含了許多不確定數量（indefinite number）的永恆對象。此外永恆對象的數量是無限多，因此前述之 n 是由一到「無限多」，此和社會數目是有限多有所差別。

㈡ n 越大，則包含整合的範圍越大，其結構也越複雜，但也越抽象、越高級，此種包含整合也可說是形成對比（cf. PR 228-29）❿。

㈢最低級的永恆對象乃如單一的感覺資料（sensa），而越高級則越

---

❾參閱，沈清松：懷黑德的形上學（三），臺北：哲學與文化月刊，第十一卷第二期，頁五四，此集合符號之表達係沈君之貢獻，然而，沈君却忽略註明 n 是從一至無限大。

❿關於對比的理論在本章結論將有完整的說明。

形成更複雜的複合永恒對象（a complex eternal object），也可稱爲「模型」或「典範」（pattern），至於更複雜者又稱爲「結構模型」（structural pattern）❶。但無論何種層級模型都是由較低級、單純、較不抽象的諸多個別的永恒對象抽離出來所形成的對比物。而此抽象層級的較高級之結構模型乃如抽象的眞、善、美等。其中又以抽象的美感秩序來統攝善與眞，至於道德的善或邏輯及科學上的眞都只是上述「美感和諧」的側面。就如懷氏所說的：「一切秩序都是美感秩序，而道德秩序只是美感秩序的某個側面而已。」（RM 101），又謂「眞的作用乃是爲了美而服務，眞的具體實現過程也成了提昇美感的一個元素。」（AI 267）。因此懷氏所謂的美乃是必然蘊含了善與眞，亦卽美的必然眞與善，反之則不然。換言之，美感秩序爲最高理想、最高統會，又可稱爲「大和諧」（Harmony）（AI 261, 263, 286）或「偉大和諧」（the great Harmony）（AI 281, 292），或「和諧中的和諧」（Harmony of Harmonies）（AI 292, 296）及和平（peace）（AI 285, 292）。因此底下筆者儘量使用「美感和諧」一詞來表達。其次，上述層級結構中，從整體觀之，各層級間也是和諧的關係，因此筆者又用「美感和諧的層級結構」一詞來表達。而所謂各種抽象的邏輯系統（卽關係）或抽象的各種幾何系統，或各種抽象的社會關係，都是上述層級結構中的例子。此外，美感和諧的層級結構所形成的和諧秩序可說是上帝概念中對整體宇宙的理想藍圖，也可說是上帝的普遍的主觀目的，因此懷氏說：「宇宙（the universe）的目的乃是導向美（beauty）的產生。」（AI 265）

然而上帝也和一般實際事物一樣具有「欲望性的要求」（appetition），亦卽要求其概念感受之資料能够實現於實際世界中（PR 32）

---

❶參閱本論文第三章第二節甲——結構社會。

⓬，以求得上帝的自我滿足。此處的資料即指上述無限的永恒對象，但永恒對象就如前述，有①個體本質，②關係本質─即上述的理想藍圖或所謂上帝的主觀目的。因此就①而言，上帝的欲望不只要求每個實際事物都實現某些（至少一個）永恒對象，而且更希望其實現高級的永恒對象，藉以使實際事物具有高級確定特徵或形式，或社會具有某種高級的結構模型。就②而言，上帝的先在性也欲求在諸多實際事物或諸多社會中的相互關係或是所有社會的組織狀態（configuration）能夠形成上述整體性的美感和諧的層級結構的秩序，以滿足其欲求，而上述欲求的內容即為上帝此種實際事物的主觀目的具體內容。就一般實際事物而言，它在其時間化的具體化的聚合成長歷程中，可能是盲目的、無意識的、無自覺的，也可以是有意識、有自覺的，接受了此上帝所提供的初始目的（initial aim），然後開始其全然自由的、自我創造的歷程，亦即開始其以自己為原因的具體化聚合成長歷程（PR 244）。就此意義言之，上帝的先在性可說是具體化聚合成長歷程的原理（the principle of concretion）（PR 244, cf. SMW 174），也可說是初始目的的泉源（the source of initial aim）（cf. PR 67, 189, 224, 244, 283, 344）。

綜上所述，可了解下列二點：①上帝欲求中的概念評價乃是對所有無限多的永恒對象的相互關係作最終極、最基本的調整，透過此調整即形成了美感和諧的抽象層級的秩序或所謂的概念中的秩序，此秩序即形成了實際事物或社會在創造中的秩序所依賴的基礎（cf., PR 32, 107, 164）。所以也可說對於層級秩序的欲求構成了上帝的先在性的較具體內容，因此上帝的先在性即是秩序的源頭（the source of order）。②上

⓬換另一種表達方式，則是上帝的概念感受可說是提供了無限的可能的價值，而「上帝的目的就是要使價值實現於時間世界中」（PR 100）

帝的先在性所提供的初始目的實際上也是對一般實際事物（實際利那）的自我創造形成一種先在限制，因此上帝的先在性也可視爲一種「限制性原理」(the principle of limitation) (*SMW* 178, cf. *PR* 164, 244)，爲了表達方便，筆者將此種限制稱爲「上帝對於創造活動的先在限制」(God's primordial limitation on creativity)，底下簡稱「先在性限制」。此種限制筆者認爲乃是宇宙或所有實際事物或社會形成和諧的層級結構秩序的原因之一。然而我們若追問爲何上帝的概念評價會導致抽象的層級結構，而對實際事物的自我創造歷程形成先在性、根本性的終極限制，則此乃無理由可說，也無法證明。因此上帝的存在乃是「終極的非理性」(the ultimate irrationality)，就如懷氏所說的：「因爲一切理由都從祂而來，上帝是終極的限制物，而且祂的存在是『終極的非理性』。因爲祂的性質之形成該限制是沒有理由可說的。上帝不是具體的（筆者按：此處意指上帝的先在性，上帝也有具體的一面即後得性），但祂卻是具體實際物的根據或基礎 (ground)。對於上帝的此種性質是沒有理由可說的，因爲祂的此種性質乃是合理化的基礎。」(*SMW* 178)。

　　雖然上帝的先在性提供了任何實際利那的確定形式，以及其自我創造的先在限制—卽指整體性和諧秩序的安排，同時也欲求、期望此種理想秩序能夠確實完全地實現於實際世界中；而且，祂也同時透過超主體性，以無限的耐心去等候去說服 (persuation) 任何的實際利那去感受祂，接受祂的理想，以便對實際利那的生成加以品質管制，但是這些畢竟只是「先在限制」、「提供」、「欲求」、「期望」、「耐心等候」、「說服」，而不是以祂的力量 (power) 去強迫任何實際利那去接受實現此理想；相反地，祂只是「啓發他們（按：指實際利那）去敬愛祂」(*SMW* 176)。因此，上帝的先在性雖說是限制性原理，但卻有其積極的一面，卽祂賜給了所有實際利那生成的自由，而不是決定它們的命運。因此，任何實

際利那的生成並沒有因為上帝的存在，而影響了它們以自己為原因的自由地自我創造的特性。

但是，既然任何實際利那都享有自由，因而，它可以自由的接納、感受上帝所提供的理想，但卽使是主動接納，也只是實現部分理想，而不是全部理想；更何況它也可以自由地拒斥上帝先在性所提供的理想，拒絕祂的誘導及啟發，甚至也有自由咒罵上帝及其理想，同時運用低級的攝受方式，而形成塵世中所謂負面價值的產物、或所謂惡的活動。上述各種正負面的價值活動的形成，由於是個體的自由抉擇所形成，因此是個別實際事物自身所要負起的責任，所以惡的形成，並不是上帝的責任。

然而面對善惡交織的實際世界，上帝卻有下列兩種反應：

㈠上帝一方面既不會因為實際世界形成了具有負面價值或惡性的實際事物，卽馬上「下令」限制，甚至封殺，任何後起的實際事物形成的自由。因為在實現上帝先在性的理想中，自由是最基本的因素，不給實際利那自由，是一切罪惡的根源。

㈡但更重要的是：祂雖然不需要對這些個別的實際利那的生成，亦卽個別的利那行動負責；然而在強烈欲求理想的實現及強烈的熱愛一切實際利那下，乃不排斥以任何價值形式存在的一切實際利那，而且也不在乎此一利那之前一利那是何等價值，甚至是積極地有意識地對所有的實際利那加以保存、感受以成為其內部的眞實結構，就如懷氏所說的：「在祂存有的基礎上，上帝既不偏於保存，也不偏於新異物，祂並不在意任何現前的直接利那是舊的還是新的，也不關切它的『祖先家世』……當每一個實際利那出現時，祂的溫柔仁慈與親切的照顧卽指向每一個實際利那。」（*PR* 105），換言之，上帝不只仍繼續提供了㈠中的「自由權」，而且提供了「生存權」，此外，更透過轉化範疇的運作，將先在

的理想形式轉化入實際世界中，且有意識地將所有實際事物轉化，以形成具有高級美感和諧的層級之結構模型的社會統一體—此卽全體宇宙；上述卽是上帝的後得性的作用，同時此種轉化可以說是對過去及當前宇宙的所有實際利那及社會加以協調使其享有秩序且各得其所、價值定位的過程與作用，因此，此種轉化，筆者稱爲「上帝對於創造活動的後得性協調」(God's consequent coordination on creativity)，底下簡稱「後得性的協調」。所以懷氏曰：「實際世界乃是美感秩序的產品，而美感秩序乃是上帝的內存（於世界）所導出。」(RM 101) 又曰：「上帝提供理想的結果，作爲一因素以挽救世界免於罪惡的自毀。」(RM 149)。

很顯然地，懷氏只是偏重於上帝的後得性協調是促成宇宙諸多社會形成美感和諧之層級結構的原因。然而，筆者認爲除了上述原因外，上帝先在性所提供理想藍圖的誘導吸引所形成的先在限制性及上帝超主體性的品質管制，也是促成上述層級結構的另二種原因。畢竟若實際利那感受上帝且接納上帝的理想，則自身已是善與美，且有助於全體宇宙形成部分美的和諧秩序。當然如前所述，有些實際利那並不接受上帝理想的指引誘導，且形成了世俗的惡，擾亂社會秩序，則在此種情況下，就更加顯示出後得性協調的重要作用了。因此，懷氏只偏重後得性的作用是有其理。

然而，無論作何種解釋，我們要注意的是：因爲目前的實際宇宙中，所有實際利那是有限多，而且其所實現的永恒對象也只是部分永恒對象，換言之，上帝尚存有許多未實現的永恒對象，蓋永恒對象是無限多，因此，當前宇宙的美感和諧的層級結構或美的秩序並不全等於上帝先在性的永恒對象的抽象層級或理想藍圖中的最高級的美感秩序。換言之，上帝的理想並未完全實現。

此外，也由於上帝仍具有未曾實現的永恒對象，及其理想並未完

實現，所以宇宙乃不斷地有後起的或新異的實際剎那形成，而形成越來越豐富且創新的動態宇宙，然而無論多遙遠的未來，只要有後起的或新的實際剎那形成，勢必又受到上帝先在性限制、後得性協調、超主體性的品質管制三方面的共同影響，尤其是後得性的協調，更使得整體宇宙的任一剎那均能夠一直不斷地持續著美感和諧的層級秩序，同時也在此種秩序下不斷地創新，換言之，此種創新乃是在和諧中創新，而且也是一直在朝著先在性中的最高級的美感大和諧或大和平的理想方向與目的邁進。

　　然而，這畢竟只是正在邁進中，而且無論如何邁進，由於上帝先在性中的無限性也始終不全等於整體宇宙的有限性，因此，無論多遙遠的未來，卽使此世界不斷豐富，但卻仍是有限的宇宙也始終還沒有完全實現最高級的大和諧；反面言之，則是上帝的先在性理想或主觀目的也始終尚未完全實現，所以上帝也永遠不會滿足；而由於永遠不會滿足，因此上帝也永遠不會消逝，由於永不消逝，是以上帝乃永遠地持續者（everlasting）（cf. *PR* 345），此和一般實際剎那會滿足而消逝大不相同，因此，也構成了上帝不能稱為實際剎那的理由之一。

　　綜上所述，可了解下列二點：

　　㈠透過懷氏之上帝觀可了解懷氏所認為的宇宙乃不斷創新的歷程且永未完成，此乃類似於易經哲學之視宇宙為一剛柔互濟生生不已的創進歷程，而且在六十四卦中又殿以未濟卦，以示宇宙之未完成性，有異曲同工之妙，❸此外，上帝後得性的無所不包也近似於坤德、❹或張載

---

❸易經乾卦象辭：「天行健。」（易程傳・易本義，程頤・朱熹撰，頁七；十三經注疏㈠，頁一八）又易經繫辭上第五章：「生生之謂易。」（同上，頁五八一及頁一四九）繫辭下，第一章：「天地之大德曰生。」（同上，頁六八〇及頁一六六）且易卦中首卦以乾為始，第六十四卦未濟卦，且週而復始。方東美教授卽曾用懷海德的術語─創造，將「生生」英譯為 creative creativity. cf. Thom'e

所謂的:「大其心則能體天下之物。」⑮

㈡既然任何實際刹那之形成乃是從上帝先在性的無限多的永恒對象領域中選取部分永恒對象以成就它自己的確定形式,同時全體宇宙的結構也是由上帝先在性的無限結構實現了一部分而形成。因此「價值形成的根源乃是無限和有限的融合」(*ESP* 112-113, cf. *SMW* 100) 或說是無限中選取有限⑯,所以上帝乃是價值形成的根源。此外,上帝轉化範疇的運作,或說上帝的目的,卽是「將先在性的可能價值實現於實際世界中」(cf. *RM* 100)。⑰

乙之二、相互直接性及動態連續的宇宙

從上所述,可知全體宇宙的任一刹那乃不斷地充實、豐富、創新而形成動態的宇宙;而所謂上帝的後得性旣是指全體宇宙的任一刹那,因

續接上頁

H. Fang, *Chinese Philosophy*: *Its Spirit and Its Development*, Taipei: Linking Publishing Co. Ltd., 1981, pp. 109-111, 唐君毅教授亦認為「懷氏之思想與易經思想甚為接近」(見唐著: 中國文化之精神價值。臺北: 正中書局, 民國五十七年十月臺六版, 頁六九。)且又云:「懷氏之上帝觀乃西方思想中最同於中國之思想。」(同前書, 頁三四〇) 此外, 方東美教授更曾在「民國十七年到二十一年在南京中央大學開課『懷海德哲學與易經』, 且計劃他日又將開『懷海德哲學與華嚴宗哲學』」(程石泉: 哲學、文化與時代。臺北: 師範大學, 民國七十年七月初版, 頁六七〇), 唐氏與程氏均為方氏在中央大學授課時的同班同學, 因此唐君有此觀點, 基本上當是受方先生的影響。

⓮ 坤卦象徵大地, 大地無所偏某物也無私心, 乃包容、含藏萬物且養育萬物。易經坤卦彖曰:「至哉坤元!萬物資生, 乃順承天。坤厚載物, 德合老彊, 含弘光大, 品物咸亨。」(易經傳・易本義, 程頤・朱熹撰, 頁二三; 十三經注疏 ㈠, 頁一八。), 是以孔子又引伸曰:「地勢坤, 君子以厚德載物。」(易經坤卦象辭)(同上, 頁二五及頁一九)。

⓯ 張橫渠: 正蒙, 大心篇:「大其心, 則能體天下之物, 物有未體, 則心為有外。世人之心, 止于聞見之狹。」張載集, 宋張載撰。臺北: 漢京文化事業公司, 民國七十二年初版, 頁二四。

⓰ 參閱楊士毅: 懷海德「事件」概念探討, 頁八六~八七及九〇~九一。

⓱ 參閱⓬。

此，上帝的後得性也不斷地充實、豐富、創新，而形成筆者所謂的「動態的上帝」(dynamic God) (cf. *PR* 346)。**⑱**

　　細節言之，則是當有新的「實際剎那甲」出現，那麼此上帝乃感受此實際剎那甲，進而形成上帝甲；但又有後起的實際剎那乙出現，上帝又感受之，形成上帝乙，然而此上帝乙也包含或感受了上帝甲；當有實際剎那丙形成，上帝又感受之，形成了上帝丙，此上帝丙又包含或感受了上帝乙，自然也包含或感受了上帝甲，然後協調成為上帝內部的真實結構，而且一直如此地持續發展下去。因此我們可用集合符號表達如下：以G代表上帝的後得性，甲乙丙…改成數字「1」「2」「3」……，則上帝的後得性乃是 $G_1 \subset G_2 \subset G_3 \subset G_4 \cdots\cdots$，亦即 $Gn_{-1} \subset Gn$，但 $Gn \not\subset Gn_{-1}$，亦即其中 $n \in N$，$n = 1 \rightarrow \infty$，但 $n \neq \infty$。

　　從上述，顯然上帝乃包含了過去的諸多上帝的後得性，但是如此描述仍有語病，蓋上帝的感受實際剎那或上帝感受以前的上帝，或實際剎那的感受上帝，由於不需要經過物理過程如光波的傳遞，而且上帝的感受一般實際剎那甚至也不需要生理過程，**⑲**如神經系統的傳遞，亦即此種感受具有「直接性」，**⑳**因此，兩者間的相互感受勉強可名之為「具有

---

⑱懷氏認為「若將流動性從永恒性中惡性分離，則導出全然靜態的上帝 (static God) 的概念。」(*PR* 346) 但實際上，永恒與流動乃是交互作用才形成上帝，因此，筆者反過來使用動態的上帝一詞，但此處言動態，並不代表上帝沒有永恒性，畢竟只是方便表達，強調不是靜態，更何況此處只限於討論上帝的後得性。

⑲關於物理過程並不限定在光波的傳遞，例如聲波的傳遞也是，當我感受到他說的話，則賴此聲波的傳遞。至於生理過程，則上帝並不是人體的結構，因此，上帝感受萬有，並不需要生理過程，也不需要此物理過程；這是筆者認為上帝神秘的一部分。

⑳懷氏並未對「直接性」的意義做如此的描述，但筆者認為若不如此則無法更圓滿詮釋上帝的連續性及永遠持續及量子現象及心電感應。筆者此種想法乃起源於下列物理問題的思索及日常生活的直覺：「世界上有沒有比光速更快的東西？」答案是肯定的，即人的思想速度或直覺的速度，我們可立即思想到宇宙的邊緣或遙遠的外星球，而運用光波的傳遞可能需要數光年。

相互直接性的感受」，或稱爲「宗教性的純粹直覺」，此種感受與一般實
際刹那間的相互感受之必然需要經過物理過程或生理過程大不相同。由
於這種直接性，使得「上帝並無過去」（PR 87）的意義，除了先在性
的意義外又可加上此直接性的因素而形成更豐富的意義，蓋對過去的感
受往往是由於物理過程及生理過程的接續而形成，但上帝是直接感受並
無所謂的過去，因此前所述及的「感受過去的上帝的描述」變成較不眞
實確切的表達，而形成方便了解眞實上帝的踏脚石。

　　其次，此種上帝的直接性再配合上帝後得性之爲整體宇宙的刹那之
定義，使得上帝的後得性也必須包含所謂和其「同時發生的刹那情境」，
亦卽上帝也必然直接感受和其同時發生的刹那情境；但反面言之，對上
帝而言，同時發生的刹那情境又是無意義的描述，因此勉強言之，則又
由於上帝對於同時發生的刹那及後起的實際刹那的直接感受，而使其立
卽成爲其內部結構的因素，再加上諸多實際刹那相互間的攝受乃透過共
同的永恒對象及資料相接續，而永恒對象及資料勢必內存於上帝中乙
之一所述的永不滿足、永不消逝及永遠持續的性質，卽形成了上帝的永
遠持續性的更深一層的意義及（cf. PR 346）連續性，如此則所謂「感
受過去的上帝」，則可勉強修改成「上帝也連續不斷地有意識地直接感
受上帝自身，且意識到自身乃連續不斷地成長發展、豐富、創新」，較
爲眞實、恰當。此卽動態的上帝的更精確、更豐富的意義，亦卽形成了
動態連續的上帝。所以，上帝和一般實際刹那又有所不同，亦卽上帝不
只是如一般實際刹那只是具有連續的生成歷程，而且生成歷程本身也是
連續的，換言之，上帝並不是量子，不是原子性的，如此，也使得整體
宇宙從過去到現在，甚至到未來都必然是連續的。

　　透過上述理論，我們也可透過合理想像的普遍化的方式，認爲從低
級實際事物到高級實際事物的生成歷程自身乃是由不連續逐漸接近連

續，而到了具有無限性的上帝及整體宇宙則是連續的。如此則可詮釋量子力學中當量子數（quantum number）越大，則能階的間隔越小，越接近連續；當量子數為無限大時，則是全然的連續。同時也詮釋了由相對論所認為的物理宇宙乃是四度時空連續體，亦卽上述物理理論都只是懷氏上帝論中的宇宙論的特殊例證。

　　復次，透過上帝的存在，我們也可解決第二章所謂一般實際刹那與其同時發生的刹那的如何相關聯，懷氏認為任何兩個同時發生的實際刹那並無攝受關係，蓋攝受的作用只限於對過去的事物，因此兩者間並無因果關聯且相互獨立（cf. *SYM* 16, *PR* 61），其理由，我們可以由前述之直接性加以解釋。蓋一般實際刹那之相互攝受勢必需要物理過程，甚至在稍微高級的實際刹那如植物、動物、人的刹那更需加上生理過程，因此並無直接性，所以此實際刹那只能攝受過去的實際刹那，而無法攝受和其同時發生的刹那，但是懷氏認為兩個同時發生的刹那情境依然可以有其相關性，其關聯基本上乃是透過擴延性相接續或說在同樣的擴延架構中（*PR* 62, 318）；其次，只要它們㈠具有共同的過去、共同的未來。㈡共同的地方（locus）。則可形成在生成歷程中的融合成一體而相互關聯。（cf. *PR* 346, *AI* 195-196）❷，此處的融合成一體或簡稱融合體，懷氏使用了 unison 一詞，而非 unity。例如人體的各器官的刹那均是同時發生的，但它們都在同一個地方，及必然有著共同的過去、未來，亦卽這些器官的刹那乃形成一種融合體─卽人體。另外從認識論的角度更可簡單化地說：㈢可透過共同的直接表象間接相關聯。例如觀

---

❷克里斯欽對此曾作詳盡的分析。cf. W. A. Christian, *An Interpretation of Whitehead's Metaphysics*, pp. 53-60. 另外也請參閱 F. B. Wallack: *The Epochal Nature of Process in Whiteheed's Metaphysics*, pp. 302-303 關於此方面之細論須要甚大篇幅，因此筆者擬另作一論文「相對論與懷海德時空觀的比較研究」。此處共同並不一定是全等，而是具有交集或公用之意。

察者所感受或觀察到的星星的一剎那，基本上因為光速的傳遞，甚至更細節言之還需經過神經系統的傳遞（在物理學中此項因素相對於光年是相當短，故在此例可忽略不計），才形成觀察者對星星的感受，因此所感受到的星星都是數光年以前的星星的某一剎那，而不是和觀察者開始觀察的此剎那同時發生的那一剎那的星星。但是由於主體、客體、主客關係對過去的順應性、連續性，因此可透過共同的直接表象間接相關聯。上述認知活動即㈢也可說是㈠㈡的特例，關於進一步地詳細解說，已非本論文之範圍，但從上述也可了解懷氏形上學與認識論之密切相關性。然而上述同時發生剎那的相關性，由於不是攝受，因此懷氏稱為間接的密切相關性 (indirect relevance) (PR 63) 或叫間接的內存性 (indirect immanence) (AI 196)。

但由於上帝的必然存在，使得任何同時發生的剎那，必然至少有一個共同的過去，亦即以上帝為起始資料，加以混合的感受。同樣地，也有共同的未來，亦即被上帝所感受；它們必然在共同的地方，那就是被上帝所感受而成為其內部結構，而內存於上帝中❷。因此，基本上任何兩個同時發生的剎那至少都可透過上帝而間接相關聯。再加上過去的實際剎那與此實際剎那是透過共同的永恒對象而形式相關聯而所有永恒對象必然內存於上帝中，且形成抽象層級的統一體，再加上一切的實際剎那必然內存於上帝，因此，可以說，宇宙中之所有事物之所以相關聯而凝結成一體乃是由於上帝的存在而形成。

然而，更重要的是，由於上帝感受所有實際剎那具有直接性，因此從上帝角度觀之，世界上所有實際剎那無寧說都是與上帝同時發生、同

---

❷此處我的看法和懷氏有所不同。懷氏認為「兩個同時發生的A和B必然享有某個共同的過去，並不全然為真」(AI 196) 但從文中所述，若考慮上帝的存在，則全然為真。而上帝依懷氏理論又必然存在，因此文中論點當可成立。

時完成，而且又都內存於上帝，因此懷氏在討論上帝後得性中，世界上所有實際刹那所形成的集結統一體，並不使用 unity 一詞，而使用直接的融合體（unison of immediacy），亦卽如懷氏所說的：「世界乃在直接融合成一體中被感受。」（*PR* 346），或「世界乃被感受而直接融合成一體。」兩種表達可互換，因爲上帝的任何方式的感受都具有直接性。當然世界是具有前述之美感和諧的層級結構的秩序化的融合體。

此外，透過上述相互直接性，也可詮釋超心理學上的心電感應。❷ 亦卽當兩個距離相當遙遠但同時發生的刹那，例如：兩個人在同一刹那，一個在臺北，一個在洛杉磯。但若由於兩者的主觀方式完全相同，而且同時透過混合物理感受的運作而感受到在上帝中的相同的永恒對象，且形成相同的概念感受，則由於感受上帝具有直接性，因此兩者乃是同時透過感受上帝的永恒世界的相同內容而形成直接相感通，如此則無需賴光速的傳遞等物理過程，因此，也就近乎無前後之分，如此則形成了心電感應。當然，我們若把上帝的部分永恒世界，依照民間之宗教信仰，看成是靈異世界，則可詮釋許多神秘經驗或信仰，例如透過鬼神去卜卦、算命，或所謂的「我看見了天使」或極少數具有陰陽眼的所說的：「我看到了各種神明、鬼神。」……等等神秘經驗，當然這種神秘經驗並不是每個人都會享有，而且大多數人都不會碰到，此外，一個人若經驗到此種情境，也不見得比未經驗到者高級，因爲這純粹是私有經驗，至於是否私生活更幸福快樂，則往往看其感受或經驗到何種類型的永恒對象、何種經驗內容，但由於大多數人的大多刹那均不會碰到此事，因此，往往被大多數人視爲「迷信」、「精神病」、「精神分裂症」、「神經有問

---

❷ 讀者可比較懷氏對「心電感應」的詮釋（cf. *PR* 308），他提及「直接」的對象化，及直接的混合攝受，但顯然未對「直接」的意義加以精確描述，參閱 ❷。

題」，是極其自然的道理。然而，上述稀有經驗也極有可能是因為其受到極大的刺激、尤其是面對生與死的刺激，及巨大的社會壓力而形成的心理幻覺；當然也有可能因為上述原因再加上這類故事聽多了，而自我形成幻覺，此種則是由於語言所造成的心理病症，而且也往往形成朝自己不利的方向解釋各種經驗事實，或形成以為眾人皆在偷窺他或跟踪他、監視他、注意他的心理幻覺；另外也可能前述因素加上神經系統失調或衰弱太嚴重，或單純生理問題，而形成上列幻覺。總之，上列病症可透過語言分析、相互溝通、改變環境、不理會別人所說的話、心理治療、生理及物理治療等方式，加以解消。至於依何種方式或綜合使用依個人情況之不同而有異。總之，上列所述已逐漸超乎本書所要討論的範圍，故到此即存而不論。但我個人覺得人生活在實際世界中，不去討論它，是最實際的愉快生活方式，當然若是病症則需及早治療。

最後，綜合甲、乙兩節，我們可發現：透過懷氏上帝理論而了解懷氏所認為的整體宇宙乃是動態的、連續的、有限而無界、美感和諧、具有層級結構的秩序化的不斷創新的宇宙。據此可了解或詮釋①為何物理宇宙會膨脹及有限而無界及為何是四度時空連續體且具有動態和諧的美感秩序？②生物宇宙為何是不斷地動態演化且形成層級結構？③人文及社會宇宙又何以會不斷地創新或變動？當然也可說上述分殊學科所認為的宇宙都是懷氏的上帝理論所形成的宇宙觀的特例或某些側面或片斷。此外，民主社會的重要精神之一——協調，也可透過上帝後得性的協調理論，提供其形上學的理論根據或據以存在的根本理由。

丙、社會、宗教與人生的意義

丙之一、最高級社會與無言之言的行動

從社會角度言之，上帝的社會側面，即指整體宇宙所形成的宇宙社

會，此種社會和一般社會相比，則其起源的心極、概念感受是最強化，其結構模型最複雜、最具有彈性，最能吸收容納任何的新異物及舊有的事物，其開放性、創新性是最強化，而且也不需要任何環境提供資料以維持其生存，蓋資料乃是自身內部自發形成，且不斷地充實祂自己，同時也是最有意識地自覺其自身的成長，亦即，上帝不需要環境，因此，外在環境對上帝的決定性乃等於零，因此自由度最高，再加上祂又是提供其社會成員自由創造，所以從起源上說，祂是自由的源頭，此外，其協調的對象乃是所有實際刹那，而且使全體宇宙形成最複雜最有秩序的美感和諧的層級結構，因此其協調能力是所有社會最強化、最高級的，其和諧也是最高級的動態和諧。因此上帝的社會面是最高級的社會，而上帝本身則是最高級的實際事物。

其次，在第三章中，我們提到社會越高級，語言越強化。那麼上帝所使用的最強化、最高級的語言又是什麼呢？筆者認為祂所使用的語言乃是「無言之言的行動」，而且此種行動乃是充滿了無限的愛心、耐心、寬容……等無限的各種美德去默默地感化萬有的神聖偉大的行動，此種具有無限美德的無言之言的行動，顯然是全世界最清晰、最普遍、內容最豐富的最高級語言，但也可說是最複雜、最難學到的語言，蓋一般社會是學不成、做不到的，我們只能說越接近此境界，則此社會之語言越高級。從上述，我們也可認為上帝乃是最偉大、最神聖高貴、潛移默化宇宙萬有且永遠不斷行動的行動家。透過上述無言之言的神聖偉大的行動的觀點，我們可進一步詮釋孔子所說的：「天何言哉，四時行焉！」㉔也可詮釋佛家所認為的「如來無所說」、㉕「說法者，無法所說，是名

㉔論語陽貨篇：「天何言哉！四時行焉，萬物生焉，天何言哉！」四書集註，宋・朱熹撰，頁四一○～四一一。

㉕大正藏，第八冊，般若部四，金剛般若波羅蜜經，臺北：新文豐出版公司，民國六十七年十二月初版，頁七五○。

說法」㉖「不說是佛說」㉗的深義，甚至是「若人言如來有所說法，即爲謗佛」，㉘當然上述佛學理論也可透過文字的限性來解釋，關於此，在本章第二節將進一步討論，但用上述「默默行動」的理論解釋更有實質的高貴意義。

復次，上帝此種無言之言的神聖行動，表面上，其感化工夫幾乎可說是羚羊掛角、無跡可尋，但是實際言之，則每一特殊的具體存在的每一特殊刹那又都是上帝的神聖行動的影響下所形成，所以可說是處處有跡可尋。甚至從上帝後得性言之，更是無所不在，內存於世界，處處皆有跡可尋。因此，懷氏說：「每一個行動都在世界上留下了或更深刻或更淺暈的關於上帝的印記（impress）。」（*PM* 152）

丙之二、宗教意義與擬人化的表達方式

懷氏的上帝先在性，就一般宗教的描述，即相當於天國、極樂世界、靈異世界；後得性即相當於對世界的審判（*PR* 346）。超主體性則是感化即將被審判及已被審判的事物。其主觀方式是最强化的喜歡，此即相當於基督宗教中所說的上帝的愛，但由於上帝的連續性及無限性，所以上帝的愛是連綿無盡的愛，當然也如前述具有無限的耐心及各種美德，不過也可以以「無限的愛」統攝之。

透過懷氏對上帝三性的描述，我們可綜合描述如下：上帝並不只是高高在上，在世界之外遙控指引萬有走向理想的和諧世界，而且由於上帝的熱愛世界，因此祂：從永恆的天國走入實際世界，祂同時帶著連綿無盡的愛心、耐心……等各種美德去拯救世界，去努力嘗試將天國建立

㉖同上，頁七五一。

㉗大正藏，第十六册，四卷，楞伽經四曰：「亦不已說，亦不覺說，不說是佛說。」，頁四七九。

㉘同㉖。

在塵世上，此即上帝的後得性、超主體性的宗教性表達。就此點而言，可詮釋基督宗教中由於上帝愛世界萬有，因此派祂的獨生子──耶穌到世間，來拯救世界❷，或猶太教中，上帝選派摩西做為那一時代的傳播上帝旨意的代理人或成為那時代的先知；所不同的是，懷氏的上帝乃是親自下凡塵成為人類親切的伴侶，而且也沒有所謂選民，也不在乎你信不信，甚至你咒罵祂，祂都由於其愛心，而以最大的寬容、有意識地去包容感受、拯救、協調一切，而且賦予任何事物的各別存在的意義與價值，使其各得其位、各得其所、價值定位，而且保障個體的自由權、生存權，換言之，祂對萬有一視同仁，且不願殺生，因此可說是有「好生之德」、「愛者欲其生」❸及易經繫辭所說的：「天地之大德曰生。」❸，墨子所說的：「天欲其生而惡其死。」❸的宗教情懷；此外，上列的上帝下凡塵，也有些類似佛教所說的超聖入凡、或由極樂世界下廻向到無常的大千世

❷「因為上帝是如此的愛世界萬有，因此將祂的獨生子賜給世界，使得任何相信祂的，都不至於滅亡，而得永生。」*The Bible*, Containing The Old and New Testament, John 3: 16, New York: American Bible Society, 1952, p. 924 中譯本見新舊約全書，約翰福音，第三章十六，香港，浸信會，頁一百十六。但譯文筆者略加修改，底下有引新舊約均同。

❸論語顏淵第十二：「愛之欲其生，惡之欲其死。」四書集註，宋·朱熹撰，頁三一五。「愛者欲其生」係筆者在高中聯考後的下午去臺北中央戲院看電影的片名。其中有一段對話，至今仍記憶猶新：「什麼是聖人？」「聖人就是把一件事，做得很完美。」筆者教書時，常把此句話修改成：「聖人就是盡力去把一件平凡的事，也許是小事，也許是大事，盡力去做以使其完美。如此則顯出平凡中的偉大，偉大中的平凡」。

❸易經繫辭上第一章。此處詮釋的觀點，乃將「生」字詮釋成不忍殺生及保障個體的生存權，和❸中方東美教授所詮釋的「創造」觀點略有差異，但後者比前者更積極，甚至我們若擴大其意含，也可包含前者，畢竟要創造、創新，必先保障生存權。至於易經原作者之本意為何？則又是另一個問題，但古典中國哲學之外顯文字較少，雖曰言簡意賅，但容易形成歧義與含混，往往使後代學者所詮釋出來的意義相當不同。

❸墨子天志上第二十六，定本墨子閒詁，清·孫詒讓撰。台北：世界書局，民國六十一年十月八版，頁一一九。

界中，同時也嘗試使凡者超凡入聖、或幫助凡者上廻向享受極樂世界的妙樂領域。不過佛教只是偏重個人萬有、自身的努力去自力達成上述過程，而就作者的觀點言之，則一方面承認一般實際剎那可以自己自力創造達到上述領域，但另一方面又可加上上帝他力的幫忙則較容易達成，但上述只是「可以」達成，而從經驗事實角度言之，則所有實際剎那再高級也並未達到成為上帝，雖然他們是屬於同一類，都是實際事物的特例。因此，筆者認為：與其在比較宗教領域上，爭辯人是否可以成為上帝，還不如更切實的面對最實際也是最重要的問題：「如何提昇人類的每一剎那，使其更接近或成為完美的上帝」的「如何」的問題。

其次，實際世界誠然存在著世俗所說的快樂，但也存在著世俗所謂的痛苦，而上帝也依然是個宇宙萬有的親切伴侶共同在世俗中感受此種痛苦和快樂，但更積極協調提昇此種情境，因此懷氏說：「上帝乃是一個偉大、親切的伴侶，也同樣是共同的受苦者，而上帝也自己理解到祂這種角色。」（PR 351），此處，我想補充說明的是：既然上帝理解、意識到、自覺到且感受這種人間世的苦痛，且意識到、自覺到其所扮演親切伴侶的角色；所以，祂雖然是在含有苦難的世界中生活，但祂的心態，卻仍是在相當釋然、達觀與和諧的狀況下渡過此苦難，如此才合乎前述上帝或宇宙在和諧中創新或及創新中有和諧的理論。換言之，上帝不只理解及感受苦痛，但同時，更由於釋然、達觀及無限的愛心、耐心而努力在和諧情態下努力實現那永不可能達成的理想。

此外，上帝的後得性不只相當於基督宗教中上帝的審判（cf. PR 346），也類似於臺灣民間宗教——人死後閻羅王的審判，但是上帝的後得性由於具有直接性、動態性、連續性、未濟性，使得祂的審判乃是隨時隨地、連續不斷地對塵世間的任何剎那所發生的一切加以審判，所以就無所謂最後的審判或世界末日或死後的審判，也無須等待到日後所謂

的「歷史審判」或肉體死亡之後的審判，而是最直接、最立即地對每一實際剎那加以社會審判。但由於祂是無限寬容、有無限耐心與愛心，因此此種審判乃是一種愛的審判或協調。換言之，上帝並不判人死刑，而且透過此種立即審判或協調，使得整個宇宙形成美感和諧的秩序。至於其超主體性，既然是具有無限耐心的等待別人去感受，則其相當於審判後的愛的感化教育，只是此種感化教育是永恒的，並不是一年二年，也不是在牢獄中，而是隨時隨地的感化；但從其先在性及品質管制的作用的角度言之，則又相當於實際剎那的行動形成前的遷善教育。

很顯然地，懷氏上帝的這種審判，從表面上看來，很可能令人覺得審判不夠嚴厲，因而很容易給人們一種無權威、無制裁效果的無力感之假象。但是從另一角度觀之，則無寧說是更具體表現：上帝無限的愛心、耐心、慈悲寬容、恕道，此種軟性力量無寧說是靭性更大，更具有潛移默化的宗教效果，且流諸久遠，而更顯出上帝的偉大神聖的行動及其作用，更何況表面上有力的嚴厲審判，在現代法治社會已有各種法律代理之，並不需要勞駕上帝。因此上述愛的審判，更顯出宗教的特殊作用。

換言之，懷氏的上帝並不是以力服人，也不是以技服人，更不是以權威壓人，而是以理服人，以充滿無限的愛心、美德的行動且成為人類親切的伴侶來感化人，這種性質再加上前述的提供全體宇宙的理想藍圖的誘導、個體的自由及後得性的協調及事前感化即形成了上帝的善性❸，因此，懷氏認為今日的宗教需要「以上帝的善性來代替過去所強調的上

---

❸筆者必須說明的是：此處上帝的善性與懷氏所認為的善性，稍有差別，他說：「上帝的限制性即是祂的善性。」（*RM* 147）很顯然地，懷氏是偏重於先在性，因此我稱其為先在善性（primordial goodness），但此種善性只是我所認為上帝的善性的某些側面，而不是上帝完整的善性。當然若把上帝的限制性詮釋成也可包含了後得協調及超主體的品質管制及文中所述，則與文中論點並無差別，但顯然不是懷氏的本意。

帝的旨意及神力」(*RM* 40)，並且透過此善性來促進宇宙萬有的美感和諧，很顯然此處的善並不限於道德的善。

從上述，可了解「上帝並不是統治者的凱薩（按：喻被征服欲望所征服而不能自已的征服者及殘暴專制的暴君或與民意對立的任何權威式的統治階級或絕對的權威）、也不是（呆板不苟言笑）的無情的道德家（按：道德重細節、拘謹）、（或嚴峻的判官），更不是不動的原動者（按：上帝有動態創新的一面），祂是植基於在此世界中的溫柔因素─即溫柔穩靜的愛的運作。愛並不是統治，也不是不動，同時也對（細節性）的道德教條有些遺忘、忽視；祂不著眼於未來，因為祂發現祂的酬報乃是在直接的現在。」(*PR* 343)「祂並不創造世界，但祂拯救世界，或更精確地說，祂是世界的詩人、（活潑的藝術家），透過祂所擁有的溫柔耐心及對眞、善、美的洞察與期望，導引著世界」。(*PR* 346) 此外，祂更是人類親切的伴侶，具備最高級理論、無限美德、默默不語且埋頭努力的行動家。

其次，一般實際利那的感受上帝，即如世俗所說的歸依或敬愛、崇拜上帝或某一宗教，不過若歸依或崇拜懷氏型的上帝或宗教，則此種歸依最主要的乃是要實現上帝先在性中所未實現的永恒對象，以形成具有創新性的實際事物，以便促進全體宇宙的創新及更加和諧與和平。因此，懷氏說：「對上帝的歸依或崇拜，並不是消極地尋求安全的庇護，而是（積極地從事）一種精神上的探險，同時也是追求無法達成的理想的一種精神飛翔。」(*SMW* 192) 甚至，我們也可說：積極從事觀念與行為的探險，才能眞正獲得繼續安全存在的保障，反之，默守成規，而無法適應外在環境的變動，甚至壓抑內在自發的創造力，則會導致此社會的潰敗，宗教社會亦復如是，因此，[懷氏又說：「宗教死亡的降臨乃是因

爲對於這種探險的高度期望被壓抑所致。」(*SMW* 192)㉞。

　　總之，懷氏形上學中的最高級實際事物─上帝─也具有了類似一般宗教的功能，因此懷氏稱其爲上帝是相當合理。其次，祂又可詮譯諸多分殊學科的宇宙及提供各種學科理論的最後合理化的根據與基礎，同時也是自由、秩序、新異性、價值、道德形成的源頭，且具有無限的美德以促進宇宙的和諧；再加上其社會面也是最高級的社會，因此，我們稱其爲最神聖偉大的實際事物或神聖偉大的上帝實不爲過。

丙之三、達觀開朗、創新進取的人生觀

　　或許有人會問：「爲什麼我所見到或感受到的宇宙並不是如懷氏所說的美感和諧，而是一片醜陋、混亂、不平衡或痛苦的宇宙？」其終極理由乃是：因爲你往往只是感受到部分宇宙，而且誤把抽象的部分宇宙當作是具體的全體宇宙，而犯了具體性誤置的謬誤。換言之，吾人必須以極高級的統觀(synoptic vision)才可見到此種美感和諧的全體宇宙，亦卽至少必須以超越或內存的上帝，甚至是超越而又內存的上帝的眼光來觀照世界，才能完全眞實的感受此種美感和諧，而不是只是臆測性的或部分眞實的感受。

　　其次，透過這種強調整體性的美感和諧的宇宙觀，誠然令人感到達觀開朗，但是否會因此而認爲：現實卽和諧。甚至是運用理性合理化一切現實，進而形成滿足於現狀喪失了社會改革的熱情及源動力，而形成達觀開朗但不創新進取的人生觀。

　　關於此點，筆者要提醒讀者，此處美感和諧是動態的，而且懷氏也承認實際宇宙誠然是存在著善良快樂，但依然也存在著罪惡痛苦 (cf.

㉞ 從此處，我們也可以臆測懷氏爲何使用「觀念的探險」做爲書名。蓋人類文明的展開或人生的旅途可以說是一種觀念的探險及行動的探險，其最終目的或理想無非是在追求最高級的眞、善、美與和平。

ESP 88)，所成就的也只是「有限的完美」(*AI* 264)，換言之，目前全體宇宙所形成的美感和諧，並不是最高級最完美的和諧，因此，宇宙仍在創新走向更高級的和諧。換言之，懷氏了解上帝先在性的理想並沒有完全實現於人間世，因此，人們需要且應該去從事各種觀念及行為的探險，以便參與宇宙之創新，藉以促進宇宙走向更高級的和諧，以成就人類的偉大，就如同懷氏所說的：「人類一天參與了這種創造歷程，也就是一天參與了神聖上帝的行列，這種參與也就是他的不朽之處。」(*DIAL* 370-371）此點也如同中庸所說的：「參贊天地之化育。」㉟當然，從懷氏觀點言之，不只是人，一切萬有皆參與了宇宙的創新，而人類卻透過此種參與改革現實社會，以達成人類更高級的文明。

然而，在上述探險或參與宇宙演化過程中，他不只是理解實際世界的良善與罪惡，同時也具有前述達觀開朗的心境，因此，在從事社會改革時，卻不會帶著一種「憤世嫉俗」、「整天愁眉苦臉的憂患」的心情去改革；相反的，卻形成一種「達觀開朗」且「創新進取」的心態去認清社會的醜陋與良善，以從事社會改革繼而促使實際社會更加完美、更加和諧。當然擁有此種心境與行為的人的利那歷程便形成相當高級的實際事物，此人的一生擁有此種利那越多，則此人越高級。

第二節　理性化、語言化、信仰中的諸上帝
與神秘眞實的上帝

甲、和諧對比的統一體

㉟中庸，第二十二章：「能盡人之性，則能盡物之性，能盡物之性，則可以贊天地之化育，可以贊天地之化育，則可以與天地參矣。」四書集註，宋・朱熹撰，頁八六。

　　從上所述可了解懷氏的上帝就「先在性」而言❸，乃是概念感受了所有「永恒對象」，因此，上帝先在性是完全的。而且其概念感受乃是透過心極最強化的運作所產生，因此，用人的角度去勉強表達，則上帝的先在性具有心或精神的性質；其次永恒對象既然是抽象的、是超越時間的，具有無限性。因此上帝的先在性乃是抽象的脫離時間之流，因此是超越現實世界，是永恒的，而且永恒對象是無限的，因此祂也是無限的。永恒對象自身無新異性（*PR* 22），因此祂是靜態的、無創新，但卻是動態地創新與秩序的源頭。

　　此外，永恒對象是純粹潛能，因此上帝的先在性乃潛能地缺少現實，由於缺少現實也就缺少由現實所產生的外在限制，再加上脫離時間之流，所以上帝的先在性是全然自由的，而其感受所有永恒對象的主觀方式是無意識的，因此上帝的先在性是無意識的。此處我們要注意懷氏使用意識一詞是指「可能是與事實是」的對比，先在性既先於一切事實而存在，自然是無意識的。

　　就後得性而言，由於其乃物理感受了宇宙中所有已形成的實際事物，因此似乎是後於世界，但物理感受又由物極的運作而生，所以上帝的後得性是具有物理性的，其次，「實際事物」是在時間中，且是有限的，因此上帝的後得性乃是在時間中，內存於世界且無所不包、無所不在，但卻是有限的。此外，又由於當前實際宇宙的所有實際剎那尚未實現所有永恒對象而且不斷地有新的實際剎那出現，因此是不完全的、是動態的且有限而無界的。然實際事物又是具體的，因此上帝的後得性乃

────────────

❸懷氏原著中對此兩性的綜合描述，相當簡潔：「（上帝的先在性）是（無限的）自由的、完全的、先在的、永恒的、缺少現實且無意識的………後得性則是決定的、未完全的、後得的、永遠持續、充滿現實的且有意識的。」（*PR* 345）但筆者於文中則略加論證且補充，以使讀者能更清晰的了解其意義。

是具體的，而且其內容也是被全體宇宙的實際事物所決定，但是此種決定卻也如第二章第二節所述地，蘊含了創進且日新的性質，及不斷地豐富祂自己的積極意義。而其感受所有實際事物的主觀方式是有意識的，因此上帝是有意識的。

其次，從一般實際剎那的生成角度言之，上帝先在性提供實際剎那的確定形式，而且透過三性，尤其是後得性，使所有實際剎那或社會形成層級結構，因此，世界需要上帝來完成；其次，從上帝角度觀之，上帝也需要實際剎那不斷地生成，以便逐漸實現祂的理想及充實祂的後得性，因此上帝需要實際剎那來完成祂自己，這兩者相互需要的強度是相等的。從此處，也可了解懷氏所說的：「上帝與世界彼此建立在相對的需要。」（PR 348）及所謂的正反命題之一：「說上帝創造世界是眞的，就如同說世界創造上帝是眞的。」（PR 348）

上述性質都是屬於完整上帝的某些本性，這些性質綜合成一體才接近完整的上帝。因此我們可勉強描述完整的上帝如下：上帝在時間上既是先於世界，又是後於世界，因此上帝並非純然先於世界而存在，也非純然後於世界而存在。而且由於上帝感受所具有的相互直接性，因此「勉強」言之，卽是如懷氏所說的：①「上帝是起點，也是終點目的（end）」（PR 345）②「上帝不是在一切創造之前，而是與創造同時開始，且伴隨著一切創造。」（PR 343）③或我所謂的「上帝和世界同時開始存在」。但實際上上帝又是超越了上述表達。

上帝先在性是具有心的性質及精神，後得性是具有物理性質，因此上帝既非純心的，也非純物的。勉強言之，乃是心物合一或心中有物，物中有心。但實際上也不全等於上述表達，至於其他性質都可依此表達方式類推：茲簡述如下：上帝既非純粹超越世界，也非純粹內存於世界；而是既超越了世界又內存於世界；是永恒的、非時間性的、不變的，也是

非永恒的、永久在時間中持續的變易及創新，也可說兩者皆不是，而是永恒不變中有變易創新，是非時間中有時間，是無限的，也是有限而又無界的，勉強言之，則是無限中存在著有限而又無界的，有限中存在著無限；是完全的也是不完全的，或說完全中有不完全，不完全中有完全；是靜態的也是動態的，或說靜中有動，動中有靜；也可說是既具體又抽象，或說抽象中帶有具體，具體中有抽象；是潛能的也是現實的，也可說是非潛能非現實，乃是潛能中有現實，現實中有潛能；是有意識的也是無意識的，是無意識中含有意識，意識中含有無意識；是自由的也是被決定的，也可說是非自由、非被決定的，乃是自由中有被決定，被決定中亦有自由。最後，上帝也如一般實際利那，是行動歷程，然而其中又具有最高級命題之形成為其側面，因此上帝是一個具有最高級理論的最高級行動歷程。所以上帝也可以說是行動蘊含了理論，而命題或理論既然必定被上帝立即（或同時）感受，因此理論也必然是「立即」化成行動，或理論必然是蘊含了行動之完成。所以上帝也是具有最高級理論與最高級行動合一，或最高級理論與最具體切實的實踐合一的性質。上述性質除了無限性、永恒性、與無所不在、無所不包，且有意識的感受一切實際利那，其他性質對一般實際利那都大致適用，只是因實際利那具有消極攝受的作用，而且對於不同的實際利那，其強度不同而已。從這兒我們也可看出何以懷氏認為上帝與實際利那在原理上是同一類的理由。

　　從上述即可了解懷氏在討論上帝時所述的各對正反命題，如：「上帝（指先在性）是永恒的，世界是流動的；或說世界是永恒的，上帝是流動的，是同樣的真。說上帝是一，世界是多，或說世界是一，上帝是多，是同樣的真……。」(*PR* 348) 這些正反命題或前述之各種相對立的對完整上帝的描述，似乎呈現出一種邏輯上的詭論 (logical paradox)，

我們可稱其爲存有的詭論 (ontological paradox)，此種詭論的形成理由不外是對於最具體、最眞實的事物（包含上帝）的各性質的「同時存在性」、「同時完成性」、「同時形成性」之欲透過「有先後的」文字表達所造成的，而上帝又比一般實際利那更加強化；當然忽略了存在差異性的區分也是形成上述類似詭論的理由 (cf. PR 348)，亦卽理論上必須區分成八種存在範疇，但又須了解實際上這些範疇又是相互預設、同時發生、同時完成、不可孤立的，此外，更由於上帝具有「終極非理性」的本質而更強化此種「詭論」。蓋所謂終極非理性除了前述先在性的原因所形成外，我們也可透過另外兩點來了解：亦卽上帝的理想世界並未完全實現，同時也提供自由。但是爲何透過上帝的協調卽可使宇宙形成和諧有秩序的宇宙，也可以說是上帝的神秘力量使然。此種性質也是無理由可講，只能說爲了合理解釋物理宇宙之何以和諧及各種宇宙形成層級結構等等所提出的形上學的解釋、或在經驗上要求必須有此最後的合理根據。凡此種種，可說是由於人性對好奇性、神秘性要求合理解釋所形成的終極非理性的詮釋或信仰。因此上帝誠然是最後合理性的根據，但反面言之，卻是「終極的非理性」。所以眞實的上帝乃是包含了「不是人類理性所能解釋的奧秘」，而整個「理性的領域與超越理性所能理解或詮釋的奧秘」合起來卽是我所謂的「神秘眞實的上帝」。

面對此種神秘眞實的上帝，我們可發現歷史上總有許多哲學家如聖多瑪斯 (St. Aquinas Thomas 1225-1274) 等嘗試發揮人類理性的極致，亦卽在理性的極限下衝刺，嘗試將此神秘眞實的上帝理性化，同時也將理性化的結果，用抽象的人類語言表達，以促使更多人去「了解」此具有「奧秘」的上帝。當然懷氏也不例外，一如本論文所描述，甚至懷氏還進一步認爲在理性化、語言化過程中的形成各種上帝或實際事物各種性質或正反命題，並不需要把它們看成是「詭論」或「矛盾」，而認

爲須要把它們看成是神秘眞實的上帝的諸多側面，同時這些側面又可以加以整合融貫而嘗試將所有的二元對立均加以解消，以形成一種對比物或我所謂的「和諧對比的統一體」（cf. PR 348）❸❼一如本論文所描述的。然而懷氏哲學或本論文所詮釋的是否眞的解消了二元對立呢？自然有待讀者去做意識判斷。但是卽使眞的透過理性及語言而論證出來或描述出來，是否理性論證中及語言表達中的上帝卽全等於神秘眞實的上帝呢？很顯然我們需要對理性及文字表達的功效之限制性作更進一步的反省。

乙、語言、理性、想像、信仰、行動、神秘

首先，就文字表達的有效性或限制性而言，就如第二章第三節內所討論的主述式命題是高度的抽象物，其所表達出來的字面意義和具體事實相比，乃是支離破碎的片斷，再加上文字表達必有先後，因此也很難表達出上帝三性的同時性，所以語言文字的字面意義中的上帝旣不全等於理性化的上帝，更不全等於眞實神秘的上帝。若把語言中的上帝當作是眞正上帝，也是犯了具體性誤置的謬誤，也更難體悟何謂上帝，這就類似佛學所說的：「指月不分，卽難見性。」❸❽換言之「指月示人，當須看月，莫認指頭」❸❾。

---

❸❼懷氏只是單純的使用「對比（物）」及具體化聚合成長的統一體（concrescent unity）（cf. PR 348）。但旣然對比是和諧的且和不相容相對立，而且又是統一體，因此筆者採用「和諧對比的統一體」或「對比統一體」，例如紅、白、黃，三種顏色同時存在於同一相片中或圖畫中，具有多樣性，但攝影者或畫家可發揮其藝術才情，使三者交織形成和諧對比的統一體。

❸❽大正藏，第四十七冊，諸宗部四，萬善同歸集卷中，智覺禪師延壽述，頁九七四。

❸❾大正藏，第四十七冊，諸宗部四，大慧普覺禪師語錄卷第二十三，徑山能仁禪院住持嗣法慧日禪師撰，頁八六四。

其次，就理性功效的限制性而言，乃如方東美先生所說的：「人們把宗教對象化爲哲學對象，把玄之又玄的神秘性落入理性思想的範疇。其中，思想的內容是概念性的，思想的方法與步驟是分析性的，然後展現出理性的秩序，處處是合理，原始宗教中的上帝（按：應改爲神秘眞實的上帝）。借理格爾的話，就成了『退隱的上帝』……，換言之，神秘世界在理性之光的作用下，變成具有理性秩序的哲學世界，而神秘的神也穿上理性的外衣，成爲『哲學上的神』，然後再由此理性的外衣去看那玄之又玄的神秘世界與神，處處都有隔膜，而且也被語言文字障礙起來了……，好像神秘的上帝也要遵守哲學家理性的規律，於是上帝的『全能』立刻加上理性的限制了。」❹懷氏雖未如此詳細說明，但他也了解理性化上帝的限制，因此他說：「祂存在的深奧處，超越了粗俗化的讚美或者粗俗化神力的描述。」（*RM* 148）此外，又說：「雖然我們不能夠對於最高存在統一體（按：指上帝）的經驗活動歷程，在心靈中構思出清楚的觀念，但是透過人類語言，我們還是能夠對那籠罩整體宇宙且使宇宙奔向有限的理想完美的驅使力量的起源（指上帝及創造力）了解一些，但只是瞥見而已（glimpse），（而不是全然了解）。而由上帝本性轉化而成之全體宇宙的偉大行動，其不朽性是超乎我們想像力所能構思的。各種不同努力的描述經常是令人相當震驚且是褻瀆（了神秘眞實的上帝或全體宇宙的行動）。」（*ESP* 94）。

從上所述，懷氏認爲全體宇宙的行動，神秘眞實的上帝本身不只是超出人類語言表達，而且也超出理性分析及想像的能力之外。換言之，人類的諸多想像、理性分析、語言表達、以及前述之愛心、耐心、善意

---

❹方東美：原始儒家與道家。台北：黎明文化事業公司，民國七十二年九月初版，頁一一九。

的關懷照顧等都只是對神秘眞實的上帝的一些瞥見或側面或想像而已。所以，語言化、理性化及眞實神秘的上帝三者皆不相全等，而且往往神秘眞實的上帝的內涵超越前二者甚多。當然若將前二種上帝當做是全等於神秘眞實的上帝則也是犯了具體性誤置的謬誤。

　　然而，即使三者不全等或語言與理性的功能在描述上帝時都有極限產生，但是懷氏還是積極地肯定語言與理性在描述上帝時所發揮的積極功能。因此，在閱讀人們所描述的上帝時，固然我們須時時提醒自己上述理性及語言的限制，以避免犯了前述具體性誤置的謬誤外；更要積極地透過語言化、理性化所表達中的上帝的各瞥見或側面去想像的跳躍，以超越理性化、語言化的極限，並想像整合出一幅更充實更豐富的圖像，以便更接近神秘眞實的上帝，如此則又形成信仰。

　　就人類各種語言中，最能引發人類更豐富的想像內容之語言，即是象徵語言，尤其是詩。蓋詩表現了人類具體眞實的整體直觀，且嘗試以有限的具體物透過充滿歧義且有韻脚的語言去象徵無限、豐富的意境及圖像。也可說，當哲學在嘗試透過哲學公式表達人類對那最具體、最眞實、最高級的整體神秘的眞實的感知時，即對上帝的感知時，往往和詩境相接。所以懷氏曾說：「哲學近於詩，兩者皆尋求表達我們稱爲文明的終極感知，兩者皆超越文字的表面意義，以便直指形式。詩結合韻脚；哲學則結合數學模型。」(MT 174) 因此，懷氏也曾引浪漫派詩人如渥滋華斯、雪萊、濟慈的詩句來表達其哲學意義❹，更引讚美詩：「永遠伴隨著我呀！那迅逝的黃昏！」來象徵或隱喩宇宙及上帝的永恒面與變易面所形成的和諧對比的統一體 (cf. PR 209)；此外，我們也可透過方東美教授所作的詩：「浩渺晶瑩造化新，無雲無霾亦無塵，一心璀璨

❹懷氏曾在「科學與近代世界」第五章，整整一章討論浪漫主義的思潮，對於浪漫詩加以詳細討論。

花千樹，六合飄香天地春。」❷而認爲此詩乃可象徵佛學中的神秘宗教領
域——「眞空與妙有」相互對比所形成的和諧對比的統一體——眞空妙
有——所表達之境界❸。

　　透過上述對神秘眞實的上帝領域的想像過程，也就逐漸形成了信仰
中的上帝，但是我還是要提醒讀者：即使是想像或信仰中的上帝也並不
全等於眞實神秘的上帝。蓋透過語言文字加以想像往往是隨著個人經驗
的不同而形成有差異性的想像與有差異性的信仰，而且也仍是瞥見而已。
誠然由於語言文字具有核心意義，因此不同的人透過相同的文字表達所
形成的信仰與想像內容也會具有共同性，但是個別差異性的存在依然是
不可避免的，所以眞正的宗教信仰是屬於個人的，而不是屬於國家或社
會，亦即如懷氏所說的：「個體（人）取代了社團，成爲宗教的基本單
位。」(RM 35)因此信仰自由、自由信仰、言論自由、表達自由的客觀
制度化的保障是最重要不過了，這些更是構成民主社會的基本要素之一。

　　總之，眞實神秘的上帝是最具體、最複雜的眞實，既不全等於個人

---

❷方東美：堅白精舍詩集。台北：黎明文化事業公司，民國六十七年初版，頁四
　八五。
❸「眞空妙有」乃是大乘佛學中各宗各派所欲詮釋的重要部分。例如禪宗之神秀曾
　做偈：「身是菩提樹，心如明鏡臺，時時勤拂拭，莫使有塵埃。」此偈一方面雖
　點出「有」之意義，但卻執著於「有」的層次，而未入「眞空」之境，當然更
　遑論契入「妙有」、甚至「眞空妙有」之境。慧能偈曰：「菩提本非樹，明鏡亦
　非臺，本來無一物，何處惹塵埃。」此偈超越了有的層次，而入「眞空」之層
　次，但未進入「妙有」甚至「眞空妙有」之境。但顯然我們無需將空與有當作
　是對立物，而可透過懷氏對比理論，視爲一「和諧對比的統一體」，此統一體
　的描述乃如正文中所引方東美教授之詩。蓋此詩已點出「眞空妙有」之「妙」
　字來。從方氏詩可看出所謂「妙」乃蘊含著創生力及藝術美感、高貴道德，讀
　者可自行透過詩去想像、構思，以體悟之。若再加上筆者分析，無異於畫蛇添
　足了。至於上兩首偈可見大正藏，第四十八冊，諸宗部（五），六祖大師法寶
　壇經，法海集記，頁三三七～三三八。敦煌本見三四八～三四九。文中所引係
　前者。

個別信仰中的上帝，也不全等於理性化的上帝或語言化的上帝，而且後三者之間也不全等。因此若把後三者當做真實神秘的上帝，則仍是犯了具體性誤置的謬誤。因此我們需要時時保持開放的心胸去吸收別人所想像到的上帝的另一瞥，以充實自己的信仰。

其次，哲學畢竟是理性化、文字化的產物，但也因此顯出哲學的價值與意義。就如懷氏所說的：「哲學是具有神秘性的，而所謂神秘主義即是對於那深奧且不可言說之境加以直觀所形成，然而哲學的目的卻是要把神秘理性化，而不是將它排除開，不去解釋它。」(MT 134) 此外，哲學除了理性化也須文字化，但就如前述都有其限制性，因此懷氏又說：「哲學乃是謀以有限制性的語言去表達宇宙的無窮性的一種嘗試或企圖。」(ESP 14) 換言之，哲學的價值之一即是成為「理性與神秘領域」及「可說與不可言說之領域」之間的橋樑。

換言之，若一個人悟了此「不可言說」之境，並且已踏入高級行動之門，則一切哲學理論及一切文字表達對此人而言，都成了廢話。因此，我們可稍微修正懷氏的表達說：「只有當你丟掉了教科書、燒掉了演講詞的註解、忘掉了為考試而強記的綱目時，你長久不斷地要求的一切才是像日月一樣顯明的事實且牢記在你的腦海中，（而且自然而然、潛移默化地表現在具體的行動中）。」(AE 38)；佛學也有類似的說法例如釋迦牟尼在將入涅槃時，文殊再度請他轉法輪，他說：「文殊！吾四十九年說法，未曾說一字。」❹甚至大迦葉更認為他從來就沒有看見過釋迦牟尼說過法❺。再如德山宣鑒禪師在體悟禪道後，即將「青龍疏抄」燒掉了，而且說：「窮諸言辯，若一毫置於太虛，竭世樞機，似一

---

❹引自方東美：中國大乘佛學，台北：黎明文化事業公司，民國七十三年七月初版，頁三八七及三八九。

❺同上，頁三八九。

滴投於巨壑。」⑯換言之，理性與文字都只是方便使用的工具，只是幫助人們直悟神秘眞實的上帝的踏腳石，當你直悟此神秘之後，就無須執著於此踏腳石了。因此，吾人無須太執著於理性分析的結果或語言表達的表面意義。就如同我們坐船過河，當船到達彼岸，我們當然不需要扛著船在岸上走，那反而成了累贅，而且是傻瓜！但反過來說，若要使別人也享有你所感受到的神秘領域，則藉助於清明理性之分析及清晰的文字表達是非常需要的。就如同當你要幫助別人渡河，則需要好好整理此船及預備清晰的河道圖，來幫忙載運別人，當然此船設備越佳，河道圖越清楚越好。當然更重要的是將理論付諸於具體行動，就如同你知道船該如何開，且要眞的去開，才可到達彼岸，否則只是有船，有詳細的河道圖，卻始終不開，則永遠達不到彼岸，永遠只是紙上談兵罷了；從這兒，我們也可發現：單憑上述之透過理性化及語言文字加以想像所形成的信仰、或單憑信仰去尋求接近或「了解」上帝是不夠的，並且距離仍相當的遙遠，換言之，最重要的是要以具體的行動去效法上帝的行動，才更能接近上帝或感受到更完整、眞實的上帝的更多側面，關於此，筆者將在本論文結論的最後部分進一步討論。

透過前述各章節的討論我們可了解：懷氏的宗教觀乃是對上帝的一種洞察，並嘗試使其形像顯現出來，就如同懷氏所說的：「宗教乃是對某種事物的洞察，這事物既超越且在當前直接的諸多事物之流外，但同時也在此事物之後、之內。這種事物是眞實的，但還有待於具體實現；祂是一個遙遠的潛能，但又是最偉大的當前事實；祂賦予了一切消逝事物的存在意義（與價值）（也包存了一切意義與價值），但同時又避開了人們的知解與覺察；祂所擁有的即是終極的善，然而又不可及；祂是終

---

⑯大正藏，第四十八冊，諸宗部五，無門關，第二十八則，二僧卷簾，頁二九六
　b。參學比彌衍宗紹編。

極的理想，而且同時也是無望達成的追求。」（*SMW* 191-192）　很顯然地最後一點有些類似於孔子的「知其不可而爲之」的精神[47]。

　　此外，從上述各節也可了解懷氏的宇宙觀是由藝術美感的享有及重視詩人對宇宙的直觀以便體悟、欣賞整體宇宙的眞實。他甚至認爲「敎育不可忽略藝術敎育，而需培養一種審美領悟的藝術習慣，此種習慣使我們享有生動活潑的生活，同時也是社會進步的必要因素」（cf. *SMW* 199-200）。此外他也曾告訴羅素：「你覺得世界看起來像晴天時，白天中午所見的那樣是嗎？我個人是覺得世界看起來似乎很像，當我們在清晨由甜睡中醒來時，第一眼所見的世界」[48]。蓋清晨的宇宙充滿了盎然生意、清新朦朧、似幻實眞的藝術美感。因此李維也認爲：「浪漫詩告訴懷氏自然的觀念離不開美感價值，而且這些價值大部分是由自然界的有機整體所導出。」[49]此種觀點相當類似道家哲學的宇宙觀，蓋道家哲學基本上乃偏重藝術活潑的生命情調，亦卽如方東美敎授所說的「陶醉於詩藝化境」[50]，又說：「（道家）象徵精神自由空靈超脫之藝術境界」[51]。尤其是莊子哲學。蓋誠如莊子自道：「原天地之美而達萬物之理」[52]，也如

[47] 論語憲問十四：子路宿於石門。晨門曰：「奚自？」子路曰：「自孔氏。」曰：「是知其不可而爲之者與？」四書集注，宋・朱熹撰。台北：漢京文化事業公司，民國七十二年初版，頁三六四。

[48] 羅素著，林衡哲譯：羅素回憶錄。台北：志文出版社，民國五十六年六月初版，頁三九。從此處，可看出懷氏與羅素哲學基本上不同之處。但顯然兩者需互相補充才更健全完整。

[49] A. W. Levi, *Philosophy and the Modern World*, p. 493.

[50] Thom'e H. Fang, *Chinese philosophy: Its Spirit and Its Development*. 中文摘要，頁五三九。

[51] 方東美：生生之德。台北：黎明文化事業公司，民國六十八年四月初版，頁三一四。

[52] 莊子知北遊第二十二：「天地有大美而不言，四時有明法而不議，萬物有成理而不說。聖人者，原天地之美而達萬物之理……。」校正莊子集釋，清・郭慶藩撰。台北：世界書局，民國六十年三版，頁七三五。

方教授所認爲的：「莊子更進一步，以其詩人之慧眼發爲形上學睿見，巧運神思，將那窒息礙人之數理空間，點化之，成爲畫家之藝術空間，作爲精神縱橫馳騁，靈性自由翺翔之空靈領域。」❺不過我們要注意的是懷氏宇宙觀的形成，乃是結合了當代各種分殊學科以形成其具有豐富知識的宇宙觀，而不只是詩人的證言。但是道家哲學中卻缺少了知識的享有，這也是古典中國哲學較缺少的部分，因此，欲創新當代中國哲學補足此部分是非常重要的，而懷氏哲學則是一個典範，可供吾人參考。

第三節　各種可能神明理論的討論與信仰紛爭的解決

在本節中筆者將嘗試透過上述上帝理論加以邏輯上各種可能性的延伸，以闡明其所蘊含的各種可能的神明理論（雖然懷氏並未如此解析），同時也嘗試以筆者所理解的世界各大宗教做爲此延伸的上帝理論的註解及例證。

然而筆者首先必須聲明：宗教問題就如項退結教授所說：「如海德格所云，我人接觸任何問題時均已有『先有意向、先有觀點與先有想法』（Vorhabe, Vorsicht, Vorgriff）。其他問題如此，宗教問題尤其變本加厲，因爲宗教的基本信念往往涉及每個人『安身立命』的基礎。因此，信宗教與不信宗教的人，或者信不同宗教的人，他們對宗教的基本看法往往一開始就南轅北轍。」❺因此往往是各說各話。甚至誇張一點說，則如希臘哲學家色諾芬尼（Xenophanes 570-475 B. C.）所認爲的：「假使世界上大藝術家，不僅僅是人，還有牛、羊、狗等禽獸，大家各自畫出他們崇拜的上帝，則狗一定把上帝畫成狗，牛一定把上帝畫成

---

❺同五一，頁三〇〇。
❺項退結：對宗教哲學的緒言。台北：哲學與文化月刊，第十一卷第三期，民國七十三年三月，頁一九。

牛，羊也一定把上帝畫成羊。」❺所以神明理論實在很難討論，但爲了方便討論，必須勉强區分以下各層次：形上學的神明、宗教哲學的神明、宗教信仰中的神明；或是學者「客觀」討論的宗教信仰中的神明，而本身未必信仰其所討論的神明；透過哲學反省所形成的有意識的宗教信仰中的神明，以及民間日常生活中無哲學反省所形成的無意識的宗教信仰中的神明。

　　例如錢志純教授認爲對於佛教也須以二種不同的情形來看，一是宗教性的看法—即所謂佛教；一是學術性的看法—即佛學。佛學不是佛教，似有分別的必要❺。張春申教授亦曾區分宗教之神、哲學之神、以及宗教哲學的神❺。陳文團教授亦有類似的看法，他說：「雖然我個人相當敬仰方先生（指方東美教授）的才學，但是對他忽略了一般人民所敬畏的神並不一定是「哲學上的上帝」這個事實，我是感到相當訝異的。事實上，『可以理性詞彙來解釋的』上帝對中國人民來說，並不是他們所關心的。」❺姑不論陳教授對方先生有關哲學與宗教知識的理解是否完全相對應，但陳教授至少也注意到民間信仰的上帝與哲學學術中之上帝之差異。

　　但是，我們也需了解，無論如何區分，上列各種層次均有某種程度的關聯性。其次，信仰的單位既然是個體，因此，最具體而微的討論乃

---

❺此乃引自方東美先生演講集，台北：黎明文化事業公司，民國六十七年八月初版，頁二〇六。另外可參考鄔昆如：西洋哲學史，頁四六。本書中之引文和色若芬尼的原文有些表達上的差異。

❺錢志純：評「對宗教哲學的緒言」。台北：哲學與文化月刊，第十一卷第四期，民國七十三年四月。

❺張春申：宗教之神、哲學之神、以及宗教哲學的神證問題。同上，頁二五~二六。

❺陳文團：中國人文主義是無神論嗎？台北：哲學與文化月刊，第十卷第十二期民國七十二年十二月，頁二四。

是個人的各別的宗教信仰中的神明之內容爲何來討論。所以，讀者在閱讀本節時需要注意下列三點：

㈠就表達方式而言，此處神明一詞是日常用語，它可能指涉一神論中的神，也可能指多神論或泛神論的神。但爲了表達更清楚，因此，唯一的神卽英文大寫的神（God），筆者使用「上帝」表之，而其他小寫的諸多小神（gods），筆者使用「神」或小神一詞表達，然而此處「上帝」一詞又可以指涉內存的上帝或超越的上帝。「神」亦復如是。

㈡由於每個人的思想、信仰都具有個別差異性，尤其是面對此種神秘的宗教領域所形成的信仰內容，個別差異性更大，甚至可能表面上信奉同一名稱的宗教，但其信仰的實質內容卻大不相同，尤其在民間更是如此。因此就某些學者而言，也許對各種不同宗教名稱的詮釋是相當重要的問題，亦卽認爲「宗敎知識」的問題相當重要，但就筆者的看法認爲有時因爲名稱而造成信仰的表面紛爭實在不是解決宗教歧異所引發的困擾或衝突的重要關鍵。因此本節的目的更重要的是要對各人個別的信仰內容來討論，因爲這是更眞實的問題，也是對一般人而言更切身的問題。所以對於宗教名稱的使用，讀者若不同意，那就先將此例暫存不論，畢竟那又是另一個有關宗敎知識的問題，並不是而且也不致於影響本節的重要目的。因此在下文中，例證的表達方式主要是採取「當個人的信仰內容爲何，則屬何種『神明理論』的信徒」。下文卽以如此的表達爲主，至於「宗敎名稱」的例子是附帶的方便說明。而且在「丙之一」中筆者將就懷氏所區分的各地區各時代的信仰內容作爲此延伸的神明理論的例證。

㈢本節更重要的目的是嘗試使各個人的個別信仰內容或無論人們對各種宗敎名稱作何種詮釋，都超不出下文中各種神明理論的邏輯可能的排列組合而成爲我所謂的「超越且動態內存之上帝且容納超越且動態內

存之多神論」的側面或特例，而且這些側面都可形成和諧對比的統一體，藉此解決信仰差異所引起的理論上的困擾，當然也更進一步提出更實際的解決方式。

甲、多神論

甲之一、超越多神論

　　在本章第一節運用存有原理來論證上帝先在性的必然存在時，很可能會發生下列暫時性的結果：亦卽當我們提及未實現的永恒對象，依存有原理必須內存於「一個感受所有永恒對象」的實際事物—上帝—中，然而也可能產生下列狀況：亦卽這些永恒對象「似乎」不違反存有原則，卽這些未實現的永恒對象乃分別內存於某些特殊實際事物，這些特殊實際事物比其他實際事物感受更多的永恒對象。綜合言之，這些實際事物「似乎」將所有的永恒對象全部感受了。上述的各種不同的特殊實際事物的先在性卽依照其所概念感受到的永恒對象的不同而形成各種不同功能的超越小神，例如超越的土地公、石頭公、大樹公、媽祖、❺❾超越的祖先。從此觀念言之，上述神明理論可提供「超越多神論」的理論基礎。若理論發展至此，某些人們卽感到滿足，且相信此種理論是眞實的，則這些人便成了「超越多神論」的信徒了。其他信徒之形成可依此種表達方式類推，下文不再細述。但筆者必須再次提醒的是：若就筆者對懷氏永恒對象無限性的詮釋而言，則上述理論並未完全滿足存有原則的要求，因此此處乃暫用「似乎」「表面」等語詞，同樣的情形也發生在底下的甲之二的討論中。至於何以未完全滿足存有原則，筆者將在乙段落中進一步討論。

---

❺❾參閱羅光：中國哲學的展望。台北：學生書局，民國六十六年十二月出版，頁二二三～二二四。

甲之二、內存多神論

上列情形也可發生在上帝後得性的存在論證中，亦即為滿足懷氏的存有原理，並不需要一個上帝去感受所有實際事物，而是有一些特殊實際事物感受了較一般的實際事物更多的實際事物，而且多到某種程度，使得任何實際事物的任何感受都必然被不同的上述這些較特殊的實際事物所物理感受，此也似乎「表面」符合了懷氏的「存有原理」。這些特殊的實際事物即依照感受不同的實際事物的後得性得以形成各種不同功能的內存的小神。上述理論提供了「內存多神論」的形上學的理論基礎，但嚴格言之，此種內存的小神乃是指較高等的人，如聖人、賢人，只是人們將其神化，稱為「神」。因此若只承認或信仰此部份而否定超越界則相當於一般所說的無神論的信徒。當然「無神論」一詞所指涉的意義除此之外可能是指乙之一的純粹內存上帝論。但上述純粹的內存多神論很可能走向兩種可能的流弊：一是墮入唯物論式的無神論信仰，二為將不完美的活人當作完美無缺的神明一樣地偶像崇拜，例如在極左的共產主義及極右的法西斯主義統治下的社會，作為有缺陷的人的領導者往往為了維護他的既得利益及至高無上的權威地位，往往透過建構化的暴力如暗中控制大眾傳播工具及教育內容或社會資源……等各種方式，甚至是未建構化的暴力如恐嚇、槍弊……等，來美化、理想化身為具有人性優弱點的此統治者，透過此往往使得被統治的人民可能是「真心的」，也可能是「假裝的」，但至少表面上將統治者當作永不犯錯、完美無缺、無所不能、神聖不可侵犯、不可批評的神或上帝或上帝的代理人來看待來崇拜；統治者的言行，就是絕對真理，就是福音、就是真言；其人格也是圓滿無缺，一點也不能批評，如此則形成了專制獨裁的社會的一部分，上述乃是邁向真正地對超越上帝的宗教信仰及建構健全的民主社會的最大阻礙。此種內存多神論可以說是傳統無神論的一種。

甲之三、超越且內存的多神論

若透過懷氏之存有原理，則任何超越的永恆對象並無法孤立自存，而且必然內存於實際事物中，則上述超越多神論及內存多神論從最具體完整的實際事物的角度言之，都只是實際事物的超越側面及內存側面，因此，吾人可以將兩種理論加以綜合以形成一較完整而具有既擁有未實現永恆對象的超越面及感受實際剎那的內存面所形成的某些特殊的實際事物，則可為「超越且內存」的多神論提供形上學的解釋基礎。若人們對此理論感到滿足而生信仰，則此人即成為「超越而且內存的多神論」的信徒。在台灣民間宗教裏，有些人也信奉此種內容，例如其所認為的灶神、土地神等功能神。

乙、上帝論

乙之一、超越上帝論

從甲之一的討論可發現其在理論上有個弱點，亦即永恆對象既然是無限多，但實際剎那只是有限多，而且每個實際剎那又都只是實現部份的永恆對象，所以有限多的實際事物所實現的只是有限多的永恆對象，其總和起來並不等於無限多的永恆對象。因此仍有一些永恆對象並不內存於上述特殊實際事物中，亦即理論若僅止於甲之一即滿足，則並無法滿足存有原理的要求。所以懷氏要求必然存在一個感受所有永恆對象（包括未曾實現過的永恆對象）的上帝存在是必需的，蓋如此才能滿足存有原理的要求而使其理論融貫且合邏輯。換言之，超越多神論必然必需要求超越上帝的存在才更合理，亦即懷氏所謂的上帝先在性是必然需要且成立，如此則形成了超越上帝論。一個人若只信仰此即感滿足，則成為純粹超越上帝論的信徒，例如希伯萊宗教及早期基督信徒，但是上述的超越上帝只是懷氏認為的上帝的一側面，而不是完整的上帝，亦即

只是上帝的先在性而已。很顯然地，上述超越上帝論可以不需要排斥超越多神論，亦卽它可以蘊含超越多神論。但是單純的超越多神論也可以不須排斥超越上帝論，甚至是必須要求超越上帝論的存在，理論才較圓融。因此一個人若不只信仰超越上帝（transcendent God），同時也信仰超越多神，則成了「超越上帝及超越多神論」之信徒了。有些人卽信奉此，包含近代某些基督徒或某些台灣民間宗教信徒。

乙之二、內存上帝論、超越且內存的上帝論

同樣的情形也發生在內存多神論上，亦卽它必然存在一個整體宇宙來包含所有的實際刹那。因此可視整體宇宙為一「內存於上帝」，而這些內存的多神可視為內存於此內存上帝的小神，亦卽內存上帝論也可以不排斥內存多神論，但內存多神論的信徒也有的不成為內存唯一上帝的信仰者，當然也有單純信奉內存唯一上帝而拒絕接受內存多小神的信徒。然而無論如何，所謂內存上帝論近乎泛神論，此處所謂泛神論意指上帝無所不在，但不是每一樣事物都是神，如佛教。或如莊子所說的：「道無所不在」⑩ 如道在糞尿、在原子筆，但是糞尿、原子筆並不等於卽是道或內存的上帝。

其次，內存上帝論也可分為靜態死寂、封閉的與動態生生不已不斷創新、開放的兩種上帝，因此又形成靜態內存上帝論與動態內存上帝論兩種信仰但都蘊含了和諧理論，後者筆者又名之為科學上帝，因為此乃可詮釋近代物理的動態宇宙。例如愛因斯坦所信仰的上帝卽相當類似於此。他說：「我相信斯賓諾莎（B. Spinoza 1632-1677）的那個存在事

---

⑩莊子知北遊第二十二：　東郭問於莊子曰：「所謂道，惡乎在？」莊子曰：「無所不在。」東郭子曰：「期而後可。」莊子曰：「在螻蟻。」又曰：「在稊稗。……在瓦甓。……在尿溺。」校正莊子集釋，　郭慶藩撰。台北：世界書局，民國六十年，頁七四九～七五〇。

物的有秩序的和諧中顯示出來的上帝。」[61] 然而所謂動態的內存上帝論也只是懷氏所認為上帝的一側面—後得性而已。但從懷氏理論言之，內存與超越並不相斥，而且必須兩者和合才更圓滿，且形成和諧對比統一體，因此，「人也可信奉超越且動態內存的上帝論」—此即懷氏所表達的上帝。當然也可信奉「超越且動態內存的多神論」。但由於如前所述，上帝論可以不排斥多神論，無論是內在或超越。因此我們也可以信奉「超越而又動態內存的上帝」，同時又容納了「超越而又動態內存的多神論」的信仰。根據筆者觀察，台灣民間信奉此者為數甚多。尤其是道教，但道教往往是將人死後，視為神，但此人之精神特質、道德人格往往非一般人所已做到，例如關公之「義氣」，也因此而有了關帝廟（行天宮）；但是我們要注意的是關公只是眾神之一，其他如土地公、灶神……等也都是眾神，但都不是眾神之王—即所謂的上帝，至於此上帝之名稱為何，有的人尊稱為太上老君，也有人稱為玉皇大帝。但實際上，由於時代的演變，各宗教之綜合，在民間無組織的個人信仰中，並非都如上述，以筆者的祖父為例，他認為眾神之王係指盤古，因為他開天闢地、創造萬有，因此他勉強稱為盤古開天祖祖祖，如此生硬表達是因為已沒有語言可表達，而且他又認為歷史上並沒有人特別去供奉祂是沒道理的，畢竟祂是原始根源；其次才是玉皇上帝，即天公祖，第三是聖人—如孔子，第四是佛祖。至於是純粹內存或純粹超越或超越且內存，則個人信仰不同，但若以我祖父為例則是具有超越性且可以內存。

　　上述純粹信奉內存多神論、內存上帝論或內存上帝且多神論的信徒，由於否定了超越上帝或超越多神的存在，就相當於有些學者或某些青年朋友所常宣稱的「我是無神論者」之意義，或雅斯培（Karl Jaspers

---

⑥ 參看 Karl Jaspers, *The Perennial Scope of Philosophy*, Routledge & Kegan Paul, London, 1950, pp. 51-68 (筆者只看過中文譯本，由北京：商務印書館出版，頁六十三。)

⑥ 曾蘭英編：紀念愛因斯坦，頁三一。

1883-1969) 所說的「無信仰」。 同時雅氏認為「無信仰不能與存有接觸，但不可避免地會塑造一些代替品，用以彌補存有所留下的空位，例如向魔力投降、人的神化、虛無主義」⑫但我認為內存上帝論若採取動態生生不已的立場，仍不致於產生上列流弊，亦卽最容易產生上述流弊的乃是純粹的內存多神論及靜態死寂封閉的內存上帝論的信徒，而且其中最大的流弊卽是人的神化及我在本節甲之二中所描述的。

丙、宗教信仰紛爭的解決

丙之一、懷氏對傳統上帝理論的基本區分及融貫

懷氏曾列舉三大古代對上帝概念的詮釋理論 (cf. RM 66-67, 71)：㈠東方亞州的解釋：這是視上帝為一種構成世界的非位（人）格秩序，這種秩序乃是宇宙的自行秩序化，並不是宇宙的服從外加秩序，這是一種極端的內存論。㈡閃族人的解釋：（閃族人包含了希伯萊人、阿拉伯人、腓尼基人及亞述人），其把上帝視為具有人格的個體存在，且為超越世界而存在且無所不知，宇宙的秩序卽由祂下命令而形成，此乃極端的超越論。㈢泛神論的解釋：實際世界乃在上帝之內的一相面 (phare)，離開上帝，實際世界是不真實的，實際世界唯一的真實卽是上帝的真實，這是一種極端的一元論。

其次，懷氏又認為「㈠與㈢是相逆轉的：就㈠而言，則當我們說上帝則我們是在說關於世界的某些事物，就㈢而言，當我們說世界則我們是在說上帝的某些事物。至於㈡與㈠是直接相互對立的，要融貫他們需要相當複雜的思維，但㈡與㈢則較容易。基督宗教乃不偏於㈠㈡㈢，而

---

⑫詳細情形參閱 Karl Jaspers: *The Perennial Scope of Philosophy*, Roultedge & Kegan Paul, London, 1950, pp. 34-39 正文係引述項退結: 現代存在思想家。台北: 先知出版社，民國六十三年再版，頁七六。

是在歷史發展中，有超越、有內存、有人格、也有非人格之發展，且傾向於或大致上融貫了㈡與㈢」（cf. RM 67-70），但無論如何，融貫上述㈠㈡㈢使其彼此不相衝突是相當重要的問題，很顯然懷氏的上帝論卽是致力於此三者的調和與融貫。

從前二節的討論，我們可發現：懷氏基本上一方面排斥了基督宗教中某些他認爲粗俗的成分，例如保羅所強調的強制力量及報復懲罰的心態。但另一方面則積極吸收早期基督徒——如加利利（Galilee）的農民的質樸、富有同情心且直接由福音書中吸收他們道德的準則，及約翰福音所認爲的「道呈現於世界中的內存性」，及約翰一書中所說的「上帝就是愛的行動」的精神（cf. RM 70-72）⑬，當然最重要最根本的卽是汲取了耶穌所強調的「天國在你心中，上帝是天父的隱喻—卽和平、博愛、同情、溫柔的上帝及作爲根源的意義」（RM 70），他甚至以人的角度讚美耶穌基督說：「這位謙遜的人，他無家無室，毫無私慾，他以和平、博愛、同情的信息撫慰苦難的人們，以溫柔的言語撫慰絕望的人們。」（AI 167），又說：「基督的生命不在展現以更高權威的力量去拒斥或統治。他的榮耀是因爲那些能體會辨識此一基督生命的人們，而不是因爲世界，他的力量在於祂毫無權勢，他決定了一個至高無上的理想，這說明世界史爲何以基督誕生爲紀元的起點。」（RM 56-57）⑭。

然而，懷氏不只吸收了他所認爲基督宗教的精華而且使用想像普遍化的方式，透過當代分殊學科而合理想像出「普遍中的普遍的創造性」，透過此種創造性之運作及上帝先在性的必然存在可提供㈠之自行秩序化

---

⑬「一個人不愛萬有，則永遠無法認識上帝，因爲上帝就是愛的行動」。*The Bible*, 1 John 4:8 p. 1067 中文本見頁三百二十四。

⑭上列有關懷氏與基督宗教的關係，除了文中所提及的懷氏原著外，另外請參見 A. H Johnson, *Whitehead's Philosophy of Civilization*。台北：汎美圖書有限公司，民國六十五年，頁五十～六八，尤其是五十～五六。

更合理圓滿的終極爲什麼。關於此，懷氏對於東方亞州的上帝論，並不是描述很清楚，因此在本章結語中，筆者將進一步討論。但是懷氏理論卻融貫了他所描述的三大理論。畢竟超越內存在他而言是相互融貫且可形成和諧對比的統一體，但是其缺少討論的多神論，筆者也曾擴延懷氏上帝理論發現上帝與多神是相容的。

但是此處我要補充說明的是：在前述神明理論的探討中，筆者並沒有刻意去討論人格化與非人格化的區別。主要是因爲：我認爲神秘眞實的上帝原本是超越理性分析與文字表達，但由於人類一直嘗試勉強用人類語言去描述祂，因此，隨著時代地域、環境、經驗、個性的不同，語言表達方式之不同，才形成人格與非人格之分。

當人們嘗試用人性的觀點去強加描述，則形成人格化的神明。當嘗試用「客觀」語言，強加描述則形成非人格的中性神明。在本章中，筆者顯然是嘗試雙管並用。換言之，人格與非人格之分並非實質的差異，當然由於表達的不同，而爲一些較執著於語言字面意義的人們所閱讀，則形成信仰的差異性，但顯然從神秘眞實的上帝角度言之，則語言表達所形成的差異性並不很重要，而且不構成實質差異。但是所謂的超越與內存，一與多則不是語言表達所造成的表面差異，而是信仰內容確實存在著實質的差異，因此在本節乃偏重超越與內存，一與多之間相互包容性的討論，藉以解決實質差異所形成的問題，在下個段落，筆者將嘗試從更實際的角度來解決信仰差異所形成的問題。

丙之二、實際的解決

首先，從乙節中各種神明理論的討論中，可發現幾乎所有神明理論或個人個別的信仰內容，尤其是超越、內存、一神、多神都可說是懷氏上帝理論的延伸——即我所謂的「超越且內存上帝且容納多神」的信仰內容的某些側面或特例，而且這些側面都可透過實際事物理論相輔相成

相融貫，而形成和諧對比的統一體，而互不衝突。

　　因此，就理論上而言，①若世人同時信奉同一宗教中的神明或上述懷氏型的上帝或者筆者延伸的神明理論，則無所謂的紛爭了。但這畢竟是理想狀況，蓋每個人由於先天上個性的不同及後天上環境、知識、經驗、時代背景之不同，往往造成不同的信仰，因此也不可能形成同一信仰，甚至對同樣的語言中的神明，都可能想像出不同的神明，而形成不同的信仰，因此統一信仰是表面的，而實質上是不可能的，而且也沒有必要統一信仰，畢竟宗教信仰如前述是屬於個人內在的事，而不是團體的。②所以我們需退一步，而只要求人們「理解」本節所強調：任何個別信仰內容或各種神明理論是可以相輔相成、相互相容，並不是矛盾對立或衝突，所以，存在著個別差異的信仰內容也無所謂，而且可和平共存。

　　但實際上，要求人們同時理解上述理論，也不是容易辦得到的事，至少就目前而言，是尚未辦到。最明顯的卽懷氏的上帝理論或筆者藉其延伸出的神明理論也未必爲哲學界所同情理解或進一步接受，更遑論一般非專攻此道者。既然人們同時同情理解、接受也不盡可能。因此，可再更退一步，③只要求人們信奉一開放動態的神明理論；當然也可不信。但只要時時保持開放的心胸，承認個人信仰之必然具有差異性存在，而準備選擇吸收不同的信仰內容，以充實自己的信仰內容，如此也可解決信仰紛爭。

　　甚至又再退一步，卽使你不準備吸收任何他人的信仰內容，或不信奉不理解任何神明，④那麼只要人們能够培養相互尊重對方的信仰，則也可免除紛爭，此乃民主社會的理論基礎及特徵之一。但相互尊重畢竟只是理論，是道德，並不是非常可靠，也不是每個人都容易辦到。因此，⑤又須再透過法律制度，來客觀保證「相互尊重」的外在形式表

現，以形成外在的信仰自由，在法律制度中，最能够保障宗教信仰自由的，莫過於民主憲政的切實實行，例如，我國憲法第一三條即規定：人民有信仰宗教之自由⑥，如此爲了守法，則不會形成信仰紛爭了。換言之，第三章所述及的健全的民主社會乃是實際解決信仰紛爭的有效途徑，不過這只是治標，但卻較能立竿見影；但從文化發展的立場而言，則治本還是須從本節所討論的神明理論著手，畢竟不同的神明理論相互間還是可形成和諧對比的統一體，而且在此統一體中，各個不同的神明還是存在著它個別的價值、地位與作用，而無需相互排斥，總之，上列五種方式即是解決信仰紛爭或困惑的重要方向。

結　語

在本章中，我曾嘗試透過懷氏上帝三性的討論去詮釋各種分殊學科的宇宙觀及某些科學現象，且嘗試運用「和諧對比」的方式去解決各種不同神明理論的歧異性所引發的困惑與問題，甚至也導出眞實神秘的上帝自身乃是超越理性分析與語言表達的層次。但其中對上帝與創造的問題，懷氏顯然在理論上有些缺憾，此外，對於對比理論懷氏雖然使用廣泛，但往往分散各處，不易令人把握而顯得有些定義不清晰。另外，對於實際事物的相互攝受所形成的普遍相關性的側面，懷氏也表達地未盡清晰精確而有簡化之缺憾，因此在本結語中筆者即透過第二章及本章嘗試對上述懷氏在表達上與理論上的缺憾加以澄清與補充：

甲、上帝、創造性與實際刹那相關性之討論

既然懷氏認爲上帝是實際事物的特例，且「任何實際事物都是（創

---

⑥劉慶瑞：中華民國憲法要義，頁二六六。

造性的）的受造物」(*PR* 22)，因此上帝及實際剎那都是創造性的受造物，只是「上帝是終極創造性的從最早即存在的 (aboriginal) 的特殊例證（或受造物）」(*PR* 225) 亦即離開創造性，上帝及實際剎那並無意義。但是創造性乃必然普遍地內存於每一實際剎那及上帝中，而無法孤立存在，因此「離開受造物（即指上帝及實際剎那），創造性也無意義」(*PR* 225)，然而，任一實際剎那的形成乃創造性的運作，再加上上帝提供其確定形式、自由、目的、新異性及秩序；因此，「離開創造性及上帝，則時間性的受造物（即指實際剎那）並無意義」(*PR* 225)，但是，我們又了解上帝需要實際剎那的不斷生成，以充實、豐富祂自己，因此，離開實際剎那，上帝也無意義。綜合上述，我們可以發現：上帝、創造性與實際剎那三者是相互需要、相互預設、同時發生、同時完成，且是不可分割的整體，如此則又印證了第一章所說的，普遍觀念的融貫性─相互預設性，亦即各大範疇實際上是相互預設同時發生同時完成的。但從先在性言之，上帝對實際剎那的提供初始目的及各種對實際剎那的根源之功能，可以說「上帝在此意義下，可被稱為每一個時間性的實際事物（即指實際剎那）的創造者」(*PR* 225)。

然而，我們若繼續追問：「創造性之為普遍之普遍中的事實或觀念從何而生？」懷氏必答：「由人類經驗及各種分殊學科之合理想像普遍化而來的客觀性結果。」但是我們若再問：「分殊學科或人類經驗本身之可以或可能具有客觀的普遍性，其理由為何？」則又可答：「由於上帝概念中的永恒對象之契入不同的實際剎那可保持其同一性且可無限重複使用，因此分殊學科才可以形成客觀普遍性的結果。」然而永恒對象必然被上帝的先在性所感受而內存於上帝中，因此也可說必須有上帝的存在，尤其是先在性的存在，才可使分殊學科之具有客觀性普遍性之存在有其合理的解釋，或終極合理的根據。因此，也可說，因為上帝的存

在，才形成合理想像普遍化所形成的創造性的觀念或普遍事實，而有了此創造性，才有了實際事物之生成，但實際事物又包含了上帝，因此，可以說，必然存在的眞實神秘的上帝創造了人類或懷氏所說的「上帝」的觀念，也創造了普遍創造性的觀念與事實，從這兒，卽可看出上帝超越性領域存在的重要作用了。

因此，我們可將懷氏理論，轉化成下列描述：神秘眞實的上帝賦予了一切萬有或實際刹那所內存的普遍創造力，繼而一切萬有或實際刹那將此潛存的創造性具體表現發揮出來，但不同的實際刹那所發揮的強度性質也就不同，而形成各式各樣的實際刹那，從此觀點或此種表達，我們可說眞實神秘的上帝確實創造了世界，而且是隨時都在創造世界；也創造了形上學中之上帝，雖然從理論上而言，形上學的上帝、創造性與實際刹那都是同時發生的。但上列表達，也可說是一種對於眞實神秘上帝的信仰式的表達，實際上完整的眞實神秘的上帝是超越上述理性與語言表達的。至於每個人又如何表達神秘眞實的上帝，則是各人的信仰與表達自由了。

其次，懷氏旣然認爲任何歷程的形成，基本上乃由於自發內存的創造力之運作，此乃有些類似於我所認爲古典中國哲學中的宇宙大道之自化所形成的大化流行，且生生不已的宇宙歷程一所謂「大道之行也」[66]之大道一但是此大道何以運行，固然可以透過創造性加以解釋，但是若追問大道何以創新，則爲求理論上的較圓滿解釋，則須透過懷氏上帝先在性之超越領域所含藏的未實現的永恒對象的不斷實現，才可更圓滿解釋。因此，對於「道」之詮釋顯然不可忽略或補充其超越性。亦卽從創新性的如何形成，我們更可了解，上帝超越領域的重要性了。

---

[66]禮記，禮運篇大同章，十三經注疏㈤，頁四一三。

最後，由於上帝具有無限的先在性且其先在性中乃包含了未曾實現的永恒對象，因此，上帝並不像實際剎那之只是具有有限而無界的特性，而是無限中兼具有限而無界的特性，換言之，上帝並不僅只是全體宇宙的一剎那，亦卽不僅是後得性，因此，用日常語言「任一具體存在的任一特殊剎那的活動歷程及其作用」來詮釋上帝，則文字表達上有些忽略了上帝先在性中的特性，因此上述日常語言的表達可說只表達出上帝的某些側面，並不是非常相應。因此，上列日常語言的定義較適合一般實際剎那，較不適合上帝。除非我們將全體宇宙的定義又包含了未曾實現過的永恒對象的領域及其無限性，但如此表達則使得上帝後得性的日常語言表達顯得不够清晰明確而且和先在性搞混了；而且如此表達，只好將有限而無界的物理宇宙視爲具有無限性的全體宇宙的一部分或片斷，但卻不具有共同的形式結構的側面或例證。換言之，如此表達，則使得理論不够簡明，當然上述都是文字表達之爭辯，實際上了解上帝大約是什麼或具有上述特性是最重要的，但是卽使你堅持全體宇宙做如上的定義，則也要了解，全體宇宙的一剎那並不是原子性的，而是連續的，可無限分割的。總之，筆者使用日常語言對實際事物的定義並不是非常相應於上帝這個神聖偉大的實際事物。

但無論我們如何表達全體宇宙及上帝，我們仍需要了解：上帝依然具有實際事物的普遍形式結構，且遵循形上學三大原理：①存有原理②相關性原理③歷程原理的要求，因此是實際事物的特例。但更重要的是：上列這些文字的表達都只是神秘眞實的上帝的數譬，畢竟上帝乃是屬於超越語言表達、理性分析的不可思議領域，因此，欲勉强將此不可思議、不可言說的領域，强用人類語言表達及理性去合理化、清晰化，無寧說是喪失了上帝的某些奧秘，而顯得含混不清或不合邏輯了。因此，讀者更須透過上列對上帝的文字描述，去想像、去行動，以成就個

人私有的個別宗教信仰，甚至「直悟」神秘眞實的上帝，或對越上帝，也可說，在語言表達又進入含混不清之時，又進入了開放的神秘領域。

乙、對比理論之澄清

首先，從第二章之歷程遷移的討論中，可了解所謂的物理感受基本上可分成①單純物理感受②轉化物理感受（PR 232）兩種，其中單純物理感受又可分成①純粹物理感受及②混合物理感受（PR 308）。至於概念感受可分成①概念評價②概念廻轉兩種。混合物理感受又可分成①對上帝的感受②對一般實際利那的感受（PR 246）。上列各種不同的分量感受（component feeling），相互整合卽形成第三階段各種不同等級的對比物或對比的對比物……，繼而形成各種不同的實際事物，而從本章所討論的對比物，可發現最複雜的對比物，卽是超越上帝與世界的對比，懷氏則透過其所認爲的上帝將上兩者融合成一更大的和諧對比的統一體。因此簡而言之，懷氏乃是透過對比的方式來描述整個宇宙的形成歷程，上列對比乃是一種動態歷程的對比，而人類歷史之分合只是此理論的特例或說是此歷程的片斷或側面。

此外，懷氏也認爲永恒對象及社會與社會相互間也可形成對比物，由此而形成了前述無限的抽象層級及有限的抽象社會層級，此種乃是動態歷程的橫截面，是一種結構的對比，但不是動態歷程的動態對比❻。當然此兩種對比是密切相關，相互融貫不可分割亦卽有後者才有前者，也可說有前者才有後者，亦卽此兩種對比乃是同時形成的，從這兒也可了解二、三、四章是同時完成不可分割的。

---

❻參閱沈清松：方法、歷史與存有——一種對比的哲學思考。台北：哲學與文化月刊，第八卷第三期，民國七十年三月，頁四九。沈君此文基本上可說是懷氏對比理論的延伸與應用，當然此延伸與應用，另外又加入了海德格及結構主義和他自己的思想。此處結構對比、動態對比之名詞卽取自此文。

從上所述，筆者勉強對「對比物」或「和諧對比的統一體」提出底下較明晰的定義：所謂對比物，基本上乃是指任何不同或相同的事物，相互整合而形成的具有和諧狀態或和諧模型的事物，因此對比是和不相容相對立的 (cf. PR 83)；此事物可視為一統一體，但此統一體中依舊維持著其成員中的某些個別差異性，但同時也由於在整合歷程中透過不同事物的共同性加以整合成一和諧、具有模型的事物，但為了和諧，有時會透過消極攝受消除一些成員中的差異性，但是越高級的對比物，則此消極攝受的作用越少。例如最高級的上帝根本就無消極攝受的運作，所成就的和諧對比也越高級；但此處不同的事物所形成的對比乃包含下列四種狀況：①不同永恒對象的對比 (cf. PR 228-229)。②不同實際事物的對比。③實際事物與永恒對象或各種物理感受與各種概念感受所形成的對比(cf. PR 250)。④對比本身也是事物，也和上列各種不同的事物及其他對比再透過相互對比形成對比或對比的對比，如此無止境的發展下去 (cf. PR 24)，卽構成了宇宙歷程及宇宙結構。

就①而言，其整合方式是透過前述之異中取同、同中存異的抽象方式而形成。亦卽對比物越高級，則形成抽象的複合永恒對象也越高級。例如實際事物卽是歷程之歷程乃是一相當抽象的複合永恒對象，為了解釋此卽耗費了本論文如此多的篇幅。就②而言，則如社會，其整合方式就其起源歷程而言，則是透過轉化範疇的運作，當然也包含了①之方式。但就其縱的層級結構而言，也是採用①之方式，只是並不是如永恒對象的對比越高級越抽象，而只是越高級越複雜，越強化決定社會低高級的決定因素，且高級社會的特徵也必然包含了低級社會的特徵，但又增加了許多其他的特徵。但低級社會的特徵在此高級社會中並非主導、主要的特徵，而只是次要的特徵。但我們要注意的是實際事物相互攝受所形成的統一體，並不僅僅是抽象對比的關係所形成的社會結構，而必

須再包含了③及④之方式及時間流動因素（cf. PR 229）。就③而言，例如命題（cf. PR 24）也可說是價值理想與實際世界的整合或永恒與變易的整合，其整合形成對比的方式乃是透過轉化範疇的運作，其中又包含了①與②的方式。而④的整合方式則具備了①②③各種方式而形成對比的對比。總之透過上述四種對比方式形成了全體宇宙的歷程與結構。至於人類歷史的發展、或生物演化歷程基本上也是透過此種對比方式而形成。

從上述可了解懷氏在存在範疇中對「對比物」所下的最簡單的定義一所謂對比（物）即是「有模型性的事物，或許多事物在統一的攝受中所形成的綜合模態」（PR 22）。

丙、實際事物相互攝受理論之澄清與補充

首先，從第二章第二、三節所述可發現實際事物不只物理感受了直接過去及較鄰近的實際事物，而且也可透過因果效應的不斷追溯了解，即使對那些較遙遠的實際事物也可以以某種方式，透過（直接或間接的）因果感受，被此實際事物所感受到（cf. PR 239）。其次，既然實際事物與實際事物之相關聯是透過共同的永恒對象，因此此實際事物也自然不必然地只能和鄰近實際事物相關聯。只要和遙遠的實際事物具有共同的永恒對象，即可直接相關聯，而無須透過間接的因果效應之追溯才能相關聯、感受到。當然遙遠的實際事物與此實際事物之相關性，從物理感受的角度言之，往往比鄰近實際事物之相關性較為含混不清、瑣碎，或幾乎很難浮現，但總是感受到了。當然此種感受並不一定是有意識的，甚至大多感受都是盲目的。因此，我們可說任何實際事物都必然感受了所有其他實際事物，但更精確言之，則是任何實際事物都必然只感受了每一其他實際事物的某些感受。此即懷氏所謂普遍相關性的意義

之一。 上述也可用科學語言表達某些側面:「任何局部的振動都可振動了整個宇宙，極遙遠的效應雖然少，但還是存在著。」(*MT* 138) 假如採取上述的觀點去表達，則就形成了懷氏所說的「對於實際事物並沒有選擇而是全部積極攝受， 但只有部分永恒對象被選擇」(*PR* 219)，如此則第二章第二節所討論的第一階段並不需要考慮諸多感受是否盲目排斥了某些實際事物。但問題是一即使不排斥任何實際事物，但是否代表在第一階段乃感受其所有實際事物的每一個感受呢？實際上， 是不可能也不太合理的。關於此， 在下一段會討論。

其次， 上列的描述是將消極攝受的作用視爲不重要， 故以感受每一其他實際事物表達， 但若是將消極攝受視爲相當重要時， 就如第二章第二節筆者在描述歷程遷移的第一階段所採取的「盲目消極攝受」已介入的表達方式時， 則固然被消極攝受的資料對此實際事物之內部眞實結構產生不了積極的貢獻， 但是由於主體面對所要排斥的資料確也產生了某種主觀方式，而此種主觀方式和主體感受資料的主觀方式並不相同，而且這些不同的主觀方式相互交織卽形成了一種情緒上的複合物。亦卽如懷氏所說的:「每個消極攝受均有個別的『主觀方式』，也因此消極攝受總是使感受主體的主觀方式增加了一些氣氛。雖然此種增加或強化或許是非常的瑣碎與微不足道，但無論如何總是強化或複雜化了此實際事物的主體形式及主觀方式，而形成了一情緒上的複合物(emotional complex)。」(*PR* 41)。換言之， 卽使我們退一步說，對於某些實際事物，我們考慮其消極攝受的重要性而排斥了某些實際事物。亦卽只感受了某些實際事物， 而不是全部實際事物， 則實際事物間的普遍相關性依然成立。因爲對於那些被排斥的實際事物依然透過消極攝受 (無論是盲目的或有意識的) 的強化其主觀方式而相關聯。但是若採取此種表達方式， 則不能說「任何實際事物都感受了每一其他實際事物」， 而只可說「任何實際事物

均攝受了每一其他實際事物及任何實際事物乃透過攝受（包含了消極攝受與感受）活動而相關聯」。 然而， 透過第二章第二節歷程遷移的描述及第四章的討論我們又可進一步發現： 除了上帝以外， 大多實際事物都只能感受部分實際事物的部分感受。因此， 普遍相關性又可更眞實地且細節化地表達成：「任何實際事物均 『攝受』 了每一其他實際事物的所有感受。」但是只是『感受』了某些（可能部份， 也可能全部） 其他實際事物的某些 「感受」； 此外從第四章上帝的討論中可了解只有上帝才感受全部實際事物（包含祂自己）的全部感受。至於其他實際事物， 往往只是感受部份的實際事物的部份感受，但卻是攝受所有其他實際事物的所有感受。

其次， 上述感受及消極攝受的主觀方式， 可能是有意識或盲目的情緒， 因此透過盲目與有意識的感受， 則我們又可將實際事物與實際事物間的普遍相關性的表達更細節化的描述如下：

㈠若採取「任何實際事物都感受所有其他實際事物」的立場， 則大致上可區分爲下列三種： ①盲目的感受所有其他實際事物的所有感受。②有意識的感受A部份的其他實際事物的 a 部份感受（以 Aa 表之），而且盲目的感受 Aa 以外的感受， 兩者的總合卽全等於所有其他實際事物的所有感受。③有意識的感受所有實際事物（包含祂自己）的所有感受。

㈡若採取「任何實際事物都攝受所有的其他實際事物」的立場， 則大致上也可區分成下列四種： ①盲目攝受所有其他實際事物的所有感受一亦卽盲目感受A部份的其他實際事物的 a 部份感受，且盲目的消極攝受B部份的實際事物的全部感受及A部份的實際事物的非 a 部份的感受。而上述實際事物的感受的總和卽全等於所有其他實際事物的所有感受。②盲目的消極攝受 Aa_1 及 $Bb_1, Cc_1, Dd_1,$ 且有意識的消極攝受

Bb_2 及 Aa_2, Cc_2, Dd_2 且盲目的感受 Cc_3 及 Aa_3, Bb_3, Dd_3 且有意識的感受 Dd_4 及 Aa_4, Bb_4, Cc_4 而 $\sum_{n=1}^{4} Aan+Bbn+Ccn+Ddn \equiv$ 所有其他實際事物的所有感受。③有意識地感受 Aa 且有意識地消極攝受 Aa 以外的所有感受，換言之，是有意識地攝受所有其他實際事物的所有感受。④有意識地感受 Aa 且盲目地感受 Aa 以外的所有感受，換言之，是感受所有其他實際事物的所有感受，但不必然地是有意識地感受所有其他實際事物的所有感受。

　　但大多高級實際事物，如人或動物的剎那，都屬於㈠之②及㈡之②，只有上帝是屬於㈠之③，而低級實際事物，如無生命物質或植物的每一剎那乃屬於㈠之①或㈡之①。㈡之③則已近於博學之士，而④之 Aa 若所佔比例相當高也是博學之士，但在實際世界也很少，但若越接近上述兩種情況及㈡之③，則心胸也越開朗。當然從盲目情緒到意識作用的存在，及從感受的質與量，都具有程度上的區別，因此在其中就可形成各種不同的實際事物。例如同樣是人的剎那，大致均屬於㈡之②，但其中由於程度上之差別，卽形成各種不同等級的人的剎那，但越接近㈡之③④，甚至㈠之③，則此人的某剎那越高級，當然越高級的剎那在其一生中發生越多，則此人越高級。

　　其次，懷氏使用 the principle of relativity 及 universal relativity 的 relativity 一詞，除了前已述及的相關性的意義外，也含有相對性的意義。亦卽任何的實際事物均可做爲攝受主體，但同時也可做爲被攝受的資料，而成爲具體化聚合成長歷程中的起始資料之一。換言之，是主體，相對的也是客體。更擴大言之，任何的事物（卽實有），無論是實際的或非實際的，都可能成爲具體化的聚合成長歷程中的一個潛能。(cf. *PR* 22) 亦卽懷氏所謂「普遍相關性」及「相關性原理」之意義不只是指「實際事物」間的相關或相對關係，更擴大到任何非實際事物

之實有間之相互關係。關於這方面的詳細討論已超出本論文之探討的目的，故不再贅述。但是基本上我們須了解，由於上帝及創造性的必然存在，乃是使得實際事物、永恒對象，甚至是所有事物相互關聯的根本理由，也可說是上帝乃是普遍相關性之所以成立的根本理由。

懷氏此種相互攝受所形成的相互關聯理論及順應理論，很顯然地類似於華嚴宗之「相攝、相續、相卽、相入、相待、相生、相破」之理論❻❽或方東美教授所謂的相攝原理、互依原理、周偏含容原理❻❾。而就其中剎那歷程乃由多形成一，一而多，及實際事物之同時為攝受主體及被攝受的客體而言，則近似於「攝一切剎（那）趣一剎，一切身趣一身」❼⓿及筆削記所說的「一入一切，一切一入，互為主伴」❼❶。

最後，從懷氏之攝受理論我們可發現，懷氏乃是嘗試以盲目情緒地相互物理攝受歷程來詮釋深度心理學的非理性層次或潛意識的層次。當然，歷程之成長也依然可由盲目情緒而提昇至意識的、理性的思考歷程，甚而提昇進入宗教信仰及不可思議之境。因此，懷氏之歷程哲學不只是將方東美所謂的「深度、平面、高度三種心理學」❼❷全部透過攝受

❻❽關於此理論，散見於大正藏，第九、十册華嚴部及第四十五～四十八册，諸宗部。尤其是第四十五册法藏澄觀對華嚴經的詮釋。
另外，程石泉亦認為：「宇宙間事事物物（空間所依止的）是在大化流衍中表現出形形式式，而事事物物之間又以相攝（prehension）而互為主客（能所），於是「相卽」、「相入」、「相害」、「相成」，形成一體圓融（organism）。」程石泉：思想點滴(五)。台北：十方月刊，第一卷第八期，民國七十二年五月，頁一二。
❻❾方東美：生生之德。頁三一二～三一三。
❼⓿大正藏，第四十六册，諸宗部三，十不二門指鈔卷下，唐荊溪尊者湛然述，頁七一七 C。此乃天台宗之範圍，但實際上天台、華嚴，有其交集之處。
❼❶筆削記。引自丁福保編：佛學大辭典。台北：新文豐出版公司。民國七十年，頁二六。
❼❷高度心理學是方東美教授自創的詞彙，有關深度、平面、高度心理學之綜合討論。參閱，方東美：生生之德。頁三四九～三五〇。較詳細描述則必須參閱，方東美：方東美先生演講集。頁一二～三〇，六一～八九。此處我借用之表達較方便。不過懷氏歷程哲學含藏了紮實的物理歷程之詮釋，方先生則較欠缺。

理論一以貫之，而且也對物理歷程提供了形上學之詮釋。這種情況有點類似於佛家唯識宗透過八識，逐步提昇歷程而轉識成智，進入宗教領域中的永恒的智慧海中❼⃝。

❼⃝參閱方東美：華嚴宗哲學（上冊），台北：黎明文化事業公司，民國七十年七月初版，頁三九二～三九四及四四七～四五一。方先生認爲需透過近代在藏文中發現的安慧的「唯識三十論釋」，才可以發現彌勒、無著的眞正問題，也是一千多年來唯識宗未解決的問題。亦卽需轉識成智，由唯識學轉化成唯智學，亦卽須根據無分別智，始能消解識的虛妄分別。另外請參閱方東美：中國大乘佛學，第二十節─研究唯識哲學的方法與步驟。及第二十一節─研究唯識哲學的正確途徑。台北：黎明文化事業公司，民國七十三年，頁五九七～六五一，特別是頁六三五、六四六。

結　論

　　在正文中，筆者嘗試以「任何具體存在的任何刹那的活動歷程及其作用」的觀點詮釋懷氏「實際事物」的理論。雖然對「上帝」理論稍有文字表達上的出入，但是就整體言之，還是極容易令人了解；同時也透過此理論的修正、延伸與應用已大致解決了緒論中前三個時代問題，但對第四個時代問題—人在宇宙中的地位及人性與道德的問題仍未明顯解決。因此，在本結論中，首先卽嘗試解決第四個問題。其次，由於各章各節中均曾使用各種不同的表達方式對實際事物理論加以綜述與細節性的討論，因此，在此結論中筆者並不想對「實際事物」理論作一直接性的綜述。相反地，筆者嘗試以物理學及生物學爲例，說明分殊學科如何影響懷氏形上學中「實際事物」的理論，藉此方式了解科學、刹那與宇宙的關係，同時也可說是本論文的間接綜述；繼而再提出一些值得吾人進一步探討的重要問題，最後則以理論、行動與感謝的相互關係的討論結束本書。

一、人在宇宙中的地位及人性與道德

　　首先，從「實際事物」的角度觀人，則實際刹那旣然和上帝同類且具有類似的普遍形式結構，而且也分享了上帝自因、善性、自由等特性。因此，人的任一刹那也是如此。其次，旣然上帝需要實際刹那的形成來充實祂，而上帝的後得性又是指全體宇宙的一刹那，因此也可說：一切實際刹那都參與了全體宇宙的創新歷程，而且也形成了與自然和諧的關係。當然，人的任一刹那也是如此，就如同懷氏所說的：「創造原理是存在於每個地方，旣存在於生物，也存在於所謂的無生物……只要

人類一天參與了這種創造的過程，也就一天參與了神聖與上帝的行列，而這種參與也就是人類的不朽處。」(*DIAL* 370-371) 也可說人類參與了歷史潮流的演進，此種參與形成了形體渺小之人的偉大不朽處，尤其是走在潮流尖端，引領時代潮流的人更是偉大。其次，人類的利那歷程誠然有其盲目情緒的一面，例如佛洛伊德所認為的「性衝動」，乃是此盲目情緒中的一部分，但並不是全部，而且人往往可以透過對比方式的整合歷程，由第一側面（或階段）的盲目情緒的單純物理感受，再形成概念感受，甚至由概念迴轉引進新異物，而且不是如無生物只以物理性目的的達成卽感到滿足；相反地，往往繼續形成高級的命題感受，尤其是有意識的命題感受如意識判斷、意識信仰，而形成高級的道德、科學、宗教及哲學活動，且淨化提昇了原始本能或盲目情緒的衝動，因此人也不是只如佛氏筆下只是意識深層下的個人。然而，植物、禽獸往往無法形成上述高度強化的高級感受及活動。因此，從上述觀點，也可表現出人之優於禽獸等其他萬有，而凸顯出人在宇宙中的重要地位與偉大。復次，從社會結構及特徵言之，則人的結構及特徵本身卽整合了物質、植物、動物的結構且同時增加人之所以為人的結構與特徵，例如心靈、大腦、靈魂的強化等等，總之在第三章第三節所討論的社會等級的決定因素，除了上帝以外，人是最強化、最高級的。

從上述三點，可凸顯出人在宇宙中的重要地位與偉大，雖然他的形體大小和宇宙相比確實相當渺小。但是把人和上帝相比，誠然他們是屬同類，但是上帝先在性的無限性及所顯出的無限的愛心、耐心、寬容心及有意識的感受所有實際事物且持之永遠，則非人類的任一利那所能比。蓋人類的任一利那，甚至整個人生，所能感受、包容的心量及愛心、耐心與所意識到的部份實際事物和上帝相比實在相當弱化，甚至有時也有惡行出現，因此，人類誠然有其偉大的一面，但並不是偉大到非

常完美，畢竟人性的弱點往往造成許多缺憾，所以，過份歌頌人類的偉
大乃是不敢面對人性的弱點所造成的人類世界的諸種缺陷的逃避者，唯
有正視人性的弱點及實際世界的醜陋與良善，並嘗試去解決社會問題，
才能提昇人類社會，使其日趨完美。

　　但是更重要的是：偉大與渺小、高級與低級的強度，往往是取決於
自己在利那中的自由抉擇，甚至同樣一個人，在此利那是相當高級、相
當偉大，甚至近乎上帝，但在另一利那或許也可能像無生物的活動、或
低級社會的活動，甚至是惡行。這一切都是個人在利那中的抉擇；再加
上由於人在利那中由內心感受上帝而形成行動具有直接性，因此，我們
可從上述觀點來詮釋孔子所說的：「仁遠乎哉，我欲仁，斯仁至矣！」❶
及佛家所說的：「放下屠刀，立地成佛。」❷之精義的一部份，當然也可以
詮釋「我欲不仁，斯不仁立即至矣」的精義的一部份，甚至我們更可普
遍地說：所謂的理想人格，如聖人、賢人、眞人、至人、神人、活佛，
若我們將其視爲可具體實現，則從利那的角度言之，那麼當此人某一利
那的行爲像聖人，則此人在此一利那卽是聖人，但是另一利那則未必持
續著理想人格的特徵，當然，一個人在一生中擁有此種理想人格形式的
利那越多，則此人越高級，反之則越渺小。但在實際世界中，又有那一
個人是一生的每一利那都是持續理想人格的特徵或享有理想人格的確定
形式，很顯然，這種人是不存在的。所以，當我們使用單稱命題（可視
爲全稱命題的變形）❸表達：「孔子是一個聖人。」則表示孔子一生中或

---

❶論語述而篇第七。子曰：「仁遠乎哉。我欲仁，斯仁至矣！」四書集註，宋、
　朱熹，頁二三四。
❷指月錄云：「廣額屠兒於涅槃會上，放下屠刀，立便成佛。」指月錄續指月錄，
　瞿汝稷纂先編集，臺北：新文豐出版公司，民國六十九年十二月二版，頁二九。
❸cf. I. M. Copi, *Introduction To Logic*, Taipei: Rainbow-Bridge Book Co.,
　Ltd. 1983, pp. 239-241. 但若考慮存在意義則「S是P」是對等於「所有S是
　P且有些S是P」。

說這話的以前的每一剎那都是聖人，但是顯然地這並不是具體的眞實，至少孔子剛生下來不可能卽是聖人。因此，我們也可了解當有人對孔子說：「你是一個偉大的聖者與仁者。」則孔子一定說：「若聖與仁，則吾豈敢！」❹，當然此話在論語中另有其他深義，但從剎那角度言之，孔子說此話顯然相當眞實負責且有自知之明，並不是所謂的謙虛。因此，若有人宣稱某人是聖者仁者，顯然這是美化對方而不够眞實，且不小心卽會墮入偶像崇拜的流弊繼而也可能在論證某些觀點時，較容易犯訴諸權威的謬誤。當然若有人宣稱他自己是聖者仁者，也是過度美化自己，自我膨脹而形成自欺欺人的毛病，套用心理學的名詞，則是自我戀或自戀狂。兩者皆是非常不眞實負責的不道德行爲。所以，與其說「某某是聖人」，還不如將他許多剎那活動的具體眞實清晰地描述出來，如此在道德上就顯得更眞實負責，也較具有科學精神。

總之，人在宇宙中的地位，誠然在某種意義下是優於其他萬物，但卻低於上帝，但從更具體的剎那角度言之，無寧是取決於他自己。因此，更重要的問題，無寧說是：①如何使你自己在一生中擁有更多的高級剎那，以提昇自己。②如何使別人或更多的人在其一生中擁有更多的高級剎那，以提昇整體社會的生活素質。關於這兩個問題，除了個人的努力外，更需同時需借重健全的民主制度的運作才更有效率，尤其後一問題更是如此。

至於從人類的起源之探討可能引起的問題。基本上透過第四章的結語，人類的任一剎那可以說是宇宙中普遍創造力的受造物，另外，也可說是由各層級的社會，層創演化而來，只是其根源基礎卻在於上帝，而且其終極目的與結果也是朝向上帝。而且人類也分享了上帝的特性與普

---

❹論語述而篇第七。同❶，頁二三六～二三七。

遍形式結構。但上述可說是形上學理論，其臆測成分甚多，只是透過此種理論可以努力嘗試詮釋人類所經驗到的一切元素。因此，有些人視其理論為眞，而成了一種主觀的信仰。

此外，從生物學的角度言之，誠然，演化論者高舉人類是由猿猴變來的，但也和前述理論一樣，只是理論，只是含有臆測成分的假設。而不是直接的實證資料，只是此種假設或基本設定也和前述理論一樣可以詮釋許多生命現象，且比舊有理論詮釋範圍更廣，更合乎某些實證資料，且更加簡化，因此，許多生物學家或許多非專業學者也視其為眞。因此也如前述形成一種主觀的信仰。但是既然兩者都是含有臆測性及信仰成分，因此也不是絕對的眞與不眞的問題了。所以，為了維持人類的信心與尊嚴，為了解決人類社會的實際問題，可從下列三點著手：

㈠若你接受或相信人的起源是上帝創造或由於懷氏所說的普遍創造力所形成的受造物，則必須努力強化人所分享到上帝的特性或強化潛在的創造力，當然更需強化人之所以為人而優於禽獸或其他萬有的特徵。

㈡假如你接受或相信演化論的說法，那麼人類的起源縱然不是那麼高級也請你強化人之所以為人而優於禽獸及其他萬有的特徵❺。

㈢假如你抱著極端實證論的立場，而對上述㈠㈡兩種人類起源的理論仍持著懷疑不接受甚至完全不信的態度，甚且也可能認為人類的起源非人力所能了解，而永遠是一個謎，那麼也請你強化較具實證性的人之所以為人而優於禽獸及其他萬有的特徵。

歸納言之，則無論你的信仰或態度為何，都應該強化人之所以為人

---

❺米勒曾說：「人類若要維持他的信心與尊嚴，那麼他便應該去肯定、去強化那些使他在整個自然界中脫穎而出的特徵，而不應該浪費時間去否定他的起源。」最後一句話乃表示米勒視演化論全然為眞，但前半段，則無論採取何種信仰或觀念，均可成立。約拿旦・米勒著 (Jonathan Mill)，王鴻仁譯：達爾文故事。臺北：時報出版公司，民國七十二年十月初版，頁一七五。

而優於禽獸及其他萬有之特徵，以提昇自身而更趨完美、更接近理想人格或上帝而且努力使強化後的特徵持續越久。此外，最基本的即是要尊重對方的信仰，而不能使用任何建構化或未建構化的暴力使人接受你自己所認為的眞或你的信仰。然後在此相互尊重中，各人信其所信，各得其樂，則可解決許多實際問題。

其次就道德問題而言，無論對人性及對人的起源維持何種看法，最基本的也就是上述相互尊重的道德，也可說是發展任何道德規範的基礎。當然從懷氏形上學言之，此種相互尊重也是如何相互攝受的特例，但卻是極重要的特例。透過此種相互尊重則可以發展出第三章所說的高級的民主社會，反過來說，民主社會的制度也有助於客觀保障此種道德的確實實行，同時也可防止由於人性的弱點所形成的流弊及更易於發揚人性的優點。關於此方面更深入細節的討論則逐漸脫離形上學領域了，而超出本論文的主要範圍。故只好存而不論。

然而對於第四時代問題，尤其是道德問題，最根本的也是最重要的解決方法乃是建立懷氏型的宇宙觀，亦即透過美感的享有去欣賞宇宙整體之美及了解全體宇宙的眞實，甚至直悟神秘的上帝，然後自然形成第四章第一節所說的達觀開朗、創新進取的人生觀及具有藝術活潑、道德的善、宗敎熱情的完整的整合人格—宗敎性的人格，而不是只是依照細節性的道德規範，所形成的具有偏差的、較呆板的道德人格。蓋就如懷氏所說的：「道德強調細節化的事態、情境；　宗敎則強調整體宇宙中本有的理想統合性（或整體性的理想和諧）。」(MT 28)，如此則可無形中解消了上列諸道德問題，因此懷氏說：「上帝有點忽略道德敎條。」(PR 343)。此外，若我們把直悟全體宇宙的眞實或神秘的上帝當作是「道」的話，則可說當悟道之時，其行為自然能不踰矩、不踰道，而不需刻意地提醒自己去遵從細節化的道德，因此孔子說：「大德不踰閑，小德出入可也。」

❻；反面言之，則只有當對「道」不了解時，才需大力宣傳細節化的道德及人性等第四問題，就如老子所說的：「大道廢，（才）有仁義（出現）。」❼。

　　當然在實際上，並不是每個人都已經體悟道，因此，也只好提倡細節化的道德及前所述及較實際的解決之道，如互相尊重、民主制度的建立等等，從這兒，我們也可看出實際世界始終是不完美的。

二、科學、刹那與宇宙

　　就如第一章所述，懷氏乃積極吸收當代各種分殊學科，尤其是物理學與生物學，但由於其吸收方式乃是透過合理想像的普遍化，亦即包含了想像作用，因此，分殊學科對於其形上學的影響，並非全然具有邏輯必然性的關聯。甚至我們也可認為此種具有原創性的想像內容的形成，無寧說是一種靈感，套用懷氏形上學的術語，則可說是懷氏在產生靈感的某些刹那感受了上帝先在性中未曾實現的永恆對象所致。只是此種靈感的形成，並非胡思亂想而來，而是由於下列四點原因：①起源資料的廣泛豐富且精緻；懷氏哲學不只起源於其廣泛的日常生活的常識經驗，而且更重要的是包含了豐富、精緻的各種分殊科學及詩與藝術。②非常強化的邏輯思考訓練。③非常強化的想像能力。④懷氏個人的天分，這四種均是相互關聯，尤其其中的②③更有相輔相成的功能，所以才可能形成合理想像的普遍化。當然上述四大理由，也可說是懷氏形上學建構相當成功的基本原因。

　　其次，由於不是完全邏輯必然性的關聯，因此在本段落中所提及的

---

❻論語子張篇第十九，同註一，頁四三三。
❼老子第十八章：「大道廢，有仁義，智慧出，有大偽。」正文（　）之字係筆者所加。老子王弼注，頁二二。

有關懷氏如何吸收物理學、生物學的細節性描述或懷氏哲學的起源，除了盡量以懷氏著作及本論文的詮釋內容作爲實證資料外，必然也包含了筆者的想像及臆測，也可說是「合理想像普遍化」的運作，至於是否合理那也有待讀者更進一步作意識判斷了。畢竟哲學家很少很詳細地描述他自己的原創性的觀念或靈感如何形成，甚至他自己也不一定很清楚，就如同若有人問這篇論文如何形成這樣的結構、安排與內容，我也只能說看某些書，刪改又刪改，再加上靈感形成。但是透過此種兼含實證性、臆測、想像的探討，卻一方面有助於了解被研究的對象，例如本段落即將討論的內容有助於了解懷氏形上學及其實際事物理論；另一方面也有助於嘗試建構自己的哲學，底下，我即以物理學、生物學及整體科技的特性爲例說明之，至於其他分殊學科，讀者可自行依此類推。

就物理學而言，可分下列二部分描述之：

(一)懷氏認爲「物理科學所研究的主要是下列四種內容：①持續眞實的事物。②發生的眞實事物。③可重覆發生的抽象事物。④自然律」。(*AI* 39) 當然①②③④是相關聯的。而懷氏即將①合理想像的普遍化而提出全體宇宙中的集結及社會的普遍觀念；透過②則提出「事件」及「實際事物」的普遍觀念；透過③則形成「永恆對象」的普遍觀念；至於④則由於在物理學中乃偏重於物理宇宙中的數學秩序。而懷氏則將「秩序」的觀念合理想像普遍化到全體宇宙的秩序，但此秩序乃是指美感和諧的層級秩序。物理學中的自然律只是全體宇宙的層級結構中物理社會的一種秩序，也可以說是懷氏「秩序」意義下的一個特例。甚至更細節言之，懷氏所謂秩序乃指某個社會的結構模型相當穩定，不過此種穩定並不是靜態死寂封閉的，而是不斷的吸收外在環境的新異物，所形成的動態活潑開放的穩定，此種社會即具有社會秩序，全體宇宙只是一個特例。但是此種秩序並一定是能够用數學語言表達，換言之，數學秩

序只是此種秩序的側面或特例；但又和物理秩序一樣都是一種動態的和諧。

㈡懷氏透過合理想像的普遍化的方式，發現量子觀念可普遍化到所有的實際事物，而不限於物理宇宙，而且物理宇宙之膨脹及四度時空連續體的觀念也都成爲其全體宇宙的特例，甚至需透過上帝理論才可詮釋其終極的爲什麼。此外，物理學中的電子、基本粒子也都是懷氏存在範疇中的特例。

就生物學的演化論，可分成下列三大部分來描述：

㈠首先，懷氏將「演化」的觀念普遍化到所有的實際事物。其次，就演化論之是否有目的性及是盲目的或有意識的，可以透過邏輯的可能區分成下列四種：①盲目無目的的演化。②盲目但有目的性的演化。③有意識但無目的演化。④有意識且有目的演化。就達爾文個人乃傾向①，但懷氏形上學的宇宙觀顯然傾向④，只是懷氏的宇宙觀是指全體宇宙而非只限於生物宇宙，而且其目的性乃指向和諧的秩序。但若更細節言之，則若以上帝或高級實際事物的感受言之，則傾向④，但是若是以低級的實際事物的感受觀之，則全體宇宙傾向①或②，因爲它們無法意識到目的性的存在。而且懷氏更認爲全體宇宙乃不斷地在動態和諧中演化，不斷地朝向更高級的和諧，而其最終極的目的、最高級的和諧；卽是懷氏所說的「和平」或「和諧中的和諧」。但是懷氏主張有目的性，並不代表個體卽是被決定的，相反的，每個個體均有某種自由度的存在，而且自我的形成乃是一種自我創造的歷程。而且越高級，自由度越高。

㈡演化論中傾向只以單純爲了求生存爲演化的動力，但懷氏認爲演化的動力不只是爲了只求生存，而且要求生存得更好。如此才可詮釋更多的現象。此外，演化論傾向適應環境以求生存，但是懷氏認爲爲了求生

存及生存得更好，往往個體會攻擊環境、改造環境，而不只是適應環境 (cf. *FR* 8) 當然，我們也可透過第三章的分析補充說：生物爲了從環境中襲取食物以求生存，誠然「弱肉强食」式的生存競爭是事實，但只是全體事實的一部分，亦卽實際世界也可以形成有道德的競爭，甚至是互助合作、仁愛、自我犧牲……等美德，甚至在高級生物如人又更進一步形成各種分殊學科、各種高級的宗教、各種高級的社會制度，如民主制度，以求得更好的生存。

㈢以起源過程爲分類依據所形成的親緣系統，懷氏也相應的想像普遍化地提出刹那的生成歷程的描述,同時也透過此對實際事物加以區分，此種區分懷氏稱爲「起源區分」(genetic divison) (cf. *PR* 283, 292)，此卽第二章所討論的重點。其次，生物學原本的型態分類，雖然比不上起源分類，但是仍可補充起源分類的不足之處，懷氏也有些相應的從社會結構、社會秩序來了解實際事物及社會。懷氏稱爲「對等區分」(co-ordinate divison)(cf. *PR* 292)，也幾乎可說是一種形態學之區分 (cf. *PR* 293)，透過此種區分，懷氏發現生物學的層級結構的觀念可普遍化到所有社會或實際事物所形成的全體宇宙的結構。

由於上述兩種區分方法所形成的內容有其相互補足之處，亦有其相異之處，也有其交集。但是只靠一種區分並不能詮釋一切；了解一切，因此，演化論雖然獲致了相當大的成就，但是某些演化論的熱心者却嘗試將起源關係的分類方法去詮釋一切生物，對於此點，懷氏並不表贊同，甚至認爲這是一種濫用 (cf. *FR* 6)。因此欲了解實際事物則兩種區分方式及內容均需了解。本論文第三章中乃偏重於兩者的交集，至於其相異處則留待讀者再去研究了。

上述觀點，我們也可應用於當前人類社會活動的詮釋，亦卽不可過分誇張傳統歷史文化對當前社會活動的影響力，甚至欲詮釋一切，或說

不可過分依賴「歷史研究法」(historical approach)，因此也須注意到「行為科學」的分析研究方法，當然反之亦然。

底下，筆者將就整體的分殊學科，尤其是當代科技所呈現的特性對懷氏哲學的影響分四點加以討論❽：

㈠就不斷突破的創造性而言，懷氏將其合理想像普遍化到所有的刹那，亦卽任何實際事物都內存了創造力，而嘗試以創造性為終極範疇去詮釋歷程遷移的原動力，透過此範疇的運作使得歷程能由多而一，又由此一成為新的多中之一。也可說任何實際事物之生成都是此創造力之受造物或其生成乃是創造力的具體表現。由此而使得宇宙本身卽是一創新、開放的歷程。同時，也提供了開放社會形成的原動力。就其建構哲學的態度而言，則形成了非獨斷論的特性。

㈡就客觀的運作性及實證性而言，懷氏嘗試努力建立一套哲學公式來運作，亦卽透過範疇總綱的運作來使得經驗中的一切元素均是其範疇總綱—卽普遍的哲學公式—的特殊例證。其中規範範疇的運作卽是在描述或規範實際事物之應該是如何形成。其次，任何實際事物也都具有共同的普遍形式結構，且任何實際事物均可嘗試透過此普遍形式結構之運作或描述，加以分別的了解，也可說任何實際事物都是此普遍形式結構的特殊例證，而此種例證或必須詮釋我們經驗到的一切元素的要求卽顯示懷氏形上學的實證性質。當然此種實證性質包含了第一章第二節所提到的二種意義下的檢驗，尤其是第一種意義，文中顯示甚多；至於第二種意義透過本書的以「測不準原理」及「基本粒子」為例加以說明，很顯然地懷氏成功地通過此種檢驗。可以說，懷氏哲學很成功地提供了當代自然科學及其他分殊學科的形上學基礎。若說亞里斯多德的範疇論適合於希

❽參考第一章⑯。但此處所述和沈淸松君所述內容有異。

臘時代物理學的宇宙圖像，康德的範疇論適合牛頓物理學的宇宙圖像，則懷氏所提出的範疇論不只適合近代物理所提供的宇宙圖像，也適合生物演化論及當代人文社會所提供的宇宙圖像，總之，是全體宇宙的圖像❾。從知識論的角度言之，康德所提供的只是他那個時代的算數、歐氏平面幾何、牛頓物理學的如何可能。懷氏所提供的不只是上述知識，而且包含了當代各種分殊學科的知識的如何可能。據此，我們可答覆波柏或康德所提的「形上學有無進步」的質疑❿。就此而論，懷氏無疑是相當現代化的哲學家。

㈢就追求客觀的真實性而言，懷氏一方面提出科學哲學中的對象理論及形上學中的永恆對象理論。而且任何永恆對象，當其實現於不同的實際事物，其個體本質依然保持著同一性。此種同一性的理論成為客觀性的真實可以且必然存在的理論根據。然而由於依照存有原理，則永恆對象並非孤立存在，而是內存於實際事物中。但就人類追求客觀性而言，由於任何人的任一剎那往往只感受被研究對象的一部分永恆對象，而不是全部，且感受多少往往受制於感受主體的主觀方式，例如如何觀察，以何種態度觀察，因此，就實際上的感受或觀察而言，則必須把主觀方式之因素考慮進去，而與被觀察（感受）的客體及感受主體（即觀察者）合為不可分割的整體，如此才是具體的真實。以近代物理為例，自海森堡測不準原理問世以來，海氏即特別強調「觀察自然需要把如何觀察自

---

❾沈清松：「懷氏所提出的範疇論更適合於現代人在愛因斯坦以後形成的宇宙圖像，正如同亞氏的範疇適合於希臘物理學的宇宙圖像；康德的範疇論適合牛頓物理學的宇宙圖像一般。」沈清松：懷黑德的形上學㈡。臺北：哲學與文化月刊，第十一卷第六期，民國七十三年六月，頁五三。

❿Karl Popper, *The Open Society and Its Enemies*. 臺北：馬陵出版社，民國六十六年，頁四三四。

然的過程也包含進去，而構成一個機體」⓫，甚至認爲「物理學所研究的不是外在客觀的自然，而是人與自然的關係」⓬不過此觀察過程並不代表觀察者主觀價值內容及心靈作用，這是物理學所講的有關自然的客觀性。

另一方面，懷氏盡量避免建立以物或以傳統神明爲中心的宇宙觀，亦卽不以物的角度論人及神明；也不以人的眼光去論物及神明，也不以神明的觀點論人及物。而嘗試客觀地就最具體眞實事物去論其個別的自身，亦卽以物的眼光論物，以人的眼光論人，以神明觀照論神明，但也因此表達上相當困難，所以懷氏盡力獨創一些中性語詞來表達，然而，懷氏畢竟還是人，且有時爲了表達方便，或找不到恰當的語詞，因此，有些語詞也有些擬人化的味道，例如情緒、概念感受之「概念」……等，這些語詞很容易讓初讀者產生誤導，而使初讀者誤認爲這些語詞只能適用於人類，但實際上卻是應用到宇宙萬有，無論是有生命或無生命的實際事物。換言之，上述客觀性眞實的追求也只是一種嘗試、一種努力，但無論如何，懷氏又提出一個最具體眞實事物的共同名稱卽實際事物，換言之，上帝、人、物質任何特殊存在的任一刹那都是實際事物、是同類，只是上帝基本上具有無限性、直接性及缺少消極接受的運作，而導致比一般實際刹那更高級。而物質的刹那歷程則只發展到物理性目的的達成卽滿足，缺少進一步的更高級的感受歷程的形成，因此又比人的刹那更低級。此外，實際事物之視爲價值實現歷程，此價值也具有客觀的普遍形式——卽重要感。當然在此重要形式下，個別的實際事物又必然主觀地感受吸收其所認爲個別的重要資料以形成它自己，如此又形成

⓫cf. W. Heisenberg, *The Physicists Conception of Nature*, *trans.* by Arnold J. Pomerans, New York: Haroourt, Brace Company, 1958, p.18
⓬Ibid., p. 29.

不同等級的個別實際事物。

　　總而言之，客觀的眞實性乃意指：確實存在一個絕對客觀的世界，亦即永恒對象的領域，但此客觀世界之全體只能被上帝所全部感受且內存於上帝中。一般實際利那却無法全然感受此全部的客觀世界，但又往往自認爲自己感受了全體客觀世界，這是人類極易犯的毛病，而且卽使將所有實際利那所感受到的部分客觀世界綜合起來也不全等於全體的客觀世界。其次，就主客關係言之，此處客體意指其他實際事物所構成的實際世界，則主體感受客體，並不意指此客體可以外在於主體而孤立存在，也不意味著主體可外在於客體而感受此客體，相反的客體的任何部分都必然被至少一個主體所感受，而且主體的形成也必然是感受了某些客體才能形成。換言之，主客是不可二分的，且是相互預設、同時存在、同時形成。上列也可說是存有原理的另一種表達。

　　㈣就重視時間因素的介入所形成的動態性與歷程性而言，懷氏透過各種分殊學科及各種經驗發現：「一切事物都在流動是第一個模糊、含混的普遍性，因此形上學最重要的工作之一，卽是闡釋『一切事物都在流動』所包含的意義。」(*PR* 208) 如此則形成其視最後的實在乃是歷程的歷程形上學。甚至是視最具體眞實的事物—實際事物—爲利那歷程，透過此利那歷程的相互攝受卽形成所謂的社會、整體宇宙及神明等理論。而且任何具體存在的利那歷程及作用都有其普遍形式結構，因此，我們也可說懷氏嘗試由任一當下卽是的利那活動去了解永恒與變易、一與多、全體宇宙、神明及任何其他實際事物。亦卽透過任一利那的活動歷程去了解一切。因此相當類似英國詩人布列克 (W. Blake 1775-1827) 所寫的詩：

　　　　「在一粒沙中看一世界

　　　　　在一朵野花中看天堂

在你手掌中緊握著無限

在一小時中抓住永恒」⑬

　　也類似華嚴經所說的：「一中知一切。」⑭ 或「一在一切中」、「一即一切」、「一即多」但由於實際事物的形成乃攝受一切實際事物，因此欲了解任一刹那也須了解一切實際事物與其相關性，因此又如華嚴經所說的：「一切中知一。」⑮ 或「一切在一中」、「一切即一」、「多即一」，但既然任一實際事物都有其普遍形式結構也可說是反應了全體宇宙的普遍眞實，但也具有個別差異性，而且是任何個別的世界對全體宇宙而言又同時都具有個別的不朽價值及客觀不朽的存在；因此，也可說是蘊含了「刹那即永恒」及「一花一世界，一葉一如來」的深義。

　　總而言之，懷氏乃是嘗試積極性選擇吸收當代自然科學，甚至是當代分殊學科所提供的哲學意義，而形成其科學、刹那與宇宙的關係，甚而建構成一套近乎廣大悉備且相當現代化的形上學。

三、值得進一步探討的重要問題

　　在本書中，筆者曾嘗試透過懷氏形上學實際事物理論的延伸、修正與應用去嘗試解決緒論中的四大時代問題。當然這四大問題勢必歸諸於第四章懷氏型上帝的必然存在才能較圓滿解決。不過，筆者必須承認，對四大時代問題的解決仍然只是嘗試性的解答，而且也只是提出了解決問題的大方向及筆者認爲較重要的部份，至於更細節化的解答，則需要更大篇幅去處理，而且也逐漸脫離形上學的領域而進入各種分殊學科的

---

⑬Alfred Kazin (ed.), *The Portable Blake*, New York：Viking Press, 1963, p. 150.

⑭大正藏，第九冊，華嚴部上，大方廣佛華嚴經卷第九初發心功德品第十三，頁四五三。另請參閱頁四五〇。

⑮同上。

領域。 然而, 在解決問題的同時, 我們也可發現它又引發一些重要問題, 值得我們更深入地探討。底下筆者提出下列問題以供有興趣於懷氏哲學及當代哲學者參考:

㈠相對論中的「時間延長」與「空間收縮」, 本書並沒有直接詮釋到。關於這方面, 我們或須從懷氏所提的「多重時空觀」(space-time manifold) 及擴延連續體的理論去詮釋。此外, 筆者所著「懷海德『事件』概念探討」也有扼要的討論⑯。但基本上由於懷氏時空觀是解釋全體宇宙; 愛氏時空觀只限於物理宇宙, 兩者之間必然有些相同、有些不同, 因此, 將兩者時空觀作一比較是相當有意義的問題。透過此種比較與討論, 當可更深入且清晰地了解下列二大部分: ①懷氏對於同時發生的剎那及世界與現在的處理方式, 同時也對「對於直接表象的知覺模式」的理論更加了解。②對休謨、康德的批評的更完整的理論基礎, 當然上列兩部份都是密切關連的。其次, 懷氏並未直接詮釋後期量子力學中之海森堡 (W. Heisenberg 1901-1976) 的不確定原理或譯測不準原理 (the principle of uncertainty), 本書的補充仍嫌籠統。

㈡起源區分與對等區分有何相關性?誠然前者是具體動態的描述, 後者仍是傾向於同時性的 (synchronic) 靜態分析, 但兩者的內容之相異處為何?

㈢剎那活動中之錯誤如何形成?或說日常生活中的常識經驗常會發生錯誤, 甚至是分殊學科之專門知識會形成錯誤的原因安在?總之, 即形成錯誤的根源是什麼?由於錯誤乃是人類經驗到的元素之一, 形上學自然也應該加以詮釋, 而且透過此探討也許可以使人在較少的錯誤中求進步, 因此, 也是相當重要的問題。關於此, 基本上可透過懷氏之概念

---

⑯參閱楊士毅: 懷海德「事件」概念探討, 頁五五。但這只是一小部分, 細節部分還有待研究。

迴轉之引入新異物及第三階段之命題感受的形成過程，再配合「象徵指涉」理論，可獲致相當有意義的結果。

㈣何謂命題的眞與假及其如何形成？雖然筆者在第二章第二節曾涉及一小部份，但更詳細的討論還是需要透過懷氏命題感受理論及「順應理論」進一步探討。基本上懷氏是傾向「符合說」，但是卻配合其感受理論而有其原創性，此問題也可和㈢及㈠共同討論。

㈤惡的起源爲何？關於此，懷氏在「形成中的宗敎」及「科學哲學論文集」二書中曾提及一部份，但如何配合懷氏之攝受理論加以融貫性的深入探討，或許可對如何防止惡有相當助益，這也是值得探討的問題之一。

㈥透過懷氏的象徵指涉理論如何形成其獨到的認識論及其語言哲學的問題雖然在本論文中只是點到，尤其是後者。但許多懷氏的研究者由於重視其整體性的形上學，往往忽略其語言哲學的精彩之處。總之，這是相當值得探討的大問題。

㈦在中西文化交流頻繁的時代，本論文所提到的懷氏形上學與古典中國哲學相類似的部份都是值得進一步詳細加以比較的題材。透過此比較，一方面可促進中西文化的相互了解，另一方面則可透過比較而形成更高級、更和諧的對比統一體，進而形成如方東美敎授所說的：「在哲學中卓然成家而異常嶄露頭角，給人深刻的印象。」⑰

但是，我們要注意：在古典中國哲學中，由於時代及文化模型的限制，並沒有涵蓋了當代各種分殊學科的知識，尤其是近代物理及生物學。因此，如何將當代各種分殊學科的知識鑲入古典中國哲學中，以形

---

⑰方東美：華嚴宗哲學⑺。臺北：黎明文化事業公司，民國七十年七月初版，頁四一二～四一三。不過此處，方敎授只提出主要是指華嚴宗哲學與懷氏哲學的比較。筆者擴而言之。另請參閱第四章（⑬）。

成更具創新性的當代中國哲學則是我們在做細節性的比較以形成更高級的、更和諧的對比統一體的過程中所值得努力的最重要方向。就此點而論，懷氏哲學無疑地可提供相當重要的橋樑與作用。因此引介懷氏哲學對當代中國哲學的創新是相當有價值、有意義的工作。換言之，本書的寫作也包含了此種目的與意義。

(八)如第四章第二節乙所引的懷氏自己所說的譬喻：則顯然懷氏的宇宙觀可說是清晨朦朧具有美感的宇宙觀，而羅素則是中午清晰、美醜善惡、截然明判的宇宙觀。因此一個更完整的宇宙觀至少必須是兩者互相補充整合。其次，我們也可以如此臆測：懷氏的形上學之蘊釀乃是「多年的冥想」（PR xiv）。此多年乃是包含了懷氏在大學時代及在劍橋教羅素數學的時代⑱。換言之，懷氏這種宇宙觀的雛形可能對懷氏得意門生兼朋友及同事的羅素或多或少有些影響。我們從羅素所寫的「我們對外在世界的知識」之序言可得到一些證據⑲。此外，羅素自己也說：「他告訴我如何把數學邏輯的技巧應用到他那個模糊而紊亂的世界，我從他那裡學得的這套技巧，頗使我感受到愉快。」⑳。總之，懷氏對羅素的影響及啓發是確實的。然而清晨的宇宙觀畢竟是整裝待發、是充電的預備動作、且充滿了藝術美感。但中午的宇宙則是從另一層次來看世界；世界乃是充滿了善惡與美醜，而且清晰明判。如此激起將早晨的充

---

⑱ 在「懷海德對話錄」一書中，普萊士曾記錄著：「有一次，人家問他如何在哈佛照常上課而仍能每週一章地寫完『科學與近代世界』；他回答說：「書中的一切，在過去四十年裏都談論過了。」（DIAL 6），此外，又提到「教育的目的」一書中的有些觀念在懷氏未上大學時便已存在腦海中了……。(cf. DIAL 327) 中譯文引自普萊士編，黎登鑫譯：懷海德對話錄。臺北：志文出版社，民國五十九年十月，序言之頁三及頁二八六。

⑲ 同緒論 ❸。此書的一部分也可視爲懷氏幾何學原理、科學哲學、形上學的導言。

⑳ 羅素著，林衡哲譯，羅素回憶錄，頁三九。

電化爲行動，而造就了羅素多彩多姿的一生。可惜一般非專業研究羅素者往往只是偏重研究他所說的：「老嫗亦能解的文章。」❷，而忽略了他早期深奧難懂的數學哲學及其他作品，也忽略了懷氏哲學對他的影響。這些是羅素一生的根本源動力之重要部分之一，甚至忽略此，則對上述老嫗亦能解的文章就無法獲致更深入的體會，也無法得到更豐富的啓發。因此，很顯然地，將羅素與懷海德哲學加以比較研究細節，了解其何以會造成早期及晚期的合與分，是很有意義的問題。而且，藉此細節研究很可能可以形成比懷氏、羅素哲學更高級、更完美的和諧對比的統一體，甚至使兩者成爲此新建立的宇宙觀的二個特例。

　　㈨懷氏的「歷程與實在」和存在主義哲學家海德格（M. Heidegger）所著的「存有與時間」（Sein und Zeit）書名及內容均有類似之處；蓋歷程卽相對於時間，實在卽相對於存有，因此，比較這兩位哲學家之異同，也是相當有意義的課題。

　　上列問題都是值得進一步探討的問題，而且也是相互關連的，從這兒可印證緒論中所說的：「探討誠然解決了一些問題，但也更進一步引發了更多的問題。」其次，也可了解哲學的價值之一乃是：它並不是只在解決問題，而且也在引發更多、更新的問題等待我們去從事觀念及行動的探險❷。

---

❷羅素說：「因此我建議年輕的教授們，不妨把第一本書儘量用專門術語，把它寫得高深莫測，只讓那些博學的專家了解，以後他應該拋棄這種方式的寫作，從純學術的象牙塔裏解脫出來，用一種人人能了解的語言去寫作……。」「我總是讓自己使用平易近人的英文……我之能寫老嫗亦能解的文章乃是多年努力的結果。」羅素著，林衡哲譯，羅素回憶錄，頁一七○—一七一。

❷羅素也曾有類似的觀點，他說：「由於哲學問題經常並沒有確定的答案被視爲眞，因此，研究哲學並不是爲了得到問題的確定答案，而是爲了問題自身，因爲問題可以擴大各種可能的概念，且豐富我們的智慧的想像力，而減少獨斷的態度，這種獨斷往往封閉了心靈而成爲思辨玄想的敵人。」B. Russell, *The*

然而，即使前述問題仍未解決，但是我們仍然自發地，可能是盲目的也可能有意識的，日日不斷地在剎那接續的行動中。因此在下一段落中我即將對實際事物、理論與行動的關係加以討論，以作爲本論文的結尾。

四、理論、行動與感謝

首先，最具體的眞實乃是任何的實際事物，而且任何實際事物都不只是行動歷程，而且每個行動歷程也都包含了命題（卽理論）的側面，因此所有實際事物都是有理論的行動歷程，而此理論也可透過人類語言來表達，因此也可說：懷氏認爲此最具體的行爲乃統攝了理論、語言等各種抽象側面。但是我們之所以了解上述或了解最具體的眞實是具體行動，也是透過哲學理論之描述。因此，哲學理論的價值之一卽是對具體行動作理論化、語言化的描述，以便於人們理解此行動。但是理論化、語言化的描述畢竟是抽象的，並不全等於具體的行動，而且單單透過此種描述也沒辦法完整且細節地理解個別的實際事物。唯有去實踐和個別實際事物同樣的行動，才更能有意識地、完整且細節化地理解感受此行動及其所蘊含的理論。就如禪宗所認爲的：「如人飲水，冷煖自知。」㉓亦卽沒有飲水行動，卽使透過更多的理論及語言描述，也依舊是隔靴搔癢，仍和最具體的眞實行動有一段距離。因此，我們一方面固然要透過哲學理論的描述去嘗試「理解」此理論與此行動的全部，但實際上透過此描述，也只能理解一部分。所以，我們必須再透過上述仍有偏差的

Problems of Philosophy, Oxford and New York: Oxford University Press, 1982, pp. 93-94。
㉓大正藏，第四十八冊，諸宗部五，六祖大師法寶壇經，行由第一，宗寶編，頁三四九。同冊，頁九二〇及九四二。

「理論」去形成仍有偏差的行動，然後再透過此種行動形成有意識的且更細節更完整地「理解」此理論與行動，然後又透過上述理解，去形成更有意識、更有完整理論的行動，然後又透過此種行動形成對此理論及行動更加的「理解」，當然又再透過此「理解」再去行動，如此理解與行動不斷交織而形成動態的提昇。從另一角度言之，則是：理論指引著行動，行動又充實修正了理論，透過此充實修正的理論，又形成更高級的行動，透過此高級的行動又形成更高級的理論，然後又形成更高級的行動……如此理論與行動不斷地交織而形成不斷提昇的歷程。總而言之，哲學理論最重要的價值與目的之一即是透過理解理論，促成此研究者或更多人知道如何行動，就如懷氏所說的：「理性是在尋求完整的理解，而且也是在尋求行動的直接方法。」(*FR* 11) 甚至更進一步促成有意識、有自覺、有理論的實踐行動❷，因此，我們可稍微誇張一點說：沒有具體實踐行動的「哲學」，只是我所說的「哲學理論」，而不是哲學，或說是「虛假、奄奄一息的哲學」(psecedo-dying philosophy)；其次此種只理解理論而無意識行動的哲學研究者，也不够格稱爲「哲學家」，他只是「虛假、奄奄一息的哲學研究者」，而且嚴格言之，此種研究、此種理解，也不可能是相當澈底完整的理解或研究。

　　反面言之，則只有在將理論結合有意識、有自覺的實踐行動中，才是我所謂的「眞實、活生生的哲學」(real-living philosophy)，這種行動者也才是「眞實活生生的哲學家」。因此，老子曰：「上士聞道，勤而行之。」❷總之，哲學不只要入知識之門，也要入智慧之門，更要入行動

---

❷沈清松先生亦有類似的描述：「哲學的目的就在於進行有自覺的行動；在行動中自覺，在自覺中行動，理論與實踐亦是在互動當中不斷發展，益形豐富的歷程。」參見沈君：懷黑德論意識與身體，頁二四。

❷老子道德經第四十一章：「上士聞道，勤而行之，中士聞道，若存若亡，下士聞道，大笑之，不笑不足以爲道。」老子王弼注，頁五七～五八。

之門㉖，而且三者都同時需要，否則就無法形成健全的哲學及哲學家。若只有知識而無智慧是盲人；只有智慧而無知識則只能凌空喊口號，解決不了實際社會問題，也談不上是在追求真理，萬一智慧不够清明更是害己害人，但縱然有知識與智慧，但無具體行動，也只是明哲保身的膽小懦弱者。

其次，就如前述，要完全了解個別實際事物最重要的就是效法其行動，但是個別的實際事物如此多，我們在有限的一生也不能做如此同樣多的行動去理解。然而，個別的實際事物、理論、行動均有高低之分，因此我們要努力提昇自己，使自己一生中的每一刹那儘量形成有意識、有自覺、有高級理論的高級行動，以促進全體宇宙的和諧與創新，這也是哲學的價值之一。就懷氏而言，最高級的行動卽是上帝偉大神秘的行動，因此我們要真正全面了解上帝，除了上述理論的分析外，更重要的是效法上帝的行動，換言之，我們必須努力做到「人法天」㉗，雖然就實際世界而言，一般的實際刹那都無法完全或全等於上帝的行動，但若朝著懷氏對上帝所描述的部分性質，如無限的耐心、愛心及提供任何個體的自由發展……等方向努力效法，則雖然無法或尚未做到上帝的無限性，但也可透過努力效法上帝的行動，以便提昇自己趨向完美，同時也可體悟上帝更多的側面，如此則有關上帝的神秘行動的某些部分，對你而言，就不再是神秘了。

㉖方東美教授亦曾說：「整個人類的哲學史高度的發展，其目的都是要入智慧之門，而不僅僅入知識之門。」（方著：方東美先生論講集，頁九○。）但顯然在東方，我們更需要強調「入知識之門」的重要性，而對西方某些只偏重知識的學派，則需強調入智慧之門。但無論東西方，入行動之門尤其是高級行動之門都是最重要的。

㉗老子道德經第二十五章：「人法地，地法天，天法道，道法自然。」故筆者曰：「人法天。」當然也可說：人法道、或自然。誠然懷氏之上帝並非全然等於老子之天或自然，但就其效法之意義是非常相似的。老子王弼注，頁三五。

　　總之，　神秘眞實的上帝並非全然是理性可認知、文字可表達的對象，也不只是個人信仰的對象，祂更是人們以行動去效法的最偉大神秘的行動，但是卽使人們目前尚未完全效法到全部，至少，人們也需學會誠懇的感謝上帝，因爲飮水需思源，而祂正是一切實際事物的自由、新異性、和諧秩序、理想、目的……等的源頭，從此點觀之，民間普遍流傳的「謝天謝地」一詞卽蘊含了豐富嚴肅的哲學及宗敎意義，並不只是口頭禪而已。當然，人們也需要感謝那些爲了實現上帝的理想——眞、善、美、自由、民主、和平及爲了促進全體宇宙的創新與和諧而不斷地有意識地做觀念及行爲的探險、不斷地奮鬥的一切高級實際事物，尤其是爲此理想而受難的人們。在此，我也必須誠懇地感謝羅光總主敎，他在百忙中抽空仔細閱讀初稿，並提出十八個問題，使筆者有機會從另一個角度重新思索本書，並對其中某些問題提出答覆從而補充修正了本書的部分內容，而形成了另一次觀念的探險；但有些問題，作者確實也無能力清晰地解釋，就如有次哈茨弘問懷氏爲何不寫得更清楚些，懷氏回答說：「我一直沒思考得更清楚些。」❷，　或許那是因爲懷氏形上學本身卽在遙指那非人類理性所能分析及非人類語言所能表達的奧秘領域，而且不只是上帝隱含了奧秘的成分，任一刹那的活動歷程又何嘗不是如此；換言之，「思考不够清楚」也是必然的，蓋這已是超越思考的層次，且進入隱含著神秘不可說的具體行動的層次了。因此本書與懷氏形上學也不過是步入不可思議之奧秘領域的渺小踏腳石而已！刹那間，我突然想起偉大的物理學家牛頓臨終不久前所說的話：「我不知世人如何看待我，但是就我自己而言，我只不過像一個在沙灘上玩耍的小孩，偶爾拾

❷Victcr Lowe, Charles Hartshorne, and A. H Johnson, *Whitehead and the Modern World*, Boston: The Beacon Press, 1950, p. 25.

取較平滑的小圓石或較美麗的貝殼以自娛，然而在我面前那偉大的眞理海洋，則仍全然未曾發現。」㉙

㉙F. K. Richtmyer, E. H. Kennard, and John N. Cooper, *Introduction to Modern Physics*, p. 17.

《參考書目》

(一)懷海德原著

On Mathematical Concepts of the Material World. philos. Transaction, Roy. Soc. of London, series A.V. 205, 1906, pp. 465-525.

Principia Mathematica. Taipei: Rainbow-bridge Book Co., 1963.

An Introduction to Mathematics. New York: Oxford Univ. Press, 1978.

An Enquiry Concerning the Principles of Natural Knowledge. lst. ed., Cambridge: Cambridge University Press, 1919.

The Concept of Nature. 3rd. ed., Cambridge: Cambridge University Press, 1978.

The Principle of Relativity. Cambridge: Cambridge Univ. Press, 1922.

Science and the Modern World. lst. ed., New York: The Free Press, 1967.

Religion in the Making. 3rd. ed., New York: The Macmillan Publishing Co., Inc., 1963.

Symbolism, Its Meaning and Effect. New York: The Macmillan Co., Inc., 1958.

Process and Reality. Corrected ed., edited by David Ray Griffin and Donald W. Sherburne. lst. ed., New York: The Free Press, 1979.

The Function of Reason. Taipei: Rainbow-Bridge Book Co., 1967.

The Aims of Education. New York: Macmillan Publishing Co., Inc., 1953.

Adventures of Ideas. lst. ed., New York: The Free Press, 1967.

Modes of Thought. lst. ed., New York: The Free Press, 1968.

Essays in Science and Philosophy. Taipei: Rainbow-Bridge Book Co., 1970.

A Philosopher Looks at Science. ed. by A. H. Johnson. New York: Philosophical Library, 1965.

Whitehead's American Essays in Social Philosophy. ed. by A. H. Johnson, Conn.: Greenwood Press, Inc., 1975.

(二)外文參考書類

The Bible. Revised standard Version, New York: American Bible Society, 1952.

Brehier, Emile, *The History of Philosophy*. Vol. VII. trans. Wade Bakin. Taipei: Rainbow-Bridge Book Co., 1969.

Burtt, Edwin Arthur S.T.M., *The Metaphysical Foundations of Modern Physical Science*. London: Compton Printing Ltd., 2nd. ed., 1967.

Capra, Fritjof, *The Tao of Physics*. 4th. ed., New York: Bantam Book Inc., 1977.

Christian, William A., *An Interpretation of Whitehead's Metaphysics*. Westport: Greenwood Press, 1977.

Connely, R. J., *Whitehead VS. Hartshorne: Basic Metaphysical Issues*. Washington: University Press of America, Inc., 1981.

Copi, Irving M., *Introduction to Logic*. Taipei: Rainbow-Bridge Book Co., Ltd., 1983.

Emest Lee Simmons, Jr., *Process Pluralism and Integral Nondualism: A Comparative Study of the Nature of the Divine in the Thought of Alfred North Whitehead and Sri Aurobindo Ghose*. Dissertation, Cal.: Clarement Graduate School, 1981.

Eugene, P. Odum, Ecology: *The Link between the Natural and the Social Sciences*. 2nd. ed., Georgia: Univ. of Georgia Press, 1975.

Ehrlich, R. Holm, Richard W., Parnell Dennis R., *The Process of Evolution*. 2nd. ed., 臺北: 地球出版社, 1976.

Fang, Thom'e H., *The Chinese View of Life*. Hong Kong: The Union Press, 1956.

——, *Creativity in Man and Nature*. Taipei: Linking publishing Co., 1980.

——, *Chinese Philosophy: Its Spirit and Development*. Taipei: Linking Publishing Co., Ltd, 1981.

Feynman, R. P., *Lectures on Physics*. 2nd. ed., Massachusetts: Addison-Wesley Publishing Co., 1970.

Halder, M. K., *Studies in Whitehead's Cosmology*. New Delhi: Atma Ram and Cons, 1972.

Hammerschmidt, William W., *Whitehead's Philosophy of Time*. New York: King's Crown Press, 1947.

Hartshorne, Charles and Peden, Creighton: *Whitehead's View of Reality*. New York: The Pilgrim Press, 1981.

Heisenberg, Werner, *The Physicist's Conception of Nature*. trans. Arnold J. Pomerans. New York: Harcourt, Brace Co., 1958.

———, *Physics and Philosophy*. New York: Harper & Row Publishers, Inc., 1962.

Howell. B. F. Jr, *Introduction to Geophysics*. 臺北市：新月圖書公司，民國六十年。

Johnson, A. H., *Whitehead's Theory of Reality*. Boston: The Beacon Press, 1952.

———, *Whitehead's Philosophy of Civilization*, 臺北市：汎美圖書有限公司，民國六十五年。

Kant, Immanuel, *Immanuel Kant's Critique of Pure Reason*. trans. N. Kemp Smith, 臺北：馬陵出版社，民國六十六年十月。

Kazin, Alfred(ed.), *The Portable Blake*. New York: The Viking Press, 1963.

Kline, George L.(ed.), *Alfred North Whitehead: Essays on His Philosophy*. Englewood Cliffs: Prentice-Hall, Inc., 1963.

Lango, John W., *Whitehead's Ontology*. Albany: State Univ. of New York Press, lst. ed., 1972.

Lawrence, Nathaniel, *Whitehead's Philosophical Development*. with Foreword by Stephen C. Pepper. Berkeley and Losengeles: University of California Press, 1956.

Leclerc, Ivor, *Whitehead's Metaphysics: An Introductory Exposition*. Bloomington & London: Indiana University Press, 1975.

Levi, Albert W., *Philosophy and the Modern World*. Chicago: The University of Chicago Press, 1977.

Lowe, Victor, Hartshorne, Charles and Johnson, A. H., *Whitehead and the Modern World*. Boston: The Beacon Press, 1950.

Palter, Robert M., *Whitehead's Philosophy of Science*. 2nd. ed., Chicago: The University of Chicago Press, 1970.

Price, Lucien, *Dialogues of Alfred North Whitehead*. Boston: Little, Brown and Co., 1955.

Popper, Karl, *The Open Society and Its Enemies*. 臺北: 馬陵出版社, 民國六十六年

Richtmyer, R.H., Kennard, E.H. and Copper, John N, *Introduction to Modern Physics*. 臺北市: 豪華書局, 民國五十九年。

Russell, Bertrand, *The Problems of Philosophy*. New York: Oxford Univ. Press, 1982.

————, *Our Knowledge of the External World*, London: George Allen & Unwin Ltd., 1952.

Schilpp, Paul Arther (*ed.*), *The Philosophy of Alfred North Whitehead*. 2nd. ed., New York: Tudor Publishing Co. for the Library of Living Philosophers, 1951.

Schmidt, Paul F., *Perception and Cosmology in Whitehead's Philosophy*. N. J.: Rutgers Univ. Press, 1967.

Scientific American: *Cosmology+1*, 1977.

Shahan, Ewing, *Whitehead's Theory of Experience*. New York: King's Crown Press, 1950.

Sherburne, Donald W.(ed.), *A Key to Whitehead's Process and Reality*. Chicago and London: The Univ. of Chicago Press, 1981.

Wallack, F. Bradford, *The Epochal Nature of Process in Whitehead's Metaphysics*. Albany: State Univ. of New York Press, 1980.

Weiss, Paul, *Reality*. Arcturus Books ed. London and Amsterdam: Southern Illinois Univ. Press, 1967.

Whittemore, Robert C., *Makers of American Mind*, 2nd. Printing, New York: William Horrow & Co., 1964.

Winn, Ralph B.(ed.), *A Survey of American Philosophy*. N.J.: Littlefield, Adams & Co., 1965.

Wu, Ta-You, *The Physical and Philosophical Nature of Foundation* of *Modern Physics*. Taipei: Linking Publishing Co., 1975.

Young, Louise B.(ed.), *Evolution of Man*, American Foundation for Continuing Education. New York: Oxford Univ. Press, 1970.

㈢中文參考書類

十三經注疏，第一冊、第五冊。臺北：藝文印書館，民國七十年八版。

易程傳、易本義，程頤、朱熹撰。臺北：河洛圖書出版社，民國六十三年一版。

四書集註，宋·朱熹撰。臺北：漢京文化事業公司，民國七十二年初版。

老子王弼注。臺北：河洛圖書公司，民國六十三年。

校正莊子集釋，清·郭慶藩撰。臺北：世界書局，民國六十年三版。

定本墨子閒詁，清·孫詒讓撰。臺北：世界書局。民國六十一年八版。

大藏經（日本大正修訂版），第九冊：華嚴部上。第十冊：華嚴部下。第一六冊：經集部三。第四五冊：諸宗部㈠。第四六冊：諸宗部㈢。第四七冊：諸宗部㈣。第四八冊：諸宗部㈤。臺北：新文豐出版公司，民國六十七年初版。

指月錄續指月錄，清·嬰汝稷、聶先編集，臺北：新文豐出版公司，民國六十九年二版。

方東美：科學哲學與人生。臺北：虹橋書店，民國五十四年臺二版。

————：方東美先生演講集。臺北：黎明文化事業公司，民國六十七年初版。

————：生生之德。臺北：黎明文化事業公司，民國六十八年初版。

————：原始儒家道家。臺北：黎明文化事業公司，民國七十二年初版。

————：華嚴宗哲學上下二冊。臺北：黎明文化事業公司，民國七十年初版。

————：堅白精舍詩集。臺北：黎明文化事業公司，民國六十七年初版。

李　震：基本哲學—有與無的探討。臺北：問學出版社，民國六十七年初版。

————：哲學的宇宙觀。臺北：學生書局，民國六十七年初版。

李紹崑：哲學·心理·教育。臺北：臺灣商務印書館，民國七十三年初版。

李鴻禧、胡佛主編：成長的民主。臺北：聯經出版事業公司，民國六十九年十月初版。

呂亞力：政治發展與民主。臺北：五南圖書出版公司，民國六十八年初版。

呂亞力、吳乃德編譯：民主理論選讀。高雄：德馨室出版社，民國六十八年。

吳　森：比較哲學與文化。臺北：東大圖書公司，民國六十七年初版。

洪耀勳: 西洋哲學史。臺北: 中國文化大學出版部，民國七十二年。

沈清松: 解除世界魔咒—科技對文化的衝擊與展望。臺北: 時報出版公司，民
國七十三年。

———: 現代哲學論衡。臺北: 黎明文化事業公司，民國七十四年初版。

唐君毅: 哲學概論下冊。臺北: 學生書局，民國六十三年三版（臺初版）。

高懷民: 大易哲學。臺北: 成文出版社，民國六十七年初版。

殷海光: 如何辨別是非。臺北: 傳記文學出版社，民國六十七年初版。

———: 思想與方法。臺北: 大林出版社，民國七十年再版。

韋政通、李鴻禧主編: 思潮的動脈。臺北: 聯經出版事業公司，民國七十二年
十月初版。

高宣揚: 羅素哲學概論。香港: 天地圖書有限公司，一九八二年。

張振東: 西洋哲學導論。臺北: 先知出版社，民國六十五年再版。

黃光國: 禪之分析。臺北: 華欣文化事業公司，民國六十九年四版。

郭德淵: 陰陽五行學說與電磁場之關係。臺中: 臺灣省立臺中師範專科學校，
民國六十九年。

程石泉: 文哲隨筆。臺北: 先知出版社，民國六十五年。

———: 哲學文化與時代。臺北: 師範大學，民國七十年初版。

項退結: 現代存在思想家。臺北: 先知出版社，民國六十三年再版。

———: 人之哲學。臺北: 中央文物供應社，民國七十一年。

楊金福編著: 工業管理。臺北: 華泰圖書文物公司，民國六十五年初版。

鄔昆如: 西洋哲學史。臺北: 正中書局，民國六十年初版。

劉慶瑞: 中華民國憲法要義。臺北: 三民書局，民國七十年，修訂十二版。

謝幼偉: 懷黑德哲學。臺北: 先知出版社，民國六十三年初版。

龍冠海: 社會學。臺北: 三民書局，民國七十二年八版。

羅 光: 理論哲學。臺北: 學生書局，民國六十八年臺三版。

———: 實踐哲學。臺北: 學生書局，民國六十八年臺三版。

———: 中國哲學的展望。臺北: 學生書局，民國六十六年。

———: 宗教與哲學。臺北: 學生書局，民國六十八年再版。

———: 中國哲學思想史（先秦篇）。臺北: 學生書局，民國七十一年增訂重
版。

———: 中國哲學思想史—魏晉隋唐佛學篇（上下冊），臺北: 學生書局，民
國六十九年初版。

蕭公權：憲政與民主。臺北：聯經出版事業公司，民國七十一年十二月初版。

蕭振邦：懷黑德認識論探究。臺北：中國文化大學哲學研究所碩士論文，民國
　　　七十二年。

楊士毅：懷海德「事件」概念探討。臺北：中國文化大學哲學研究所碩士論文，
　　　民國六十九年。

㈣外文中譯參考書類

新舊約全書，香港：浸信會出版部。

方東美著，孫智燊譯：中國哲學之精神及其發展。臺北：成均出版社，民國七
　　　十三年。

方東美著，馮滬祥譯：中國人生哲學。臺北：黎明文化事業公司，民國六十八
　　　年。

巴涅特著，楊葆樑譯：愛因斯坦與宇宙。臺北：廣文書局，民國五十九初版。

布魯格編著，項退結編譯：西洋哲學辭典。臺北：國立編譯館，先知出版社，
　　　民國六十五年。

朱建民編譯：現代形上學的祭酒—懷海德。臺北：允晨文化公司，民國七十一
　　　年。

克拉克著，張時譯：羅素傳。臺北：牧童出版社，民國六十七年。

艾倫伍德著，林衡哲譯：羅素傳。臺北：志文出版社，民國七十二年再版。

波亨斯基著，郭博文譯：當代歐洲哲學。臺北：協志出版社，民國五十八年初
　　　版。

法蘭克著，謝力中譯：科學的哲學。臺北：世界書局，民國五十五年初版。

約拿旦・米勒著，王鴻仁譯：達爾文故事。臺北：時報出版公司，民國七十二
　　　年初版。

約瑟夫・洛斯特著，鄭泰安譯：精神分析入門。臺北：志文出版社，民國六十
　　　年初版。

曾蘭英編：紀念愛因斯坦。新竹：凡異出版社，民國七十三年。

普萊士編，黎登鑫譯：懷海德對話錄。臺北：志文出版社，民國五十九年。

鈴木大拙著，劉大悲譯：禪與生活。臺北：志文出版社，民國六十年。

愛因斯坦、英費爾巴德合著，郭沂譯：物理學的進化。臺北：水牛出版社，民
　　　國六十二年初版。

懷黑德著，謝幼偉譯：思想之方式。臺北：德華出版社，民國六十五年初版。

懷海德著，傅佩榮譯：科學與現代世界。臺北：黎明文化事業公司，民國七十
　　年初版。

羅素著，王星拱譯：哲學中之科學方法。臺北：商務印書館，民國六十九年四
　　版。

羅素著，林衡哲譯：羅素回憶錄。臺北：志文出版社，民國五十六年。

羅素著，宋瑞譯，劉福增主編：羅素自傳第一卷。臺北：水牛出版社，民國六
　　十年初版。

囧期刊類

程石泉：華嚴與西方新神學。臺北：十方月刊，第一卷第一期，七十一年十
　　月，頁十～十二。

———：思想點滴㈨㈩㈪。臺北：十方月刊，第一卷第八期，民國七十二年五
　　月，頁十～十二；第二卷第六期，民國七十三年三月，頁九～十二；
　　第二卷十一期，民國七十三年八月，頁六～七。

項退結：對宗教哲學的緒言。臺北：哲學與文化月刊，第十一卷第三期，民國
　　七十三年三月，頁一九～二六。

張春申：宗教之神、哲學之神、以及宗教哲學的神證問題。臺北：哲學與文化
　　月刊，第十一卷第四期，民國七十三年四月，頁二五～二六。

陳文團：中國人文主義是無神論嗎？臺北：哲學與文化月刊，第十卷第十二期，
　　民國七十二年十二月，頁二十～二八。

維克多駱著，杜文仁譯：懷海德小傳。臺北：臺灣大學哲學年刊創刊號，民國
　　七十二年三月，頁一七～四五。

錢志純：評「對宗教哲學的緒言」。臺北：哲學與文化月刊，第十一卷第四期，
　　民國七十三年四月，頁三四。

會發出警報的白楊木，臺北：牛頓雜誌，中文國際版，第一卷第八期，一九八
　　三年十二月，頁四。

弱子，臺北：牛頓雜誌，中文國際版，第一卷第十二期，一九八四年四月，頁五。

懷海德著，張旺山譯：思辨哲學。臺北：臺灣大學哲學年刊，第二期，民國七
　　十二年十月，頁七四～八二。

懷海德著，張旺山譯：哲學方法（上、下）。臺北：哲學與文化月刊，第十卷
　　第十期，民國七十二年十月，頁三三～三七；第十卷第十一期，民國
　　七十二年十一月，頁五○～五五。

《附 錄》

懷海德的人格修養

筆者於民國六十九年國際漢學會議中在圓山大飯店偶然和旅美哲學家陳榮捷院士閒聊，方知陳教授還是懷氏的學生。陳教授回憶起五十多年前在哈佛大學上懷氏所開的「哲學導論」，他微笑回憶道：「當時同在課堂上課而後來在哲學界甚有成就的有懷氏哲學專家懷斯（Paul Weiss）、歷程神學的健將哈茨弘（Charles Hartshorne）及「東西方會合」一書的作者諾斯羅圃（F. S. C. Northrop）。」他又說：「懷海德教授上課非常生動而且幽默，他為人熱情，是一個很好的人。當時用的課本卽是同在哈佛大學任教的哈金教授（William E. Hocking）所寫的書，由於哈金的哲學是屬於 tender minded，他的上帝觀也是較傾向於傳統基督神學；而懷氏哲學則是屬於 tough minded，他的上帝觀是非傳統性的。有一次快下課時，懷氏正在批評哈金的上帝觀，哈金則站在教室門口笑著「旁聽」。下課後，哈金笑着跟懷氏說：『We are still in trouble！』懷氏也笑著打招呼而過。」據陳教授的回憶，哈金在課堂上則批評懷氏哲學 too cold！❶底下筆者將引述羅素、哈金、福特、普萊氏四位和懷氏有長期相處且是不同階段的學者對懷氏的為人處世作一更具體的描述。

甲、心胸寬廣因材施教

作為懷海德的學生兼深交的密友與同事，然哲學意見相左的英國哲

---

❶本段未經陳榮捷院士過目，內容由作者負責。

學家羅素 (Bertrand Russel, 1872-1970) 在其「自傳」中如此寫著:
「在第一次世界大戰期間, 當他完全不贊同我的和平主義者時, 我們就開始分道揚鑣了。在這個爭論上, 他比我容忍得多, 這些爭論使我們親切的友誼受損, 其態度多半在我, 而不是他……他是個非常謙虛的人……他從不在乎講述反對他自己的種種事情…, 懷海德具有悅人的幽默和雍容的優雅。」❷ 由此即可見其為人處世心胸開朗, 就如同其治學態度, 範圍寬廣。

就其為從事教育工作者觀之, 懷氏更是因材施教, 對學生極為誠懇真實的教師。在一八九〇年, 羅素還是劍橋的大一學生時, 他選了懷氏所講授的靜力學。懷氏吩咐同學們去看教科書上第三十五條部分, 然後轉向羅素說: 『你不需要去唸他, 因為你已經懂了。』此乃因羅素在十個月前的獎學金考試引用這一條款, 而懷氏仍記著這回事。❸

羅素又謂:「作為一位教師, 懷海德是異常完美的, 對那些他必須相與來往的人, 他都有個別的興趣, 同時也知道他們的優點和弱點。他會誘發學生本身的最佳才能。他對學生從不會是壓制他們、嘲諷他們、或是高高在上, 或是出自以那種低劣的教師喜歡所為的任何行徑。我相信所有與他接觸的出眾青年, 都像他之對我一樣, 被他鼓勵起一種非常真摯而永固的愛。」❹

懷氏以前在哈佛大學的同事, 前哈佛大學講座教授哈金 (William E. Hocking) 也在「我所認識的懷海德」一文中說:「他對學生的態度是鼓勵他們, 但絕不是偽裝親切或卑屈, 而內心又有優越感。」❺

---

❷羅素著, 宋瑞譯: 羅素自傳。台北, 水牛出版社, 民國六十年二月初版, 頁一九七～一九八。

❸同上, 頁一九三。

❹同上, 頁一九八。

　　美國最高法院大法官法蘭克福特(Frankfurter)在懷氏去世後不久，寫了一篇文章發表於一九四八年一月八日的紐約時報上說：「懷海德敎授有一個和藹可親、高雅華美的氣質與形象，他的聲調、用字與語法，使得英語演講具有音樂性的美感；他的幽默使得憂鬱者散發出希望愉悅的光彩；他的謙讓使得愚者更加聰慧，同時也啓發了沈默寡言者的智慧。二十多年來，懷海德敎授產生了如此偉大的影響力量，他在哈佛如此，在其他地方亦復如此，因爲他在哈佛，許多人也來哈佛。就美國大學而言，長久以來我已深信，在這時代裏，沒有一個人能像懷氏一樣，有如此廣泛的影響力。但是受他影響的人，不限於跟他直接有過接觸者，任何人讀了他最近發表的一些非專門性論文集和『觀念的探險』，誰不發現其中具有啓發性、明晰性且令人愉悅的吸引力，假如美國大學是重要的，那麼擁有懷氏如此優良的老師就是非常重要的。」(*AE* vi)

乙、誠懇眞實

　　哈金敎授謂：「他（指懷氏）來哈佛時已六十三歲了，他都比我們年長，但他很少給我們年齡較大的印象，他做事是全然地合時宜，而且非常熱情地參與著系裏的活動，我們有一個同事說：『懷海德是我所認識最年輕的人。』雖然由於年長的關係，他的來臨似乎有種帶有領導者的氣氛，但是他在氣質上，却沒有我是權威，你們要聽我的種種假設或姿態。當他說話的時候，他以一種平穩、平等之立場而不帶獨斷權威的口吻，但是當他說：『我認爲……如何如何……。』時我們所聽到的是一絲絲眞實可靠的思想，而且由於文字及意義上的原創性，它更給人們一

---

❺Alfred North Whitehead: *Essays on His Philosophy*. ed. by George L. Kline. p.14.

種新鮮深刻的印象；此外，他並經常帶著機智性的幽默，以及經常使用藉著口語所產生的雙關妙語。」❻

「此外，他也開創聯合書報討論會 (The Joint Seminar)，此乃懷氏在哈佛教了十一年後，為了研究生及同事本身而開。這個討論會的成功最主要乃討論雙方及學生們都是全然的坦誠。同時，懷氏也堅持一點，那就是本質上而言，任何新的觀點，都自然會含有某種程度的冒犯性或彪悍性 (a certain measure ferocity)，當一個學生很中庸溫和地說他自己的批評觀點可能很膚淺時，懷氏很快地說：『不需要對我禮貌。』有一次，在他非難我由一個黑格爾的觀點出發的討論場合之後，他立即接著說：『你們愛說什麼，就說什麼，不要擔憂使我在班上同學面前，暴露我的無知，我對黑格爾本身是全然的無知。』懷氏又表示：『對於討論會上的意見，我隨時保留改變我的意見。』」❼

上述即顯示出其「知之為知之，不知為不知」的誠懇真實的精神——這也是治學的最重要態度。接著我將引述普萊士 (Lucien Price) 的話，他是一位參加了好幾年懷氏晚年在其家中舉行的「懷氏夜談」的學者，他在「懷海德對話錄」一書中謂：「在我參加數次夜談之後，他的人格開始產生了一股奇特的力量……我們所感受到的只有莊嚴、崇高而已……在和他經過了四、五小時生動的交談而在半夜出來之後，我總是興奮地像有一把熊熊的生命之火在燃燒似的，難道他放射出了精神的電力嗎？……他的臉龐顯得寧靜、光彩而時常帶著微笑……那率直如赤子的眼神，但也具有聖者的深度……他待人溫和慈善，無論那裏都沒有一絲惡意存在。」他又說：「關於他，我可以真實地說，在我所認識的他

---

❻Ibid., pp. 7-8.

❼Ibid., p. 13.

那時代的人物當中，他是最有智慧、最公正跟最善良的人物。」（*DIAL* 371）

丙、對親友情感的眞摯

就一般哲人而言，抱獨身主義或家庭生活不圓滿或私生活甚爲不檢點的哲人甚多，然而懷氏却是一個非常愛護家庭且重視倫理、友情、愛情的西方哲學家。

羅素曾謂：「在社交上，他顯得很和藹、有理性、而且沈着自若，但事實上，他並不冷漠，他絕對不是那種無人性怪物般的「理性」的人。他對妻子和兒女的愛是極其誠摯的。」❽

懷氏更在其自傳中也一直讚美其妻賢慧美麗活潑，並謂：「我的世界觀受余妻的影響是如此的基本且重要，我的哲學成果一定要視這種影響爲一種主要的因素。」（*ESP* 8）

此外，我們也可從其多本著作中的謝辭或序言中發現其對親友均是出自內心的誠摯情感。在「自然知識原理的探討」中他將此書獻給其在第一次世界大戰中擔任皇家飛行員，而爲英國捐軀的二十歲的幼子伊里克並祝福他短暫的生命旋律永遠沒有不協調產生，而永遠浸潤於完美中。在「科學與近代世界」一書中，他寫著：「獻給我的同事，無論是過去的或現在的，他們的友誼始終是啓發我思想的源泉。」在「形成中的宗敎」則獻給其妻。在「歷程與實在」的序言中，他謂：「這本書若非吾妻經常的鼓勵與商討，這本書將不會寫成。」在「觀念的探險」中，則寫著：「獻給茉莉亞泰勒及亨利泰勒由於他們的友情，使我得到太多太多快樂的時光。」在「思想的諸模式」一書中則獻給其小孩及孫女。

---

❽同註❷，頁一九七。

這一切均表現出其對親人、友人眞摯的情感及飲水思源的典型。他年輕時， 在英國也曾參加過政治活動， 甚至參加競選活動， 但是他到了美國， 由於不是美國的公民， 不太方便談政治， 然而他雖然成爲了「美國哲學家」，但是他仍然一直保持著英國籍，依舊維持著一種優秀英國人的典型。

當然， 他寫作態度更是異常的嚴謹，當他發現晚年有些草稿並未具有眞實原創性時， 他乃遺言其妻將其燒燬， 而不公諸於世 (*SCHILPP* 749)。

總之， 懷海德教授就是這麼一位具有崇高人格， 淵博學養， 而值得受人敬愛的哲學家， 而懷氏與哈金的學術批評的風度， 以及對待學生的態度， 更值得國內學術界心胸狹窄者參考。

民國六十九年十一月

（原載於新天地月刊，復刊第一卷第三期）

滄海叢刊已刊行書目 (八)

書　　　　名	作　　者	類　　　　別
文 學 欣 賞 的 靈 魂	劉 述 先	西 洋 文 學
西 洋 兒 童 文 學 史	葉 詠 琍	西 洋 文 學
現 代 藝 術 哲 學	孫 旗 譯	藝 術
音 樂 人 生	黃 友 棣	音 樂
音 樂 與 我	趙 琴	音 樂
音 樂 伴 我 遊	趙 琴	音 樂
爐 邊 閒 話	李 抱 忱	音 樂
琴 臺 碎 語	黃 友 棣	音 樂
音 樂 隨 筆	趙 琴	音 樂
樂 林 蓽 露	黃 友 棣	音 樂
樂 谷 鳴 泉	黃 友 棣	音 樂
樂 韻 飄 香	黃 友 棣	音 樂
樂 圃 長 春	黃 友 棣	音 樂
色 彩 基 礎	何 耀 宗	美 術
水 彩 技 巧 與 創 作	劉 其 偉	美 術
繪 畫 隨 筆	陳 景 容	美 術
素 描 的 技 法	陳 景 容	美 術
人 體 工 學 與 安 全	劉 其 偉	美 術
立 體 造 形 基 本 設 計	張 長 傑	美 術
工 藝 材 料	李 鈞 棫	美 術
石 膏 工 藝	李 鈞 棫	美 術
裝 飾 工 藝	張 長 傑	美 術
都 市 計 劃 概 論	王 紀 鯤	建 築
建 築 設 計 方 法	陳 政 雄	建 築
建 築 基 本 畫	陳 榮 美 楊 麗 黛	建 築
建 築 鋼 屋 架 結 構 設 計	王 萬 雄	建 築
中 國 的 建 築 藝 術	張 紹 載	建 築
室 內 環 境 設 計	李 琬 琬	建 築
現 代 工 藝 概 論	張 長 傑	雕 刻
藤 竹 工	張 長 傑	雕 刻
戲 劇 藝 術 之 發 展 及 其 原 理	趙 如 琳 譯	戲 劇
戲 劇 編 寫 法	方 寸	戲 劇
時 代 的 經 驗	汪 琪 彭 家 發	新 聞
大 眾 傳 播 的 挑 戰	石 永 貴	新 聞
書 法 與 心 理	高 尚 仁	心 理

書　　　　名	作　　者	類　　　　別
印度文學歷代名著選(上)(下)	糜文開編譯	文　　　　學
寒　山　子　研　究	陳　慧　劍	文　　　　學
魯　迅　這　個　人	劉　心　皇	文　　　　學
孟　學　的　現　代　意　義	王　支　洪	文　　　　學
比　　較　　詩　　學	葉　維　廉	比　較　文　學
結構主義與中國文學	周　英　雄	比　較　文　學
主題學研究論文集	陳鵬翔主編	比　較　文　學
中　國　小　說　比　較　研　究	侯　　　健	比　較　文　學
現　象　學　與　文　學　批　評	鄭　樹　森編	比　較　文　學
記　　號　　詩　　學	古　添　洪	比　較　文　學
中　美　文　學　因　緣	鄭　樹　森編	比　較　文　學
文　　學　　因　　緣	鄭　樹　森	比　較　文　學
比　較　文　學　理　論　與　實　踐	張　漢　良	比　較　文　學
韓　非　子　析　論	謝　雲　飛	中　國　文　學
陶　淵　明　評　論	李　辰　冬	中　國　文　學
中　國　文　學　論　叢	錢　　穆	中　國　文　學
文　　學　　新　　論	李　辰　冬	中　國　文　學
離　騷　九　歌　九　章　淺　釋	繆　天　華	中　國　文　學
苕華詞與人間詞話述評	王　宗　樂	中　國　文　學
杜　甫　作　品　繫　年	李　辰　冬	中　國　文　學
元　曲　六　大　家	應　裕　康　王　忠　林	中　國　文　學
詩　經　研　讀　指　導	裴　普　賢	中　國　文　學
迦　陵　談　詩　二　集	葉　嘉　瑩	中　國　文　學
莊　子　及　其　文　學	黃　錦　鋐	中　國　文　學
歐　陽　修　詩　本　義　研　究	裴　普　賢	中　國　文　學
清　真　詞　研　究	王　支　洪	中　國　文　學
宋　儒　風　範	董　金　裕	中　國　文　學
紅　樓　夢　的　文　學　價　值	羅　　盤	中　國　文　學
四　說　論　叢	羅　　盤	中　國　文　學
中　國　文　學　鑑　賞　舉　隅	黃　慶　萱　許　家　鸞	中　國　文　學
牛李黨爭與唐代文學	傅　錫　壬	中　國　文　學
增　訂　江　皋　集	吳　俊　升	中　國　文　學
浮　士　德　研　究	李　辰　冬譯	西　洋　文　學
蘇　忍　尼　辛　選　集	劉　安　雲譯	西　洋　文　學

滄海叢刊已刊行書目 (四)

書　　　名	作　者	類　別
歷　史　圈　外	朱　　桂	歷　史
中 國 人 的 故 事	夏 雨 人	歷　史
老　　　臺　　　灣	陳 冠 學	歷　史
古 史 地 理 論 叢	錢　　穆	歷　史
秦　　　漢　　　史	錢　　穆	歷　史
秦 漢 史 論 稿	刑 義 田	歷　史
我 這 半 生	毛 振 翔	歷　史
三 生 有 幸	吳 相 湘	記 傳
弘 一 大 師 傳	陳 慧 劍	記 傳
蘇 曼 殊 大 師 新 傳	劉 心 皇	記 傳
當 代 佛 門 人 物	陳 慧 劍	記 傳
孤 兒 心 影 錄	張 國 柱	記 傳
精 忠 岳 飛 傳	李　　安	記 傳
八十憶雙親 師友雜憶 合刊	錢　　穆	記 傳
困 勉 強 狷 八 十 年	陶 百 川	記 傳
中 國 歷 史 精 神	錢　　穆	史 學
國 史 新 論	錢　　穆	史 學
與西方史家論中國史學	杜 維 運	史 學
清 代 史 學 與 史 家	杜 維 運	史 學
中 國 文 字 學	潘 重 規	言 語
中 國 聲 韻 學	潘 重 規 陳 紹 棠	言 語
文 學 與 音 律	謝 雲 飛	語 言
還 鄉 夢 的 幻 滅	賴 景 瑚	學 文
葫 蘆 · 再 見	鄭 明 娳	學 文
大 地 之 歌	大 地 詩 社	學 文
青　　　春	葉 蟬 貞	學 文
比較文學的墾拓在臺灣	古添洪 主編 陳慧樺	學 文
從 比 較 神 話 到 文 學	古添洪 陳慧樺 洪	學 文
解 構 批 評 論 集	廖 炳 惠	學 文
牧 場 的 情 思	張 媛 媛	學 文
萍 踪 憶 語	賴 景 瑚	學 文
讀 書 與 生 活	琦　　君	學 文

滄海叢刊已刊行書目 (二)

書　　　名	作　者	類	別
不 疑 不 懼	王 洪 鈞	教	育
文 化 與 教 育	錢 　 穆	教	育
教 育 叢 談	上官業佑	教	育
印 度 文 化 十 八 篇	糜 文 開	社	會
中 華 文 化 十 二 講	錢 　 穆	社	會
清 代 科 舉	劉 兆 璸	社	會
世 界 局 勢 與 中 國 文 化	錢 　 穆	社	會
國 　 家 　 論	薩 孟 武 譯	社	會
紅樓夢與中國舊家庭	薩 孟 武	社	會
社 會 學 與 中 國 研 究	蔡 文 輝	社	會
我國社會的變遷與發展	朱岑樓主編	社	會
開 放 的 多 元 社 會	楊 國 樞	社	會
社 會、文 化 和 知 識 份 子	葉 啓 政	社	會
臺 灣 與 美 國 社 會 問 題	蔡文輝 蕭新煌 主編	社	會
日 本 社 會 的 結 構	福武直 著 王世雄 譯	社	會
三十年來我國人文及社會 科學之回顧與展望		社	會
財 經 文 存	王 作 榮	經	濟
財 經 時 論	楊 道 淮	經	濟
中 國 歷 代 政 治 得 失	錢 　 穆	政	治
周 禮 的 政 治 思 想	周 世 輔 周 文 湘	政	治
儒 家 政 論 衍 義	薩 孟 武	政	治
先 秦 政 治 思 想 史	梁啓超原著 賈馥茗標點	政	治
當 代 中 國 與 民 主	周 陽 山	政	治
中 國 現 代 軍 事 史	劉 馥 著 梅寅生 譯	軍	事
憲 法 論 集	林 紀 東	法	律
憲 法 論 叢	鄭 彥 棻	法	律
師 友 風 義	鄭 彥 棻	歷	史
黃 帝	錢 　 穆	歷	史
歷 史 與 人 物	吳 相 湘	歷	史
歷 史 與 文 化 論 叢	錢 　 穆	歷	史

滄海叢刊已刊行書目 (二)

書　　　名	作　　者	類　　　別
語　言　哲　學	劉　福　增	哲　　　學
邏輯與設基法	劉　福　增	哲　　　學
知識・邏輯・科學哲學	林　正　弘	哲　　　學
中　國　管　理　哲　學	曾　仕　強	哲　　　學
老　子　的　哲　學	王　邦　雄	中　國　哲　學
孔　學　漫　談	余　家　菊	中　國　哲　學
中　庸　誠　的　哲　學	吳　　　怡	中　國　哲　學
哲　學　演　講　錄	吳　　　怡	中　國　哲　學
墨　家　的　哲　學　方　法	鐘　友　聯	中　國　哲　學
韓　非　子　的　哲　學	王　邦　雄	中　國　哲　學
墨　家　哲　學	蔡　仁　厚	中　國　哲　學
知　識、理　性　與　生　命	孫　寶　琛	中　國　哲　學
逍　遙　的　莊　子	吳　　　怡	中　國　哲　學
中國哲學的生命和方法	吳　　　怡	中　國　哲　學
儒　家　與　現　代　中　國	韋　政　通	中　國　哲　學
希　臘　哲　學　趣　談	鄔　昆　如	西　洋　哲　學
中　世　哲　學　趣　談	鄔　昆　如	西　洋　哲　學
近　代　哲　學　趣　談	鄔　昆　如	西　洋　哲　學
現　代　哲　學　趣　談	鄔　昆　如	西　洋　哲　學
現　代　哲　學　述　評　(一)	傅　佩　榮譯	西　洋　哲　學
懷　海　德　哲　學	楊　士　毅	西　洋　哲　學
思　想　的　貧　困	韋　政　通	思　　　想
不以規矩不能成方圓	劉　君　燦	思　　　想
佛　學　研　究	周　中　一	佛　　　學
佛　學　論　著	周　中　一	佛　　　學
現　代　佛　學　原　理	鄭　金　德	佛　　　學
禪　話	周　中　一	佛　　　學
天　人　之　際	李　杏　邨	佛　　　學
公　案　禪　語	吳　　　怡	佛　　　學
佛　教　思　想　新　論	楊　惠　南	佛　　　學
禪　學　講　話	芝峯法師譯	佛　　　學
圓滿生命的實現 （布施波羅蜜）	陳　柏　達	佛　　　學
絕　對　與　圓　融	霍　韜　晦	佛　　　學
佛　學　研　究　指　南	關　世　謙譯	佛　　　學
當　代　學　人　談　佛　教	楊　惠　南編	佛　　　學

滄海叢刊已刊行書目㈠

書　　　　名	作　　者	類　　　　別
國父道德言論類輯	陳 立 夫	國 父 遺 教
中國學術思想史論叢㈠㈡㈢㈣㈤㈥㈦㈧	錢　穆	國　　學
現代中國學術論衡	錢　穆	國　　學
兩漢經學今古文平議	錢　穆	國　　學
朱子學提綱	錢　穆	國　　學
先秦諸子繫年	錢　穆	國　　學
先秦諸子論叢	唐 端 正	國　　學
先秦諸子論叢（續篇）	唐 端 正	國　　學
儒學傳統與文化創新	黃 俊 傑	國　　學
宋代理學三書隨劄	錢　穆	國　　學
莊子纂箋	錢　穆	國　　學
湖上閒思錄	錢　穆	哲　　學
人生十論	錢　穆	哲　　學
晚學盲言	錢　穆	哲　　學
中國百位哲學家	黎 建 球	哲　　學
西洋百位哲學家	鄔 昆 如	哲　　學
現代存在思想家	項 退 結	哲　　學
比較哲學與文化㈠㈡	吳　森	哲　　學
文化哲學講錄㈠㈡㈢㈣	鄔 昆 如	哲　　學
哲學淺論	張 康 譯	哲　　學
哲學十大問題	鄔 昆 如	哲　　學
哲學智慧的尋求	何 秀 煌	哲　　學
哲學的智慧與歷史的聰明	何 秀 煌	哲　　學
內心悅樂之源泉	吳 經 熊	哲　　學
從西方哲學到禪佛教 ——「哲學與宗教」一集——	傅 偉 勳	哲　　學
批判的繼承與創造的發展 ——「哲學與宗教」二集——	傅 偉 勳	哲　　學
愛的哲學	蘇 昌 美	哲　　學
是與非	張 身 華 譯	哲　　學